libro para cualquier persona que busque una vida más gratificante. ¡Espero con ansia la próxima publicación de Rick!

Críticas en Amazon Kindle:
Por Stephen Armstrong

«¿Alguna vez te has preguntado cómo sería ver una película o una obra de teatro sobre tu vida? ¿No solo ver pasar tu vida otra vez, sino ver cómo otros personajes y situaciones han influido en ti y cómo tus decisiones han abierto las puertas que te trajeron a donde estás ahora? Este libro te dará el punto de vista de un director de la manera en que te relacionas con tu vida y las otras personas que son parte de la misma. Te permite salir temporalmente de ti mismo y ver tus muchas capas desde todos los ángulos y ver cómo tú y tus experiencias encajan para escribir la historia que llamamos Esta Vida. Te inspirará a relajarte un poco más y disfrutar de quien eres. Te conviertes en escritor, director, actor y público».

Por Frank M Walton

«¡Qué revelación! El Dr. Lindal y yo tenemos un amigo en común, quien compartió este libro conmigo. Reconozco que la cubierta y el título no me saltaron a la vista como el tipo de libro por el que típicamente me sentiría seducido (espiritual, por lo general budista o de pensamiento oriental). Después de tenerlo abandonado un par de meses en mi mesita de noche, mi amigo regresó a la ciudad y pensé que al menos debería hojearlo para poder devolverlo. Fue un comienzo lento para mí, pero me llevé el susto de mi vida cuando pronto empecé a darme cuenta de que simplemente no podía hojear el material. Necesitaba resaltarlo, volver a consultarlo, asimilarlo. Y a menudo me levantaba del suelo. En pocas palabras, este es un manual para la vida. Me gustaría haber tenido este texto hace 30 años. Sin duda alguna me habría ahorrado muchísimo tiempo en entender por qué estamos aquí. Si alguna vez has reflexionado sobre el misterio de la vida, te debes explorar al menos el viaje que aquí se presenta. Posiblemente es la única obra más importante sobre la espiritualidad que haya leído alguna vez».

Comentarios de críticas personales:
Por Audrey Jolly

«Realmente me gustó mucho leer *Slice of Life*. Está centrado en el corazón, es accesible, informativo e imaginario con elfos y personajes como Alma Vieja. Algunos conceptos muy profundos e intelectualmente estimulantes están integrados en la historia. Me encontré anticipándome a las respuestas a medida que eran reveladas en el libro. Me lo llevé al campo durante el fin de semana y sentí que me embarqué en una aventura prolongada... una lectura encantadora que recomiendo encarecidamente».

Por Peter Billiaert

«*Slice of Life* es, como indica, una odisea de autoayuda. Rich Lindal abrió su vida para compartirla con todos nosotros. Al hacerlo, me reveló un mayor entendimiento y propósito de mi vida. Ahora comprendo lo que se entiende por creencias fundamentales. En el pasado tuve problemas con el poder como fuerza motriz en la vida. Me vi forzado a ser mejor que todos los demás. Ahora entiendo que lo que importa es mi singularidad y el contraste que proporcionan mis pensamientos e ideas para los demás, no el poder. Este libro ha abierto mi mente a lo posible. Este sería un libro maravilloso para que todos los adolescentes lo lean. Todos ellos, como nosotros, se están enfrentando a lo que son y a los temores e inquietudes que todos sentimos. Lee este libro si te estás enfrentando a tu sexualidad, la intimidación, la pena por los pensamientos de suicidio. Creo que te ayudará a darte cuenta de que tú también eres único. Tal vez

Elogios para la primera edición de este libro, titulado
Slice Of Life: A Self-Help Odyssey

«Lindal nos ofrece el intrigante cuento de la vida y las aventuras de "Rikki". El libro está maravillosamente escrito y tiene un enfoque novedoso y entretenido. Pero no es solamente una gran historia, también es un vehículo de aprendizaje que imparte sabiduría psicológica y espiritual a los que la leen. Estas joyas se tejen en la narrativa con una originalidad y delicadeza que transportan fácilmente al lector. Uno de los personajes principales es "Alma Vieja", con quien Rikki tiene animados intercambios que están bien adaptados para ayudar a los buscadores en su camino. Este libro, en parte autobiográfico y en parte ficticio, ofrece una gran lectura para el alma aventurera».

Adam Crabtree - Psicoterapeuta transpersonal y autor de *Multiple Man: Explorations in Possession and Multiple Personality*, *From Mesmer to Freud: Magnetic Sleep and the Roots of Psychological Healing* y *Trance Zero: Breaking the Spell of Conformity*.

«Con los espectaculares paisajes de Islandia formando el telón de fondo, el Dr. Lindal teje un entendimiento esclarecedor de la vida, la muerte y la evolución espiritual a través de diálogos con un guía espiritual llamado Alma Vieja. La sabiduría y la espiritualidad de líderes de la psicología se integran en un todo entretenido. Permítanme agregar que los guías espirituales son muy reales. Como en un período de 10 años he tenido diálogos con un ser espiritual sumamente inteligente y elocuente llamado Ahtun Re, canalizado a través de un trance con el médium Kevin Ryerson. Gran parte de lo que he aprendido de Ahtun Re concuerda con la narrativa del Dr. Lindal, la cual recomiendo encarecidamente».

Walter Semkiw, Doctor en Medicina. Autor de **Born Again: Reincarnation Cases Involving Evidence of Past Lives, with Xenoglossy Cases Researched by Ian Stevenson, MD.**, *Return of* *the Revolutionaries: The Case for Reincarnation* y *Soul Groups Reunited* y *Origin of the Soul and the Purpose of Reincarnation*. El Dr. Semkiw también es el Presidente de www.IISIS.net, una organización centrada en las evidencias objetivas de la reencarnación.

«Rick Lindal simplifica un entendimiento muy difícil en este maravilloso libro sobre cómo está construido el universo y cómo creamos nuestra propia realidad dentro del mismo. Escribe su libro como los relatos de un joven a través de su adultez. Su guía principal es "Alma Vieja" con quien se comunica y "Alma Vieja" le ofrece palabras de sabiduría para que pueda entender a fondo y emitir sus propios juicios en su propia vida. ¡Este es un libro "DE LECTURA OBLIGADA" para cualquier persona que esté en su adolescencia hasta pocos días antes de morir! ¡Es una verdadera revelación! Ya sea que creas en el más allá o no, esta es una lectura intelectualmente estimulante. Trata muchísimos temas que uno tiene que enfrentar en la vida. Es una lectura sumamente fácil para cualquier persona de cualquier edad. Es una lectura que va al grano, es muy esmerada y está escrita con mucha profesionalidad. Con muchísimo énfasis en la "intimidación" en los sistemas escolares de hoy en día, este libro tiene que estar en cada biblioteca escolar, así como en todas las bibliotecas públicas. Es una lectura muy profunda e intelectual y estarás pensando en ella durante días, semanas, meses e incluso años después de haberla leído. Destaca muchas preguntas sin contestar acerca de los grandes misterios de la vida misma. Solo es que nos gustaría haber leído este libro hace años. Muy pocos libros nos han conmovido de la manera en que lo ha hecho este. ¡Recomendamos encarecidamente este libro!»

Donald Pile y Ray Williams, célebres columnistas premiados sobre viajes quienes escriben para publicaciones gays de costa a costa. Puede enviarles un correo electrónico a http://gaytravelersataol.blogspot.com

«Ahora he leído este libro por segunda vez. Además, leí el blog del autor. Ahora entiendo mucho más a fondo los conceptos que aparecen en el libro. Eran totalmente nuevos para mí, aunque por supuesto había oído hablar sobre ellos y conocía a personas que creen en la reencarnación. Es curioso, ya que le di una segunda lectura, le he preguntado a las personas que me rodean si creen o no en la reencarnación. Me sorprende que bien la mayoría de ellas ha dicho que sí, o bien que no la pueden descartar. En este libro encontrarás los conceptos desentrañados ingeniosamente a través de la historia de la vida de un joven que se está haciendo mayor. Él se preocupa por su orientación sexual, de la cual se da cuenta desde su infancia. Una de las cosas que me pareció más intrigante sobre los conceptos en este libro es que el alma elige su próxima encarnación. Es algo que sinceramente nunca antes se me había ocurrido y abrió mi mente a toda una gama de nuevas ideas. Me parece que el libro hace eco en mi cabeza a medida que vivo el día a día —conociendo a personas que sufren de enfermedades, siendo la parte más afectada por la ira de alguien o conociendo a un chico que, debido al autismo, no tiene ninguna manera de comunicarse o alguna oportunidad de alguna vez tener lo que llamamos una vida "normal". Me parece que esa opinión sobre este concepto me ayuda a lidiar con estos tipos de problemas. Como mínimo, me ayuda a superarlos. Hay muchísimo más que podría decir acerca de este libro, pero tendrás que leerlo por ti mismo para entenderlo a fondo, como yo lo hice. PUESTA AL DÍA: Es gracioso. Por un tiempo he descubierto que me acuerdo de este libro durante ciertas situaciones. Me ha parecido muy útil para enfrentarme con esas situaciones. Realmente ha impregnado mi cerebro y mi forma de pensar».

Goodreads. Perfil de Judy (bookgirlarborg).

Críticas en Amazon:

Por Toronto Reader

«Compré mi primer ejemplar de este libro hace varios meses. Lo leí una vez y se lo presté a una amiga que se lo prestó a su madre. He estado pensando en los conceptos que aparecen en el mismo y quise leerlo de nuevo, así que me compré otro ejemplar y un tercero para prestar. El autor ha presentado problemas muy complejos en una fábula que para mí es fácil de entender».

Por Better Brain Better Life

«¡Qué maravilloso libro! Me encanta la manera en que Rick Lindal toma las enseñanzas de sabiduría de Seth y Viktor Frankl y hace que sean muy accesibles. Este libro tiene la mejor opinión sobre la relación entre el destino y el libre albedrío que he encontrado hasta ahora. Estoy usando las enseñanzas de las creencias fundamentales en mi vida cotidiana. También me gustó aprender sobre el viaje personal de Rikki por la vida y sus victorias. Lo leí de principio a fin sin hacer anotaciones ni subrayados. Tan pronto lo terminé empecé a leerlo otra vez para poder resaltar las enseñanzas con las que realmente me identifiqué. Recomiendo encarecidamente este libro para aquellas personas que se vean en una senda de desarrollo psicoespiritual».

Por el Dr. Ronald Filler,
Profesor Asociado de Psicología, Universidad Rider

«*Slice of Life* del Dr. Rick Lindal está escrito con sorprendente claridad y es realmente ameno. El libro ofrece una percepción significativa con respecto al camino a una vida plena, así como una historia entretenida. Sin duda es una excelente lectura, tanto divertida como llena de sabiduría. Recomiendo encarecidamente este

ahora escucharé más atentamente a mi "Alma Vieja". Este es un libro maravillosamente fácil de leer y espero que te transporte como lo hizo conmigo a dimensiones que nunca supiste que existían».

Por Maureen Goldstein

«Rick, pienso que tu libro es perfecto para estos tiempos. Tienes una maravillosa manera de hacer que las múltiples dimensiones se sientan como una prolongación natural de la vida en 3D y mientras caminamos con Rikki a través de su viaje de revelación, también tenemos la oportunidad de despertar ante el nuestro. Este libro resulta ser un cuento de hadas que es más real que ficción. Has capturado el placer y la curiosidad de la aventura interna con un torrente que desafía las barreras de las percepciones estándar que por lo general encontramos aquí abajo. Gracias por escribir este libro».

El propósito:

Viaje emocional de tu alma

Aprender a experimentar la vida a través de un prisma diferente

Rick Lindal, Doctor en Filosofía

Traducido por Yucelyn y Greg Turek

Derechos de autor © 2014 por Rick Lindal.

Todos los derechos reservados. Ninguna parte de esta publicación puede ser reproducida, distribuida o transmitida de ninguna forma ni por ningún medio, incluyendo fotocopia, grabación u otros métodos electrónicos o mecánicos, sin la previa autorización por escrito de la editorial, excepto en el caso de citas breves en reseñas críticas y otros usos no comerciales permitidos por la ley de derechos de autor. Para las solicitudes de permiso, escriba a la editorial, indicando en el asunto «Attention: Permissions Coordinator», a la dirección que aparece a continuación.

Rick Lindal/Lindal Publishing Co.
PO Box 361 Grafton, Ontario, K0K 2G0. Canada
www.thepurpose.ca

Composición del libro ©2015 BookDesignTemplates.com Título de la imagen de la cubierta: Best friends.
Fotógrafo: Gulli Vals, Reikiavik, Islandia.
Galería de fotos - https://www.flickr.com/photos/gullivals/
Y Facebook: https://www.facebook.com/pages/Gulli-Vals-Photography/445697422136520
Diseño de la cubierta: Jim Bisakowski. bookdesign@shaw.ca
Traducido por Yucelyn y Greg Turek.
Editado por Maria Riega.

Información sobre pedidos:
Ventas al por mayor. Los descuentos especiales están disponibles para las compras al por mayor por parte de sociedades anónimas, asociaciones y otros. Para mayor información, póngase en contacto con el «Special Sales Department» en la dirección indicada anteriormente.

El propósito: Viaje emocional de tu alma. Aprender a experimentar la vida a través de un prisma diferente.
Rick Lindal, Doctor en Filosofía. —Segunda edición.
caseC ISBN 978-0-9940725-1-1

ÍNDICE

SOBRE EL AUTOR xv
AGRADECIMIENTOS xvii
PRÓLOGO xix

PARTE I

Prólogo
    LA DIMENSIÓN ESPIRITUAL 1
Capítulo 1
    EL CHICO PROBLEMÁTICO 15
    LA GRANJA, LAKJAMOT 22
    LOS DÍAS DE VERANO 26
    LA TIERRA DE LOS ELFOS 34
    LA OTRA DIMENSIÓN. 41
    EL PROPÓSITO DE TU EXISTENCIA FÍSICA 53
Capítulo 2
    LA DICHA DEL VERANO Y
    LAS ENTIDADES ESPIRITUALES 61
    EL CUENTO DE BOO-KOLLA 68
Capítulo 3
    LA GRANJA HÓLAR 77
    EL AMOR Y EL SEXO 81

PARTE II

Capítulo 4
    EL UNIVERSO QUE SE DESPLIEGA 91
    LOS ASPECTOS FUNDAMENTALES DEL CUERPO 101
    TÚ CREAS TU REALIDAD. 107
Capítulo 5
    LAS CREENCIAS FUNDAMENTALES Y SU EFECTO EN TU
    REALIDAD. 121
    EL DESTINO Y LA ARMONÍA QUE SE DESPLIEGA 125
    EL LIBRE ALBEDRÍO 131
    LA SINGULARIDAD 135
    LA ACCIÓN 135
    EL CONTRASTE COGNITIVO 137
    EL ENVEJECIMIENTO 140
    LA MUERTE 141
        Las entidades espirituales 146

Capítulo 6
    EL AVISO. 161
    SALIR DEL ARMARIO Y LA SEXUALIDAD 166

Capítulo 7
    LOS ESTADOS EMOCIONALES DE LA MENTE Y SU EFECTO EN TU REALIDAD. 183
    LOS ESTADOS EMOCIONALES DE LA MENTE 183
    EL AMOR 186
    EL MIEDO Y LA ANSIEDAD. 193
    LA IRA 200
    LA DEPRESIÓN 205

Capítulo 8
    LA CULPA 213
    EL PODER 218
    EL ODIO 220
    LA APARICIÓN DEL AMOR. 227
    EL APRENDIZAJE SOBRE TU NATURALEZA INTERNA. 232
    EL GRAN TEATRO 241

PARTE III

Capítulo 9
    RUMBO AL MAL 253
        La definición. 255
        Ejemplos de actos perversos. 257
        Mi propio encuentro con el mal. 262
        ¿El mal es necesario? 264
        ¿Cómo se manifiesta el mal?. 267

Capítulo 10
    RUMBO AL MAL (CÓMO SE DESARROLLA) 269
        La naturaleza de la conciencia 273
        La influencia fascinante de los mitos 276
        Los impulsos y la intuición 281
        El ideal, el comportamiento fanático y el mal. 285

Capítulo 11
    AL BORDE DE LA MUERTE 299
    LA ORACIÓN Y LA RESPONSABILIDAD 309
    LECTURA RECOMENDADA 317

    APÉNDICE A 319
    EL INTIMIDADOR, EL INTIMIDADO Y EL PERDÓN. 319

Este libro está dedicado a mi hermano Tryggvi V. Lindal
Escritor y poeta (1951 -)

La diosa de la felicidad

Ella tiene el cabello de color claro,
Cortado corto en la frente
(No está maquillada, porque sabe que es amada),
E irradia buena salud porque está en la flor de la vida
Y solo ha pasado apuros leves.
Su sonrisa es sencilla
Pero bonita, porque ella es así.
Todavía no tiene hijos.
Los padres no han muerto;
Ni su novio se ha ido.
Ella cree que
Así es como son las cosas
y efectivamente deberían ser así;
Por alguna necesidad misteriosa;
y de este modo deambula por el camino
Despreocupada en esta mañana de verano.

Límites de la imaginación

Que las personas ya no deberían existir:
Uno no puede llegar a entenderlo;
Que aquellos que desaparecen
No deberían reaparecer en otra parte.
Y nos resulta difícil visualizar que nada no debería ser
Algo...
Y así que seamos personas quienes en alguna parte
con ciudades y bosques y relaciones
Nos parezcamos de manera extraña
a las que ya conocemos y amamos.
Y nos resulta tan difícil relajarnos
y así deshacernos en el piso;
tanto el cuerpo como el alma;
Y regañamos vehementemente la nutrición intravenosa
la cual cuelga del soporte de un suero junto a la cama;
y culpamos a las enfermeras por la existencia de la muerte.

—Tryggvi V. Lindal. *A Poet of Iceland*. Gutenberg ltd: Reykjavik, 2007. (Un libro de poesía traducido por el autor del islandés al inglés)

SOBRE EL AUTOR

El Dr. Rick Lindal tiene una licenciatura en Ciencias de la Psicología de la Universidad de Toronto y una maestría en Psicología de la Universidad de Guelph, ambas en Ontario, Canadá. Obtuvo un doctorado en Psicología en la Universidad de York, Inglaterra, mientras investigaba sobre la respuesta emocional en los adolescentes. Posteriormente trabajó en un centro penitenciario de detención de menores para adultos jóvenes. Regresó a Canadá en 1986, donde dirigió un programa de ayuda para adultos jóvenes con trastornos mentales en el Hospital de Kitchener-Waterloo, Ontario, antes de comenzar a trabajar en el Hospital Mount Sinai, Toronto, como terapeuta para las víctimas de la epidemia del SIDA. Abrió una consulta privada a principios de los años noventa donde se especializó en la psicoterapia existencial, así como en las técnicas de la terapia de regresión a vidas pasadas e intervidas. Actualmente ejerce la consulta privada en las ciudades de Bowmanville, Cobourg y Grafton, en Ontario, Canadá. (www.dr-ricklindal.com)

AGRADECIMIENTOS

Dentro de las páginas de este libro, encontrarás una edición revisada y ampliada de mi primer libro, *Slice Of Life: A Self-Help Odyssey. A practical perspective for thriving within the trappings of the physical world*, publicado en el 2012. Esta edición, relanzada bajo un nuevo nombre, contiene todos los materiales publicados en las páginas de la primera publicación además de algunos cambios notables incluyendo varias secciones adicionales y capítulos que intentan completar el concepto espiritual y existencial de la vida introducido en el primer libro. También hay un nuevo prólogo por parte del Profesor Emérito de Psicología de la Universidad de Islandia, el Dr. Erlendur Haraldsson.

Esta edición fue motivada por mis clientes de psicoterapia, a quienes la primera edición les pareció útil en su recuperación emocional, y por profesionales de la salud mental que remitieron a clientes a mi consulta después de leer el libro.

Un agradecimiento especial a Peter Billiaert por sus sugerencias alentadoras y valiosas después de leer los borradores de esta nueva edición. Un agradecimiento a mis perros, Loki y Thor, por su cariño eterno y por último, pero no por ello menos importante, a mi esposo John Van Bakel por su apoyo y paciencia permanentes durante las muchas horas que pasé sentado delante de la computadora escribiendo sin parar.

Los conceptos fundamentales en este libro se basan principalmente en las obras de Jane Roberts, *The Seth Material*, y en los escritos del filósofo existencial, el Dr. Viktor Frankl, así como en los conceptos acumulados de la trilogía de Neale Donald Walsch, *Conversations with God - An Uncommon Dialogue*, y los libros de Michael Newton, *Journey of Souls* y *Destiny of Souls*. Este libro es, en parte, una síntesis del trabajo de ellos y la experiencia acumulativa de mis 30 años de ejercer como terapeuta. Debido a esto y por temor a hacer referencia a estos autores fuera de contexto, solo he hecho referencias esporádicas a sus obras en las páginas de este libro. No obstante, los conceptos propugnados por ellos se identifican en todo el libro y reconozco con gratitud su influencia en mi marco conceptual y en mis prácticas terapéuticas durante los últimos treinta años. Sus obras individuales son indicadas y recomendadas como lectura sugerida al final del libro.

PRÓLOGO

Erlendur Haraldsson, Doctor en Filosofía.

Rick Lindal, Doctor en Filosofía, nació en la ciudad de Reikiavik, Islandia. Pasó sus años de infancia en la granja de su tío en Lakjamot en el norte de Islandia y sus años de adolescencia en Laugardalsholar, una granja en el sur. Como sucede con todos los jóvenes nacidos en este lejano país, el Dr. Lindal aprendió sobre las tradiciones populares y los cuentos de hadas del país, y el interés común y corriente en los fantasmas y la comunicación con los difuntos. Durante sus años de adolescencia, Rick desarrolló un gran interés por la parapsicología, lo que dio lugar a la lectura de innumerables libros sobre el tema y al estudio de la psicología en las universidades de Toronto, Guelph y Calgary en Canadá y más tarde en la Universidad de York en Inglaterra, donde completó su tesis doctoral.

Durante sus estudios y en el transcurso de treinta años, el Dr. Lindal recibió capacitación sobre numerosas técnicas terapéuticas, incluyendo la individual, la familiar y la psicoterapia de grupo. Ha trabajado como psicólogo en entornos de prisión, de hospital y comunitarios y actualmente ejerce la consulta privada cerca de la ciudad de Toronto, Canadá.

En los últimos años su técnica psicoterapéutica se ha centrado en ayudar a sus pacientes en el desarrollo y entendimiento de las cuestiones que conciernen a sus existencias y propósitos en la vida. Este modo de terapia se centra en la exploración de las cuestiones existenciales y espirituales. En el transcurso del tratamiento, a menudo se emplean las técnicas de regresión que intentan permitirles a los pacientes recordar vidas pasadas, incluyendo las experiencias de muerte después de esas vidas, así como recuerdos de sus actividades después de esas encarnaciones una vez que han entrado en la Dimensión Espiritual. El Dr. Lindal me cuenta que las exploraciones dentro de la Dimensión Espiritual antes de las encarnaciones en la Tierra han demostrado ser útiles para algunos pacientes, ya que mediante ellas a menudo pueden recordar los motivos por los que decidieron aventurarse a entrar en su encarnación actual. Estas exploraciones existenciales y espirituales tienen el efecto de ampliar el sentido de existencia de los clientes y los ayuda a darles un sentido de propósito y significado a sus vidas actuales.

En este libro, *El propósito: Viaje emocional de tu alma. Aprender a experimentar la vida a través de un prisma diferente*, el Dr. Lindal intenta presentar estos conceptos complicados en términos sencillos para que los lectores que no estén familiarizados con estos conceptos puedan entenderlos fácilmente. Dentro de las páginas de este libro se presenta una visión del mundo, basada principalmente en los escritos *Seth Material* de Jane Roberts, *Conversations with God* de Neale Donald Walsch, *Journey of the Souls* y *Destiny of the Souls* del Dr. Michael Newton y los amplios escritos sobre el pensamiento y la psicoterapia existenciales de Viktor Frankl.

Los conceptos básicos presentados en el libro se pueden resumir de la siguiente manera: (1) Toda conciencia humana existe simultáneamente, tanto dentro de la Dimensión Espiritual como en la Tierra; la conciencia situada dentro de la Dimensión Espiritual se refiere al «alma superior» y guía una parte de sí misma, es decir, el «alma», por medio de la intuición que se proyecta sobre la Tierra y desarrolla y mantiene la existencia del cuerpo humano durante toda su vida. (2) Nuestra conciencia nunca deja de existir y (3) somos plenamente conscientes de nuestra mayor existencia inmediatamente después de la muerte de nuestros cuerpos físicos. (4) Una vida es simplemente un viaje finito desde nuestro hogar normal dentro de la Dimensión Espiritual hacia el planeta Tierra —situado dentro de una Dimensión Física de espacio y tiempo. (5) Todos los eventos de gran importancia en nuestras vidas están predestinados y son orquestados por nosotros mismos (i. e. nuestra alma superior) antes de nuestra existencia física. (6) El propósito principal de nuestras encarnaciones en la Tierra es experimentar emociones negativas «de primera mano», ya que las profundidades de esas emociones no pueden ser experimentadas por nuestras almas superiores cuando están enfocadas exclusivamente en la Dimensión Espiritual y (7) es a través de estas experiencias que nuestras almas superiores evolucionan espiritualmente. (8) Cada individuo es responsable de sus acciones, ya que es el único artífice de todas las experiencias durante su vida. (9) Un reto divino, o paradoja, es autoimpuesto a todas las almas encarnadas; sin embargo, mientras que el reto durante una vida sea experimentar la esencia llena de emociones negativas, un ser humano no se debe matar a sí mismo o a los demás como consecuencia de los sentimientos profundos que puede que esta experiencia le haga sentir.

Hay muchos otros conceptos existenciales y espirituales propugnados en este libro que se basan en estas ideas básicas. Además, en el apéndice y en las publicaciones en el sitio web del libro, se exploran muchas de estas cuestiones con mayor profundidad para el lector interesado en las mismas.

En conversaciones con el Dr. Lindal, él explica cómo una vez que esta visión general del mundo está funcionando para sus pacientes (i. e. para aquellos que sean capaces de aceptar estos conceptos existenciales y espirituales, o al menos algunos de ellos), se proporciona un contexto donde las técnicas psicológicas mundanas, usadas con frecuencia por los psicólogos en el tratamiento de los pacientes, tienen una mejor oportunidad para implantarse y cambiar el comportamiento. En su experiencia, una psicoterapia vacía de la exploración del propósito, el significado y la espiritualidad, casi nunca logra resultados positivos a largo plazo.

La tesis general en este texto es que el surgimiento pleno de emociones negativas es el objetivo principal de la existencia física, mientras que al mismo tiempo nuestro reto es no causarnos daño a nosotros mismos o a las otras personas cuando estas emociones son abrumadoras. Desde esta perspectiva, una vida, como se describe en este libro, no es un viaje fácil. El Dr. Lindal explica que a muchos lectores les resulta difícil aceptar la idea de que ellos mismos crean sus propias experiencias, al igual que los altibajos, con el fin de aprender sobre las emociones más dolorosas que se puedan imaginar. Y no solo eso, también están de acuerdo, aunque a nivel espiritual, con todo lo malo que les pueda ocurrir por casualidad.

El Dr. Lindal dice que estos conceptos existenciales y espirituales han demostrado ser terapéuticos para quienes los han estudiado antes de experimentar un acontecimiento trágico en particular. Sin embargo, para aquellos que no están familiarizados con estas opiniones en el momento en que les ocurre una tragedia, es indiscreto, insensible y no sirve para nada imponerles estas ideas en esos momentos, ya que no están en un estado de ánimo para poder o estar dispuestos a considerar la idea de que ellos crearon el suceso que ahora los está abrumando para su propio aprendizaje espiritual. Sin embargo, una vez que las emociones negativas han sido experimentadas completamente (lo cual es de hecho la intención desde un punto de vista espiritual) y se levante el estado de ánimo —ya sea en un día, una semana, un mes, un año, una década— es propio de la naturaleza humana, en retrospectiva, intentar entender los motivos por los que les ocurrió un trágico acontecimiento y darle sentido al pasado —tan trágico como pudo haber sido. La visión del mundo contenida en las páginas de este libro se le puede presentar al paciente en ese momento y a aquellos que sean capaces de aceptar los conceptos de destino, propósito y significado en la existencia humana.

Pero, ¿qué evidencia hay de la existencia de la conciencia humana después de la muerte física? El contacto con aquellos que han fallecido no es tan inusual como muchos puedan suponer. En mis investigaciones, The European Human Value Survey, la cual fue aplicada a los ciudadanos en la mayoría de los países de Europa occidental alrededor de 1980, descubrió que aproximadamente una de cada cuatro personas en Europa ha sentido que al menos una vez «estuvo en contacto con alguien que ha muerto». Hubo grandes diferencias nacionales, la mayor frecuencia se reportó por parte de los islandeses e italianos (41% y 34%, respectivamente) y la menor por los noruegos y daneses (9% y 10%, respectivamente). En el Reino Unido, el porcentaje fue de un 26%. La misma pregunta se hizo en los Estados Unidos, en tres encuestas diferentes, en diferentes años, usando muestras representativas de grandes tamaños. Los resultados de estas encuestas demostraron que el 29%, el 31% y el 41% estaban de acuerdo con la pregunta. En todos los países encuestados, el contacto con alguien que había muerto se reportó con más frecuencia entre las mujeres que los hombres.

Sin embargo, estas encuestas no nos dijeron nada sobre la naturaleza de la experiencia que tuvo la persona con quien había fallecido. ¿Por ejemplo, el contacto fue visual, auditivo, olfativo, palpable o simplemente una fuerte impresión de la presencia? ¿En qué circunstancias ocurrió —cuándo y dónde? ¿Quiénes eran los difuntos —familiares, amigos o extraños? ¿Cómo murieron esas personas y hace cuánto tiempo? En un estudio de seguimiento, con la ayuda de mis estudiantes, se entrevistaron en profundidad a 450 encuestados de la encuesta islandesa que habían informado afirmativamente en la encuesta inicial. Los resultados de ese estudio se presentan en mi libro *The Departed Among the Living* (2012). Dentro de las páginas del libro, se discuten los detalles de las experiencias de los encuestados en más de 400 descripciones breves de casos. Dos observaciones entre los numerosos descubrimientos encontrados en este estudio revelaron que el 50% de las viudas y viudos informó que habían tenido contacto después de la muerte con sus cónyuges fallecidos. Además, fue de significativo interés el descubrimiento de que en numerosos casos el contacto con los difuntos ocurrió inesperadamente, sin que la persona que experimenta el contacto tuviera conocimiento de que el individuo acababa de fallecer.

Visiones de los difuntos, y de los seres espirituales, son comunes justo antes de la muerte y se han denominado «visiones en el lecho de muerte». Karlis Osis y yo realizamos el estudio más amplio que se ha hecho sobre este tema hasta la fecha, cuyos resultados publiqué posteriormente en el libro *At the Hour of Death*, el cual ha sido traducido a varios idiomas y publicado en numerosas ediciones, más recientemente en el 2013 en una trigésima edición.

Los recuerdos de vidas pasadas también han sido una de mis áreas de investigación, la cual comencé con el aliento de mi amigo y benefactor, el profesor universitario Ian Stevenson. A través de los años he investigado casi cien casos de niños que afirman tener recuerdos de vidas pasadas, en cuatro países diferentes. Algunos de estos recuerdos demostraron ser verificables y me convencieron para considerar seriamente la idea de las vidas anteriores y he escrito varios artículos y capítulos de libros sobre este tema.

Las investigaciones sobre las visitas de los muertos, las visiones en el lecho de muerte y los recuerdos de vidas pasadas sugieren que la conciencia de una persona, un alma o alguna presencia consciente etérea del ser humano sobrevive a la muerte física. Este tema ha fascinado a las personas a lo largo de toda la historia y continúa haciéndolo hoy en día. En este interesante libro, el Dr. Lindal prosigue con este tema y fuera del ámbito de la investigación científica cuando propone que el viaje humano durante una vida es de hecho el viaje de un alma proveniente de una Dimensión Espiritual hacia nuestro reino físico. Desde este punto de vista espiritual, las visitas de los muertos, las visiones en el lecho de muerte y los recuerdos de vidas pasadas están entonces dentro del curso normal de los acontecimientos y no son inusuales del todo. Sin embargo, es probable que las pruebas científicas de la existencia de una Dimensión Espiritual se mantengan fuera del alcance de la investigación científica durante mucho tiempo.

La perspectiva adoptada en este libro hace el intento de acortar la brecha entre el espíritu y la ciencia, y le proporciona al lector una filosofía de la existencia junto con algunas sugerencias psicoterapéuticas prácticas que pueden ayudarle a lidiar con los altibajos inevitables de la vida con el fin de alcanzar un propósito y un significado. La lectura de este libro ampliará los horizontes de los convertidos espiritualmente e igualmente de los científicos escépticos, así como de aquellos individuos que siguen una escala en medio de estos dos extremos.

Erlendur Haraldsson, Doctor en Filosofía.
Profesor Emérito de Psicología,
Universidad de Islandia.

El Dr. Haraldsson es el autor de numerosos libros, incluyendo: *The Departed Among the Living, At the Hour of Death* (con Karlis Osis), y *Modern Miracles: Sathya Sai Baba, The Story of A Modern Day Prophet.* Para ver otras publicaciones, por favor diríjase a www.hi.is/~erlendur

PARTE I

PRÓLOGO

LA DIMENSIÓN ESPIRITUAL

Dentro de la presencia giratoria de cientos de esferas pulsantes que emanan todos los colores del arco iris, Oreon entra en una sala de conferencias donde las almas que pronto se encarnarán se han reunido para una conferencia que las preparará para sus próximas vidas en la Tierra.

> La Dimensión Espiritual es el HOGAR, donde el ingrediente principal es el AMOR.

Este es nuestro hogar, es la Dimensión Espiritual: Una dimensión donde el amor es palpable en tal abundancia que parece como si fuera su ingrediente principal. Hay espacio, pero no hay tiempo, sin embargo hay una secuencia ordenada de los acontecimientos. Aquí reside una civilización de almas que están impulsadas por una curiosidad desligada para aprender y evolucionar. Es un mundo mental con un entorno que no contiene ninguna materia física. Todo dentro del mismo, el pegamento que lo mantiene unido, se mantiene a través de una conciencia llena de tanto amor que las palabras no pueden comenzar a describirlo; es como si este amor fuera en sí mismo una sustancia.[1] Dentro de esta Dimensión toda la comunicación es telepática donde se lanzan «paquetes de pensamiento» de una parte a otra entre las almas que abren y descifran su contenido en un instante.[2]

Oreon, un alma muy evolucionada y un maestro, ha viajado a esta sala de conferencias desde un nivel más alto dentro de la Dimensión Espiritual. A medida que comienza su conferencia, proyecta este «paquete de pensamiento» hacia miles de almas en el público: «En esta, mi última conferencia, voy a compartir con ustedes algunas observaciones que encontrarán cuando experimenten el planeta Tierra a través de los cuerpos físicos que han elegido ahora para sus próximas encarnaciones».

El alma existe simultáneamente en la Dimensión Espiritual y en la Dimensión Física.

Todas las almas en la sala de conferencias estaban en sus etapas finales de preparación para sus próximos viajes o, más exactamente, sus proyecciones en vivo en la Tierra. El caso es que la conciencia que integra el alma realmente nunca debería dejar la Dimensión Espiritual, sino simplemente proyectar un aspecto de sí misma en la Tierra. De hecho, se ideó una división antes de la encarnación, donde la parte principal del alma se queda en la Dimensión Espiritual (denominada el «alma superior»), mientras que una proyección, la cual fusionará con el cuerpo humano y experimentará el entorno de la Tierra durante su ciclo de vida, es el «alma». El alma tiene «libre albedrío» mientras vaga por la Tierra durante su encarnación,

---

1 Eben Alexander. Proof of Heaven: A Neurosurgeon's Journey into the Afterlife. New York: Simon & Schuster Paperbacks, 2012.

2 Esta expresión de comunicación entre las almas es una adaptación de las exploraciones fascinantes de Robert Monroe en sus libros Far Journeys y Ultimate Journey, publicados en 1985 y 1994 por Garden City, New York: Doubleday.

pero nunca se rompe el vínculo que tiene con su «alma superior». El «alma superior» le ofrece una orientación al alma a lo largo de toda la encarnación. De hecho, el alma existe simultáneamente en la Tierra y en la Dimensión Espiritual.

En esta etapa de la preparación, las «almas superiores» ya habían preparado sus proyecciones y estaban reunidas en la sala de conferencias para algunos comentarios finales de Oreon. Ya se habían hecho los destinos para cada una de estas almas. Todas conocían los lugares en la Tierra donde iban a nacer y habían hecho los preparativos finales con sus padres que les habían dado lugar. También se habían decidido otros detalles incluyendo, por ejemplo, su sexo y orientación sexual. Las almas también conocían los principales acontecimientos que ocurrirían durante sus próximas encarnaciones y sabían cómo se desarrollarían las circunstancias durante sus vidas que maximizarían la oportunidad para que aprendieran sobre sus naturalezas internas y, en particular, sobre las «emociones negativas».

Mientras las almas se preparaban para esta conferencia final, Oreon lanzó otro «paquete de pensamiento» y dijo: «Como saben, la Tierra es solo uno de muchos planetas físicos anidados dentro de una Dimensión de Espacio y Tiempo a la que viajamos para nuestra iluminación. Tómense un momento y visualicen la Dimensión de Espacio y Tiempo como una "cápsula". Esta cápsula, a su vez, aloja a la Dimensión Física de la materia. Dentro de la Dimensión de Espacio y Tiempo los acontecimientos tanto físicos como mentales aparecen uno tras otro a través del tiempo y el espacio. Esto permite que se cree una historia lineal de los acontecimientos. Dentro de estas dimensiones, han tenido lugar cambios graduales durante milenios donde los elementos que conforman la materia se han recombinado en numerosas formas diferentes. Las formas de vida han evolucionado y ha tenido lugar la evolución. Durante la reciente historia del planeta, el cuerpo humano evolucionó y con ello llegó una oportunidad única para que nosotros tengamos una experiencia directa de las dimensiones interiores del planeta y para que aprendamos sobre nuestra naturaleza interna. Logramos esto a través de la fusión de nuestras almas con el cuerpo humano a lo largo de su ciclo de vida.

»Este planeta en particular, ubicado dentro de la galaxia de la Vía Láctea, gira sobre su propio eje y se mueve aproximadamente a 100,000 kilómetros por hora alrededor de un sol cercano. La energía del sol le proporciona al planeta suficiente energía para sostener numerosas formas de vida incluyendo, por supuesto, el cuerpo humano para el cual ahora ustedes se están preparando para fusionar con el mismo».

El alma destinada a ser Rikki estaba presente, al igual que sus almas gemelas. Sus almas gemelas eran viejos amigos con quienes había encarnado en muchas ocasiones anteriores. Para esta encarnación en la Tierra, estuvieron de acuerdo en servir como los personajes principales en el drama teatral de Rikki mientras, por supuesto, perseguirían sus propios dramas al mismo tiempo. Serían sus amantes, sus hermanos y sus amigos íntimos.

Cuando Rikki se sentó en la sala de conferencias, pensó para sí mismo: «Aquí voy otra vez. He diseñado esta vida para que sea muy diferente en comparación con la última. Me pregunto cómo lo haré esta vez».

Oreon lanzó otro paquete de pensamiento: «Aunque podemos estudiar los efectos de las "emociones negativas" aquí en casa, nuestra Dimensión Espiritual no permite que tengamos experiencia directa "de primera mano" con ellas. Como todos ustedes saben, hay demasiado amor por aquí para eso. Así que, con el fin de que tengan esas experiencias, ustedes deben entrar en un entorno donde su conciencia de este amor ambiental que sentimos aquí sea reducida considerablemente. La Tierra es un lugar perfecto para eso. Allí abajo los acontecimientos aparecen uno tras otro con el tiempo, ustedes no tienen ninguna certeza en cuanto a lo que pasará después, tendrán que lidiar con el espacio, la distancia y la densidad de la materia en todas sus formas numerosas. La combinación de estos factores es vital para que ustedes experimenten la intensidad y la profundidad a las que las emociones negativas los pueden llevar».

Rikki pensó para sí mismo: «Los tipos de emociones negativas parecen ser infinitos. Ciertamente he experimentado muchos de ellos en mis vidas pasadas en la Tierra».

La intuición telepática de Oreon captó sus reflexiones al instante y respondió: «Eso es correcto, Rikki. De hecho, todos ustedes que hoy están reunidos aquí han tenido innumerables experiencias con emociones negativas en sus vidas pasadas, pero hay más para aprender... mucho más antes de que se gradúen».

Oreon continuó explicando cómo él había vivido innumerables vidas en la Tierra y cómo finalmente se había graduado después de lograr la habilidad de superar todas las emociones negativas. Todos nosotros, las almas reunidas en la sala de conferencias, sabíamos que él no había encarnado en la Tierra durante siglos y que ahora se dedicaba a la tarea de preparar a las almas para sus viajes. Y también orientaba a sus «almas superiores» mientras sus proyecciones de almas vagaban por la Tierra durante las encarnaciones.

Todas las almas reunidas en la sala de conferencias se mostraban en sus formas naturales como esferas pulsantes. Oreon, el alma más evolucionada, irradiaba el color púrpura, mientras que las otras emanaban todos los otros colores del arco iris. Sin embargo, la mayoría de las esferas eran tonos de colores blanco y amarillo, característico de las almas relativamente jóvenes.[3]

---

[3] Michael Newton. *Journey of Souls: Case Studies of Life Between Lives*. St. Paul: Llewellyn Publications, 2003.

Todas las almas presentes habían asistido a estas conferencias de preparación en numerosas ocasiones y sobre una variedad de temas. La conferencia final de hoy era una especie de información general y analizaba el tipo de experiencias disponible para las diferentes criaturas durante sus ciclos de vida.

Oreon continuó: «Ahora bien, como saben, la conciencia crea la materia dentro de la Dimensión Física. En este proceso se crean los elementos químicos básicos que conforman los elementos esenciales de la vida. Los elementos químicos básicos de estos elementos esenciales son el azufre, el fósforo, el oxígeno, el nitrógeno, el carbono y el hidrógeno. Estas sustancias son recicladas continuamente ya que se combinan en numerosas formas creativas bajo la dirección de una conciencia básica que está omnipresente en la Tierra para crear organismos, uno tras otro, que luego se desarrollan a través de sus ciclos de vida. El carbón es el más fundamental de estos elementos. Forma la estructura física básica de todas las criaturas incluyendo, por supuesto, el cuerpo humano para el que ahora ustedes están haciendo los preparativos para ocuparlo. El oxígeno (lo que puede que les interese saber, es un subproducto microbiano que se acumuló durante milenios cuando las bacterias, mientras recogían la energía del sol, lo produjeron como un producto de desecho) es un elemento químico fundamental que tiene la función de hacer pasar la energía en ciclos dentro del organismo. Esta energía sostiene la vida de todas las criaturas que viven en la superficie del planeta».

Los paquetes de pensamiento ahora volaban por ahí entre las almas en el aula, mientras escuchaban y procesaban la información que Oreon estaba compartiendo con ellas.

Oreon continuó: «Piensen por un momento en el entorno de la Tierra como una combinación de capas, rangos y espectros. Sin embargo, cada especie que vive en el planeta solo puede experimentar un aspecto limitado de las grandes oportunidades que existen dentro de estas capas, rangos y espectros. Por ejemplo, el cuerpo humano que los acogerá solo puede tener una experiencia muy limitada dentro de esta dimensión. Esto se debe principalmente a las limitaciones de los órganos sensoriales físicos del cuerpo. Un cuerpo humano solo puede ver, oír, tocar y oler dentro de un rango muy limitado en comparación con muchas otras criaturas que viven en el planeta. Los órganos sensoriales de algunas criaturas les permiten la capacidad de ver en longitudes de onda superiores e inferiores, sentir el sonido a frecuencias más altas y más bajas y oler mucho más intensamente, en comparación con los seres humanos. Y también hay numerosas criaturas cuyas experiencias se limitan a capas, rangos y espectros totalmente diferentes. Pongamos, por ejemplo, a los crustáceos que viven alrededor de los respiraderos volcánicos en el fondo del océano. Aunque el oxígeno es el elemento principal que proporciona energía para sostener la vida de las criaturas en la superficie del planeta, estos crustáceos en cambio dependen del azufre arrojado de los respiraderos volcánicos que les proporcionan energía para sostener sus vidas. Por lo tanto, su reino de existencia es totalmente diferente».

Oreon continuó sin interrupción: «La velocidad del movimiento da lugar a otro continuo de experiencia que varía dependiendo del animal u organismo. El cuerpo humano se mueve relativamente lento. Por otra parte, una mosca se mueve con la velocidad que aventaja con creces la velocidad humana. Por el contrario, desde la perspectiva de la mosca, los humanos parecen moverse a paso de tortuga, mientras que para el oso perezoso los humanos parecen moverse a la velocidad del rayo.

»También hay numerosas diferencias dentro de los mecanismos de percepción de las mismas especies. Pongamos, por ejemplo, a los humanos. Muchos de ustedes serán parcialmente daltónicos durante sus vidas, lo cual les dará una experiencia de color totalmente diferente. Algunos de ustedes dispondrán de un mayor número de receptores del gusto, los cuales les darán una experiencia mejorada del gusto. Sus apetitos sexuales variarán, causando que algunos de ustedes se distraigan seriamente por preocupaciones por debajo de la cintura. Las destrezas físicas también varían grandemente entre los cuerpos que ustedes ocuparán. Algunos de ustedes tendrán habilidades excepcionales en el deporte, mientras que otros superarán en numerosas otras formas de resistencia humana. Algunos de ustedes tendrán conexiones de transición entre sus sentidos y percepciones donde, por ejemplo, puede que las letras o los números evoquen la experiencia del color o el sonido. Mientras que otros de ustedes tendrán conexiones de transición que evocarán olores o sabores específicos cuando escuchen sonidos diferentes».

Rikki estaba intrigado, mientras Oreon continuaba con estos ejemplos: «Como los bebés y los niños pequeños, todos ustedes experimentarán un período en el cual podrán ver y comunicarse con los difuntos. Por lo general serán sus abuelos o parientes que puede que los visiten en alguna ocasión para consolarlos o entretenerlos. Sin embargo, en casi todos los casos sus padres ignorarán sus informes de estos encuentros.

»Esta capacidad de ver a los difuntos desaparecerá para muchos de ustedes durante la infancia, pero habrá algunos de ustedes que la retendrán a lo largo de sus vidas adultas. Algunos de ustedes podrán ver y hablar con sus guías, mientras que otros serán los médiums y tendrán la capacidad de canalizar espíritus de este lado del velo. Algunos de ustedes podrán salir de sus cuerpos físicos. Cuando esto suceda, ustedes experimentarán su conciencia mientras esté fuera de sus cuerpos y podrán ver objetos ocultos y acontecimientos en lugares distantes, que recordarán cuando regresen y despierten sus cuerpos. En raras ocasiones también podrán teletransportarse, donde tendrán la capacidad de transportar sus cuerpos y materializarlos en diferentes lugares».[4]

Rikki pensó para sí mismo: «¡Qué vida fascinante sería esa! Me pregunto si tendré alguna de estas habilidades extraordinarias».

Oreon intervino brevemente mientras respondía a las reflexiones de Rikki y dijo: «Todas las almas tienen estas habilidades mentales si son capaces de descubrir cómo desatarse de los trances culturales con los que nacen y abandonan la creencia de que las habilidades como estas son imposibles. Sin embargo, la mayoría de ustedes estará tan empapada de las creencias y tradiciones de sus culturas que nunca se realizarán estas habilidades. Y, de todos modos, la mayoría de ustedes estará preocupada con otros asuntos y no estará interesada en el desarrollo de estas habilidades».

Luego Oreon continuó con otro tema relacionado y dijo: «Antes de que clausuremos hoy, me gustaría hacer un par de comentarios sobre el equilibrio en la naturaleza tal y como existe en la Tierra. Este será un gran tema para muchos de ustedes durante sus próximas encarnaciones.

»Déjenme introducir mi comentario diciendo que existe un equilibrio perfecto entre todo lo que existe en la Tierra. Este equilibrio es autosustentable y se desarrolla en una armonía sofisticada y amorosa, con detallada consideración a toda la vida, bajo los auspicios de Todo Lo Que Es[5].

---

4   Léase sobre ejemplos de teletransportación en: Libro de Erlendur Haraldson. *Modern Miracles: Sathya Sai Baba, The Story Of A Modern Day Prophet*. United Kingtom, Guildford: White Crow Books, 2013. Véase también; Alex Tanous, Doctor en Divinidades. y Callum E. Cooper. *Conversations with Ghosts*. Guildford: White Crow Books, 2013.
5   Todo Lo Que Es se refiere a una conciencia más allá y dentro de todo lo que está creado; en última instancia una conciencia suprema y divina más allá del alcance de la imaginación humana.

Sin embargo, mientras ustedes estén encarnados, es poco probable que aprecien la magnitud y la complejidad de este equilibrio. Les parecerá que en la Tierra hay una lucha por la supervivencia. Verán la depredación y la competencia por los alimentos, donde solo una pequeña parte de alguna forma de vida en particular sobrevive hasta su edad máxima. Como seres humanos, ustedes estarán en la parte superior de la cadena alimentaria y, proporcionalmente, sufrirán menos pérdidas en comparación con otras especies. Pero no están exentos de ninguna manera.

»La importancia de este equilibrio se aprecia si ustedes fueran a considerar, por ejemplo, que si un par de petirrojos fueran a sobrevivir 30 años y se reprodujeran, como lo hacen, 2 nidadas al año, 4 huevos cada vez y todos sobrevivieran y se criaran, la población de petirrojos aumentaría a un total de 24 millones en el lapso de 10 años, siempre y cuando todos sobrevivan. Y al final de 30 años todo el planeta estuviera enterrado bajo una capa de petirrojos. Del mismo modo, las moscas comunes tienen 7 generaciones al año. Si todas fueran a vivir, al final de un año esa mosca habría tenido 6 millones de millones de crías. Estos ejemplos les dan una idea de la delicadeza y la enormidad de este equilibrio y de la importancia de cuánto la supervivencia de un animal depende de la alimentación del otro.

»Los humanos no están exentos de esta depredación, aunque están en la parte superior de la cadena alimentaria. Su talón de Aquiles está al acecho en el nivel microscópico. De hecho, la enfermedad ha matado a más seres humanos que todas las guerras que se hayan librado alguna vez en la Tierra».

Había bastante revuelo entre el público, ya que muchos de los presentes recordaron haber sucumbido a enfermedades en vidas pasadas.

Oreon continuó y explicó en detalle con este «paquete de pensamiento»: «Hay competencia y depredación entre los microbios (i. e. los organismos que son tan pequeños que se necesita un microscopio para verlos). Es posible que recuerden que anteriormente mencioné que el cuerpo humano está creado principalmente por carbono, pero puede que les interese saber que también contiene aproximadamente 100 millones de millones de microbios y solo uno de cada 10 de estos microbios pertenece en realidad al cuerpo. El resto son organismos independientes con los que sus cuerpos interactúan como compañeros y competidores.

»Las bacterias son el tipo más común de microbios y sus cuerpos contendrán 90 millones de millones de estos organismos, pesando más de 2 ½ libras. La mayoría de estas bacterias estarán ubicadas en su intestino y son esenciales para su salud y bienestar. De hecho, hay una relación simbiótica entre estas bacterias y su supervivencia. Ellas permiten que su cuerpo digiera los alimentos y también desvían a los agentes patógenos (i. e. las bacterias que causan enfermedades). Los agentes patógenos solo constituyen un pequeño porcentaje de las bacterias, pero pueden causar una enfermedad grave y hay una guerra constante por la supervivencia entre las bacterias beneficiosas y los agentes patógenos dañinos. Los agentes patógenos pueden ser bastante peligrosos y cuando toman la delantera el cuerpo sucumbirá a la enfermedad y a menudo perecerá.

»En esta guerra por la supervivencia, el cuerpo humano ha desarrollado una liga especializada de microbios que combaten los agentes patógenos. Esta liga de microbios es el sistema inmunológico. Es un sistema de defensa sumamente inteligente que se vale de la división celular rápida y las frecuentes mutaciones para combatir los agentes patógenos. Sin embargo, los agentes patógenos usan estas mismas armas de la división celular y la mutación, pero siempre que el sistema inmunológico lleve la ventaja en estas guerras microbianas, el cuerpo se mantiene a salvo»[6].

Rikki pensó para sí mismo: «Es interesante que los microbios, los cuales son muy pequeños, puedan derrotar al cuerpo humano si se les da la oportunidad». En este momento, los paquetes de pensamiento fueron arremolinándose alrededor en la sala de conferencias mientras las almas comentaban entre ellas mismas y le hacían preguntas a Oreon acerca de lo que había dicho.

Después de haber respondido una serie de preguntas, Oreon continuó y comentó: «Así que como pueden ver, los humanos están sujetos a la depredación, no de los grandes animales más poderosos, sino de estos organismos microscópicos. Pero, como dije antes, en última instancia hay un equilibrio entre toda la vida en el planeta. Es autosustentable y se desarrolla en una armonía sofisticada y amorosa, con detallada consideración a toda la vida, bajo los auspicios de Todo Lo Que Es».

Ahora la conferencia había llegado a su fin y había agitación, alegría y risas en la sala de conferencias mientras las almas se burlaban y bromeaban entre sí. La mayoría de ellas estaban ansiosas por comenzar sus encarnaciones, pero algunas que sabían que les esperaba un viaje difícil estaban indecisas. Todas tenían sus propios objetivos y ninguna fue obligada a ir.

> Hay un equilibrio entre toda la vida. Es autosustentable en una armonía sofisticada y amorosa, bajo los auspicios de Todo Lo Que ES.

---

[6] Bruce E. Fleury, Doctor en Filosofía. *Mysteries of the Microscopic World*. Virginia: The Great Courses, 2011.

Ahora Oreon concluía: «Como saben, esta es mi última conferencia antes de que cada uno de ustedes salga de viaje. Recuerden prestarle atención a su intuición durante sus vidas, ya que es a través de este conocimiento que sus almas superiores intentarán guiarlos durante los momentos difíciles.

»Disfruten su viaje. Espero con ansia saber de sus experiencias cuando regresen a casa, aquí en la Dimensión Espiritual».

De hecho, todas sabían que una vez que fueran encarnadas recordarían poco o no recordarían nada de estas conferencias o de la Dimensión Espiritual, pero estas conferencias eran diseñadas para inculcar una conciencia intuitiva de los problemas específicos que tendrían una sutil influencia durante sus encarnaciones. Esta amnesia también abatiría la relación que estas almas tenían con sus almas superiores y no se recordarían la una de la otra. Sin embargo, se había hecho una disposición para que Rikki tuviera la oportunidad de comunicarse directamente con su alma superior, a quien llegaría a conocer como Alma Vieja, si así lo deseara. Alma Vieja se convertiría en su mentor espiritual, pero Rikki no se daría cuenta de la profunda naturaleza de esta relación hasta más adelante en la vida.

Poco tiempo después, Rikki se despidió de algunos de sus amigos que no encarnarían con él. Mientras salía de viaje, se unió a una flotilla de almas que se dirigían a la misma aventura. Mientras flotaban hacia una entrada que las impulsaría a la Tierra, él comenzó a sentir la fuerza de un torbellino que de repente lo impulsó hacia abajo en la densa atmósfera que rodea la Tierra.

Al principio se tomó algún tiempo para juntarse con sus futuros padres, mientras se familiarizaba con las circunstancias en las que estaba a punto de nacer. Su cuerpo había sido concebido un par de meses antes de su llegada y ahora comenzaba el trabajo esmerado de fusión con el feto. Este era un proceso delicado y a medida que pasaba el tiempo comenzó a pasar más y más tiempo en el útero de su madre. El embarazo estuvo bien y un par de semanas después del cumpleaños de su hermano mayor, Rikki fue expulsado a través del canal de parto y hacia el mundo exterior. Era el 20 de mayo de 1952.

Ese día el sol brillaba en Reikiavik, Islandia. Su nacimiento fue normal y su infancia continuó sin incidentes.

Ahora la historia se reanuda unos años más tarde...

CAPÍTULO 1

EL CHICO PROBLEMÁTICO

Los alumnos se turnaban para leer dos párrafos cada uno, comenzando con el niño sentado en el comienzo de la primera fila, seguido por el otro que estaba detrás. Algunos eran más hábiles que otros, pero todos ellos parecían leer con facilidad. Cada vez que un niño terminaba su sección, Rikki sabía que su turno se acercaba y su temor se hacía más fuerte. Pronto era el turno de Hugo, el mejor amigo de Rikki. Hugo se sentó delante de Rikki y leyó a la velocidad del rayo. Finalmente era el turno de Rikki. Estaba sonrojado y sudoroso, a pesar de que solo tenía que leer cuatro líneas —debido a su terrible tartamudez:

«J-J-J-J-Jack y J-J-J-J-Jill subieron la colina para b-b-b-b-buscar un c-c-c-cubo de agua.

J-J-J-J-Jack se cayó y se r-r-r-rompió su coronilla y J-J-J-J-Jill dio v-v-v-volteretas detrás de él».

Parecía que demoraba una eternidad para pronunciar estas pocas palabras mientras la clase de veinte alumnos permanecía en silencio.

Todos los días durante todo el año escolar se producía una repetición de esta mala experiencia. Era el año 1960 y Rikki tenía ocho años. Vivía en la ciudad de Kópavogur junto a la ciudad capital de Reikiavik, en Islandia. Era el segundo mayor de cuatro hermanos. Su padre, Baldur, un ingeniero químico, estaba distante y por lo general parecía estar preocupado y absorto en sus pensamientos, dándole chupadas a su pipa mientras consideraba algún proyecto científico en el que estaba trabajando. Por otra parte su madre, Amalia, era afectuosa y cariñosa.

Rikki (abajo a la izquierda) a los nueve años en 1961, con sus padres y tres hermanos.

Ella hizo la mayor parte de la crianza de los niños, mientras mantenía una carrera como periodista y escritora sobre la vida contemporánea en Islandia. Sus padres estaban insatisfechos con su matrimonio. No había abuso del alcohol o comportamiento revoltoso entre ellos; simplemente eran infelices en su relación con la otra persona. Se habían conocido mientras eran estudiantes en 1948 y una vez habían estado muy enamorados. El padre de Rikki estaba estudiando ingeniería química en el Instituto de Tecnología de Massachusetts y su madre era una estudiante de periodismo en la Universidad de Boston.

Se casaron dentro de un año y dejaron los Estados Unidos para iniciar una nueva vida en Islandia. Sin embargo, la adaptación de la cultura estadounidense a la islandesa no había sido fácil. Para 1960, Amalia había dado a luz a cuatro niños y faltaba poco para estar embarazada de otro. El estrés de criar la familia era evidente para los que los conocían bien. Amalia ganaba algún dinero adicional como corresponsal extranjera y pasaba cada minuto que tenía libre garabateando notas sobre sus nuevas aventuras en Islandia; estas fueron publicadas más tarde en una obra literaria de gran éxito de ventas que sigue disfrutando de nuevas ediciones hasta la actualidad.[7]

Rikki tenía problemas en la escuela. Se sentía avergonzado y humillado debido a su tartamudez y por esta razón, sin el conocimiento de sus padres, a menudo faltaba a clase durante días y días. En aquellos días, aunque se tomaba la asistencia en la clase, la escuela no tenía una política de notificarles a los padres hasta después de que un niño hubiera estado ausente de la escuela durante algunos días sin una explicación. Sin embargo, fue inevitable que la escuela finalmente les notificara a los padres de Rikki, momento en el que «se había revelado el secreto», por así decirlo, y Rikki fue llamado a capítulo para obtener una explicación. Las conversaciones a menudo eran de la siguiente manera:

---

[7] Amalia Lindal. *Ripples From Iceland*. New York: Norton & Company, 1962.

Madre: «Yo preparaba tu almuerzo y salías para la escuela cada mañana. ¿A dónde ibas todo ese tiempo?»

Rikki: «Iba a dar largos paseos y a veces también miraba a los trabajadores de la construcción trabajar en la nueva subdivisión que se está construyendo en el camino a la escuela».

Madre, exasperada: «¿Por qué, Rikki? ¿Por qué haces esto? Temo que te hagas daño por ahí mientras estás solo. Es muy importante que vayas a la escuela».

Rikki: «Me hace sentir mal. Yo t-t-t-tartamudeo y no puedo leer como los demás».

Su madre se sentía terriblemente triste por su niño pequeño, pero también estaba frustrada, ya que no era la primera vez que Rikki había faltado a clase.

Madre: «¿Por qué no me dijiste que no ibas a la escuela? Te hubiera ayudado».

La triste realidad es que su madre no había tenido tiempo de aprender a hablar islandés lo suficientemente como para poder ayudarlo a leer y escribir. Ella estaba estresada al máximo con el cuidado de sus hermanos y con el funcionamiento de la casa. Su padre estaba fuera en el trabajo todo el día y Rikki pensaba que él era fastidiosamente lento para explicar las cosas cuando su padre intentaba ayudarlo con su tarea en las noches.

Rikki: «Después del primer día, tuve miedo de volver a la escuela. Y entonces tenía más miedo de ir después de eso. Y ahora estoy muy atrasado en mis tareas escolares... y me da aún más miedo volver».

Rikki padecía de una afección que en aquellos tiempos se llamaba «enfermedad de ausentismo escolar»; en otras palabras, mientras más tiempo se pasa fuera de la escuela, es más difícil volver. Así que, después de largas conversaciones e intentos para convencer a

Rikki de regresar a la escuela por su propia cuenta, por lo general sus padres no tenían más remedio que arrastrarlo de vuelta, gritando y pataleando, como último recurso.

Madre: «Lo siento, pero tu papá va a tener que llevarte de vuelta a la escuela mañana».

Rikki, viniéndose abajo en un mar de lágrimas y desafío, tuvo una rabieta: «¡No, no voy a ir!»

Madre: «Tienes que ir a la escuela como todos los demás. Tu hermano va a la escuela. No tenemos ningún problema con él».

Rikki: «No, yo no voy. Nunca voy a volver a la escuela».

Por lo general Rikki se mantenía desafiante y al día siguiente su padre, después de más intentos fallidos de persuadirlo, tenía que agarrarlo y arrastrarlo con fuerza hacia el carro, gritando y pataleando. En estas ocasiones, a Rikki lo llevaban primero a la oficina del director para tener una charla en la que sus padres se retorcían las manos y su maestro le explicaba a Rikki que debía volver a la clase. Entonces lo llevaban de vuelta a clase, desaliñado y avergonzado delante de sus compañeros de clase que estaban mudos de asombro, y lo acompañaban hasta su escritorio. Normalmente se coordinaba una reunión posterior con el psicólogo de la escuela, pero era en vano; Rikki nunca le dijo más que un par de palabras. Esta misma cadena de eventos ocurría en numerosas ocasiones.

Los padres de Rikki hicieron lo que pudieron para ayudarlo. Se coordinaron clases particulares. La madre de Rikki lo acompañaba a la casa de su maestro los fines de semana, donde pasaría un par de horas recibiendo ayuda individualizada con sus estudios. Rikki estaba encariñado con su madre y estos cortos paseos se hacían memorables ya que apreciaba el amor incondicional que recibía de ella —a pesar de todos los problemas que había causado. La enfermedad del ausentismo escolar comenzó cuando Rikki tenía ocho años y aparecía amenazadoramente en algunas ocasiones cada año escolar, muy a pesar de sus padres, hasta que cumplió once.

Aparte de la rabieta ocasional cuando no se salía con la suya, Rikki era apacible y estaba de buen humor la mayor parte del tiempo. Le era muy útil a su madre en la casa y regularmente se ofrecía para buscar los alimentos y otros productos en la tienda local. Sus padres tenían una cuenta de crédito en la tienda y su madre siempre escribía una lista de los productos para que Rikki los buscara. En algunas ocasiones Rikki era travieso y agregaba una barra de chocolate a la lista. El problema era que su forma de escribir era notablemente diferente a la escritura a mano de Nueva Inglaterra perfectamente refinada de su madre y el dependiente de la tienda de comestibles que servía detrás del mostrador podía detectar fácilmente su adición torpemente manuscrita a la lista de cosas. Una madre soltera y su hijo adolescente eran los dueños de la tienda de comestibles local y quienes la dirigían, y la madre conocía bien a la mamá de Rikki. Cuando Rikki tenía la mala suerte de que la dueña del negocio lo atendiera, ella detectaba inmediatamente su anomalía en la lista de los productos, empezaba a desconfiar y preguntaba: «¿Tu madre escribió "gran barra de chocolate con pasas" en esta lista?» A lo cual, si Rikki respondía con aire de culpabilidad: «Este... sí», ella pasaba a llamar a su mamá para verificar. Naturalmente, estos incidentes eran un poco humillantes para Rikki por lo que siempre hizo lo posible para lograr que el hijo de la señora lo atendiera, a quien no le importaba si él añadía algo a la lista y siempre le daba a Rikki la barra de chocolate sin rechistar. Por supuesto, esto requería vigilancia, un poco de diplomacia astuta y fingida y esperar a que las otras personas en la cola se le adelantaran cuando fuera necesario. En los días exitosos cuando este esfuerzo valía la pena, él devoraba la barra de chocolate en su camino de regreso a casa con los alimentos y otros productos.

Rikki también tenía la costumbre de robar dinero de una pequeña reserva en efectivo que se mantenía para diversos gastos en el estante superior de la alacena de la cocina. Él usaba el efectivo robado para invitarse a sí mismo y a sus amigos a comer dulces y refrescos. Sin embargo, esa actividad cesó repentinamente cuando uno de sus amigos, celoso por no haber sido incluido en el reparto de las golosinas, lo delató con su padre. En ese día ajetreado, Baldur salió inmediatamente y encontró el lugar donde Rikki se atiborraba de dulces. Una charla con aires de superioridad y una paliza delante de sus amigos le pusieron fin a esta actividad clandestina. A pesar de todos estos defectos, Rikki era un niño simpático; era el favorito de su madre y siempre tenía al menos un amigo especial.

A la edad de once años, Rikki era de complexión media, con el cabello rubio oscuro. Su tartamudez persistía y seguía teniendo dificultades en la escuela en todas sus asignaturas. No hablaba mucho con los demás debido a su tartamudez y solía mantenerse aislado durante los recreos escolares. No le gustaba participar en deportes y sobre todo no le gustaba la clase de gimnasia debido a su incapacidad para controlar sus erecciones mientras se duchaba públicamente con los chicos después de las clases. La escuela también ordenó que todos los niños aprendieran a nadar. Sin embargo, Rikki le tenía un antiguo miedo al agua y por lo general se las arreglaba para no tomar el autobús escolar que transportaba a los niños desde el patio de recreo hasta una ciudad cercana para las clases de natación, las cuales también eran marcadas por la vergüenza de ducharse públicamente antes y después de las clases de natación.

LA GRANJA, LAKJAMOT

Como era la costumbre en Islandia en aquella época, los padres de Rikki hicieron los preparativos para que pasara los meses de verano en una granja. Tuvo la suerte de que había una granja ancestral donde podía quedarse, ubicada en el norte de Islandia, con su tío, Siggi. Así que desde la edad de ocho años, al comienzo de cada verano, en el mes de mayo, su padre hacía el viaje en su Opel y llevaba a Rikki a la granja. El viaje los llevaba a lo largo de serpenteantes caminos de grava por encima de las tierras bajas de Reikiavik, hacia los páramos, y marcha atrás, a través de unos hermosos valles. En el camino cruzaban muchos puentes estrechos con ríos desbordantes que bramaban a lo largo de las caras empinadas de las montañas, algunos llevaban agua glacial lechosa de las copas de las montañas cubiertas de nieve, mientras que otros tenían agua clara de manantial que emanaba de manantiales naturales dentro de las laderas. En esta ocasión, Rikki acababa de cumplir doce años y este sería el quinto verano que pasaría en la granja de su tío.

La granja Lakjamot[8] está ubicada en Shrub Valley[9] en el norte de Islandia y se levanta majestuosamente sobre un montón de tierra, no lejos de Shrub Valley Mountain,[10] la cual el padre de Rikki nostálgicamente consideraba la montaña más bella en la tierra. Lakjamot es una granja bien conocida en el condado y fue el hogar de los abuelos y antepasados de Rikki, que data de 1835. Su abuelo, un geólogo, y su abuela, una escritora y defensora de los derechos de las mujeres, habían fallecido hacía unos cuantos años. La estación postal del condado, así como la estación telefónica central para todo el condado, se ubicaba en la granja.

---

8   Se modificó la ortografía por la granja Lækjamót, ubicada en el condado de Vestur-Húnavatnssýsla
9   Nombre islandés: Víðidalur.
10 Nombre islandés: Víðidalsfjall.

A lo largo de la carretera principal, no lejos de la granja, hay un gran río llamado Shrub Valley River.[11] El puente sobre este río es viejo y estrecho, pero cuando el padre de Rikki vivía en la granja cuando era un niño, un puente diferente atravesaba el río que era incluso más estrecho y a veces peligroso para cruzar, especialmente durante el derretimiento de la nieve y el hielo en el deshielo de la primavera. A medida que cruzaban este puente, el padre de Rikki recordaba que mientras entregaba el correo a una granja cercana cuando tenía doce años de edad su bicicleta se resbaló sobre el hielo y se cayó sobre el lado del puente. Cayó veinte pies hacia la cara de la roca que bordeaba las orillas del río. Afortunadamente, mientras caía a través del aire, su bolsa de cartas se balanceó, pasando por encima de sus hombros, y protegió su cabeza mientras él caía sobre las rocas. Perdió el conocimiento cuando chocó contra las rocas. Además, Baldur explicó que mientras yacía inconsciente se le acercó una mujer elfa que vivía en las rocas. Ella lo salvó de la muerte durante la caída y mientras cuidaba sus heridas, murmuró en voz baja: «Lo que siembre, es lo que cosecharé, lo que siembre, es lo que cosecharé, lo que siembre, es lo que cosecharé». Un poco después, cuando recobró el conocimiento, se puso de pie y se sintió milagrosamente bien a pesar de su caída. Más tarde ese día regresó a la granja con su bicicleta aplastada y, para sorpresa de todos, sin un solo moretón.

Esta no era la primera vez que Rikki había oído hablar de los elfos, conocidos comúnmente en las tradiciones populares islandesas como «pueblo oculto[12]». Según las tradiciones populares, habitan en grandes rocas y paredes rocosas a lo largo de la tierra y se dedican a sus actividades, por lo general como agricultores, atendiendo a sus animales y haciendo heno durante el verano. Pueden ver a los seres humanos, pero los humanos no pueden verlos a menos que

---

11 Nombre islandés: Víðidalsá.
12 Término islandés: huldufólk.

ellos quieran ser vistos. Normalmente conviven pacíficamente con los humanos, siempre que no se perturbe su hogar. Así es en Islandia, incluso hoy en día, a tal grado que los caminos se construyen alrededor de grandes rocas donde se piensa que viven los elfos; lesiones graves e incluso muertes les ha ocurrido con frecuencia a los trabajadores que han intentado mover las rocas que son habitadas por estos seres.

Cuando Rikki y su padre llegaron a la granja, Rikki se familiarizó con su tío Siggi, la esposa de Siggi, Elin, y sus tres hijas; quienes eran dos y tres años más jóvenes que él. Por lo general Rikki tenía una sonrisa en la cara, pero no habló mucho con ellos, en parte debido a su tartamudez pero también porque era tímido. Antes de hacer el viaje de regreso a la ciudad, Baldur se sentó con su hermano, Siggi, para tener una de sus típicas conversaciones. Rikki no era el único que pensaba que era extraño ver a estos dos hermanos conversando. Se sentaban en sillas cómodas hacia un lado y enfrente el uno del otro. Apenas pronunciaban algunas palabras, pero asentían con la cabeza cada cierto tiempo mientras se confirmaban verbalmente el uno al otro con gruñidos y dichos sin sentido. También había largos silencios. Luego se ponían de pie e intercambiaban despedidas. Después, siempre les informaban los detalles de esas conversaciones «en profundidad» a sus cónyuges y familiares, junto con las decisiones que habían tomado acerca de temas de los que nunca habían hablado en voz alta. Era reconocido, por sus familiares y quienes los conocían bien, que sus conversaciones eran, en su mayor parte, telepáticas. Tras esta notable ocasión Baldur le comunicó a la madre de Rikki, en algún momento después de su regreso a la ciudad, que él y su hermano habían llegado a la decisión de que debían intercambiar a Rikki por una de las hijas de su hermano, ya que él tenía cuatro hijos y Siggi solo tenía hijas y no habría ningún heredero varón para tomar el control de la granja. Baldur le explicó a su esposa que Rikki había demostrado en los veranos anteriores que era un buen trabajador y además a ellos les resultaba difícil lidiar con Rikki en la ciudad. Entonces habían acordado que hacer que Rikki trabajara en la granja bajo la tutela de su tío sería sin duda bueno para él y le facilitarían un buen sustento en el futuro. Pero la madre de Rikki recibió esta idea con horror y decidió que ese sería su último verano en la granja de Lakjamot.

Rikki siempre se sentía triste al dejar a su madre y doblemente triste cuando su padre se marchaba después de dejarlo en la granja. Sin embargo, por lo general su padre regresaba al menos una vez durante cada verano para un fin de semana de pesca de salmón, ya que una parte del Shrub Valley River pertenecía a la granja y la pesca con caña en el río no le costaba nada. En estas ocasiones, el padre de Rikki siempre llevaba provisiones de parte de su madre que contenían una carta, algunos dulces y fruta fresca. Aunque renuente, Rikki se veía obligado a compartir los dulces con sus primas pero la carta, firmada «Con amor, Mami», siempre fue especial y sentida. Al final de uno de estos viajes de pesca, cuando su padre estaba a punto de irse, Rikki se escondió en el maletero de su carro mientras Baldur estaba en la cocina tomando su última taza de café antes del viaje de regreso a Reikiavik. Como Rikki no aparecía en ningún lugar cuando Baldur se preparaba para marcharse, todos presumieron que había ido al granero a hacer algunas tareas, así que su padre se marchó sin encontrarlo para despedirse. Sin embargo, después de un par de horas de viaje, Rikki comenzó a golpear en la tapa del maletero alertando a su padre, quien detuvo el carro y lo encontró escondido allí. En esta ocasión, Rikki disfrutó de un par de noches en casa, pero había poco que hacer en Reikiavik ya que todos sus amigos también estaban en granjas durante el verano. Su hermano mayor estaba lejos en el campamento de verano y sus dos hermanos menores y su hermanita eran demasiado jóvenes para jugar con él. Así que regresó a Lakjamot tres días más tarde en el autobús público. Estas separaciones de su familia durante los meses de verano, las cuales habían comenzado cuando tenía ocho años, le resultaban difíciles de manejar emocionalmente y lo fortalecían; algunos dirían que eso lo ayudó a madurar más rápidamente y convertirse en un hombre.

LOS DÍAS DE VERANO

A Rikki lo hicieron sentir bienvenido en la granja. La casa de campo fue construida en 1929 y estaba hecha de concreto. El techo tenía tres puntas que estaban pintadas de rojo y las paredes exteriores eran del color de la creta blanca. El interior estaba cubierto con paneles de madera y las paredes estaban rellenas de césped seco para lograr aislamiento. Había un sótano, una planta principal y una segunda planta que contenía seis dormitorios pequeños, tres en cada lado, por debajo de las puntas del techo, separados por un pasillo. Un pequeño generador eléctrico proporcionaba luz en la planta principal de la granja y en el sótano, pero no había electricidad en los dormitorios de la segunda planta.

Los pisos chirriaban cuando las personas caminaban por ellos y, día y noche, toda la casa parecía estar viva con fantasmas. Para colmo de males, Elin, la esposa del granjero, informó que un fantasma a menudo le acariciaba la parte trasera de su cabello cuando caminaba por el pasillo en la noche. (Sin embargo, Rikki estaba familiarizado con la presencia de fantasmas, ya que al parecer su casa en la ciudad fue construida sobre un antiguo cementerio. El ruidoso alboroto de personas conversando y las luces encendiéndose y apagándose en el sótano en la noche no eran inusuales en su casa).

También hubo un cementerio ubicado en la parte inferior de una ladera al frente de la granja, a unos 150 pies de la puerta principal, donde estaban enterrados los abuelos de Rikki y otros parientes que habían vivido en la granja. Había pollos en una de las habitaciones del sótano en la parte trasera de la granja, la cual tenía una rampa que les permitía salir a escarbar en busca de comida durante el día. También había un granero para las vacas, construido a finales del siglo XIX, con paredes hechas de cantos rodados y césped y un techo de tepe sujeto por entramados y vigas de madera, ubicado en la parte inferior de una ladera, cerca de 150 pies detrás de la granja.

Rikki dormía solo en una habitación bajo la buhardilla con dirección al sur. Se colocó una lámpara de aceite en la mesa de noche y él podía ver para desvestirse y leer antes de dormir, si lo deseaba. Sus primas dormían en el dormitorio al otro lado del pasillo. Los ratones estaban ocupados en las paredes y se colocaron trampas a lo largo de la pared para cazar a los menos afortunados que se aventuraban a salir a la habitación durante la noche. Por lo general, se soltaban las trampas durante la noche y la primera orden del día en la mañana era vaciarlas. Siggi dormía en un dormitorio bajo la buhardilla con dirección al norte, mientras que su esposa Elin dormía abajo en la planta principal debido a los fuertes ronquidos de Siggi que tronaban a lo largo de la planta superior y literalmente hacían que las ventanas sonaran en sus marcos, ya que no había ningún calafateo para sujetarlas en su lugar. Afortunadamente, Rikki estaba cansado de trabajar en la granja durante el día y normalmente se dormía a pesar del ruido que hacían los ratones en las paredes, los ronquidos de Siggi, el tenebroso rechinar en la casa y el sonido esporádico de pasos fantasmales por el pasillo fuera de la puerta de su dormitorio.

Los días de verano pasaron rápidamente. Las ovejas tenían corderos, en su mayor parte, en el momento en que Rikki llegó a la granja. Pastaban en los pastos alrededor de la granja y en cualquier pedacito de hierba que podían encontrar a lo largo de la ladera de la montaña junto a la Shrub Valley Mountain, ubicada a pocos kilómetros detrás de la granja. Había una docena de vacas que necesitaban ser ordeñadas dos veces al día. Siggi también tenía una manada de más de sesenta caballos, sobre todo yeguas que habían sido liberadas para vagar por los páramos en las regiones montañosas durante el verano. Se llevaban de vuelta en manada en pleno verano con sus potros recién nacidos para poder marcar las orejas de los potros y esto siempre era un momento muy emocionante en la granja.

Un hombre llamado Peter, quien era el hermano menor del abuelo de Rikki, también vivía en la granja. Había contraído escarlatina a temprana edad y nunca maduró mentalmente más allá de la edad de diez u once años. Tenía una larga barba gris y normalmente vestía una camisa de rayas con tirantes viejos que sujetaban sus pantalones. Tenía una hernia y por lo general mantenía su mano derecha dentro de sus pantalones para proteger la hernia que nunca había sido reparada. Era un hombre bastante triste y algo obsesivo. Pasaba horas caminando de aquí para allá por el pasillo y en el comedor, murmurando en voz baja: «Cascada Dorada[13] vino hoy». Parecía estar refiriéndose a una breve noticia que se transmitía por la radio todos los días al mediodía sobre el ir y venir de barcos pesqueros y barcos de carga, la cual incluía un barco llamado Cascada Dorada. Sin embargo, nadie realmente sabía por qué él solo se refería al barco Cascada Dorada. Tal vez hubo alguien especial en ese barco a quien él esperaba ver antes de perder el juicio debido a su enfermedad: Un «alguien» que nunca llegó.

La tarea principal de Peter era cuidar las vacas, lo que incluía alimentarlas y palear el estiércol del conducto que estaba detrás de ellas. Este era un trabajo agotador para un anciano, sobre todo debido a su hernia. El trabajo requería que primero paleara el estiércol en una carretilla de mano y luego la empujara fuera del granero y tirara el estiércol en una fosa. Esta podía ser una tarea traicionera ya que había ocasiones cuando dos de las vacas, cuyos establos estaban ubicados en el otro extremo del granero, tenían diarrea y arrojaban

---

13 Nombre islandés: Gullfoss.

sus excrementos horizontalmente mientras él estaba limpiando el conducto detrás de ellas. Sin embargo, Peter nunca faltaba al trabajo.

También había una niña llamada Dora, una prima mayor de Rikki, quien había sido contratada para ayudar con las tareas domésticas durante los meses de verano. Tenía 17 años, con cabello rubio largo hasta los hombros y una tez clara. Su rutina en las mañanas era ayudar con la preparación del desayuno y asegurar que todos fueran alimentados y se atendieran las necesidades de las niñas. Por lo general el desayuno consistía en skyr (un tipo de yogur) o gachas de avena. Si había sobras del día anterior, estos dos platos se revolvían juntos para formar una mezcla[14] que a todos les parecía gustar, excepto a Rikki, quien tenía náuseas si le hacían comerla. Para colmo de males, a veces lanzaban una rodaja de morcilla fría encurtida[15] en la parte superior de esta mezcla por añadidura, haciéndola aún más nauseabunda. Después del desayuno, se vertía un poco de la leche fresca que se había traído del ordeño de la mañana en pequeños biberones con pezones adjuntos. Entonces se producía un gran alboroto. Como media docena de corderos que habían perdido a sus madres durante la época del parto de las ovejas eran alimentados de los biberones fuera de la puerta principal.

Dora pasaba la mayor parte del día manejando la central telefónica. La central telefónica consistía en 101 enchufes con innumerables cables que se necesitaban tirar y enchufar rápidamente para enlazar las llamadas procedentes de las granjas en el condado con el resto del país. Ella era una «profesional» y se sentaba allí hora tras hora con auriculares que le facilitaban un enlace con el resto del mundo. Todas las granjas en el condado tenían un llamado distinto, por lo general una letra del alfabeto Morse, lo que rápidamente produjeron utilizando un mango en el lado de las cajas de los teléfonos

---

14 Nombre islandés: Hræringur.
15 Nombre islandés: Slátur.

que estaban montadas en la pared al hacer una llamada. Y como todas las granjas estaban conectadas en la misma línea de teléfono, todas podían escuchar la secuencia de timbres distintos de cada una de las demás. Podían descolgar el auricular y escuchar disimuladamente las conversaciones telefónicas de las otras granjas cada vez que lo desearan. Sin embargo, un sabio oído podría identificar el «clic» característico de cada granja, el cual era audible cuando se levantaba el soporte del auricular. Además, la calidad de la conexión telefónica disminuía notablemente en proporción directa al número de personas que escuchaban disimuladamente. Cuando la conexión se volvía especialmente mala, uno podía pedir cortésmente a los que estuvieran escuchando que por favor colgaran sus teléfonos para que se pudiera oír correctamente la voz de la persona que estaba al otro lado. En esos casos, se podía oír otra vez el clic característico de cada granja a medida que colgaban sus teléfonos —por supuesto, sin decir ni una palabra. En las pocas ocasiones en que Rikki llamaba a su madre, ya que las llamadas de larga distancia eran caras, simplemente hablaba en inglés, la lengua materna de su madre. Y como nadie entendía el idioma, todos colgaban sus teléfonos uno tras otro, facilitando una buena conexión.

Las primas de Rikki, como es la manera típica de ser de los niños pequeños, eran chillonas y escandalosas en las mañanas. Todas tenían el cabello largo que se necesitaba peinar y trenzar. Este era un ritual diario que incluía lágrimas de la chica mayor, quien tenía el cabello especialmente fino que se extendía hasta la parte baja de la espalda y se enredaba en la noche y se necesitaba desenredar, peinar y trenzar cada mañana. La sugerencia de Rikki de que se le debía cortar el cabello era considerada que rayaba en la blasfemia y, por supuesto, nunca se tenía en cuenta.

Todas las primas de Rikki eran de tez muy clara mientras que él, dado que su madre era estadounidense y de raíces étnicas mixtas, tenía una tez morena. Dora y Elin a menudo tomaban el sol en la tarde junto a la pared de la granja en dirección al sur, donde encontraban refugio de la brisa casi constante que soplaba desde el noroeste. A ellas les molestaba admitirlo, pero sus intentos de lograr broncearse eran en su mayor parte inútiles y las dejaban con quemaduras, mientras que Rikki parecía broncearse al instante. Les parecía que él solo tenía que mirar al sol una vez para lograr un hermoso bronceado. Esto era desconcertante para las dos mujeres, ya que nunca antes habían visto algo así. Así que, en una ocasión, creyendo que él simplemente debía estar sucio, decidieron por cuenta propia restregar su cara y brazos vigorosamente con una toallita y jabón, todo en vano y muy a su pesar. Sin embargo, la piel más oscura de Rikki lo hacía sentirse diferente y solo y no tan parte de la familia como hubiera deseado.

Cada semana, conforme avanzaba la semana, Dora empezaba a verse cansada. Anhelaba que su novio, Karl, llegara y se la llevara rápidamente para tener un fin de semana lleno de diversión. Para el sábado, su impaciencia con los niños era palpable y apenas podía contener su expectativa de ver a Karl. Para las tres de la tarde, Rikki y sus tres primas estaban esperando con anticipación, con las narices pegadas a la ventana de la sala de estar, mirando hacia fuera en la carretera principal para ver aparecer el Dodge Coronet V-8. Dentro de poco y como era de esperar, apareció una nube de polvo en el horizonte mientras se acercaba el Dodge, como si flotara sobre el camino de grava en una nube de polvo. El carro parecía ir zumbando más rápido de lo que se podía ver, hasta que alcanzaba el camino de entrada a la granja, más arriba en la carretera. A estas alturas, Dora estaba temblando en su lugar con expectación, sus mejillas estaban sonrojadas, su voz era más aguda y sus labios estaban listos para plantarle un besazo a Karl mientras él aparecía por la puerta principal. Karl nunca se detenía por mucho tiempo, solo para saludar a todos antes de volver al carro con Dora y desaparecer en una nube de polvo de camino a Hvamstangi, una ciudad cercana donde con toda seguridad se registraban en un motel para revolcarse antes de prepararse para una noche salvaje de juerga. Y de este modo se repetía cada fin de semana. Los niños se inclinaban sobre el alféizar de la ventana, esperando ver el Dodge Coronet de Karl llegar zumbando como un avión en el cielo, con una estela de humo detrás de él. Era un hombre apuesto, vestido de alta costura y pantalones vaqueros. Su cabello negro y poblado era pesado con gran cantidad de gel para el cabello y tenía buenas patillas y una sonrisa tímida tipo Elvis. Y Dora sonriendo de oreja a oreja, con un brillo en sus ojos, vistiendo una minifalda apretada, una blusa contorneada y zapatos de tacón prácticos (ya que ella era un tipo de chica «sensata»), se deslizaba en el carro de Karl, ajustaba su moño alto y comprobaba su maquillaje antes de decirle adiós con la mano a los pequeños ojos envidiosos de los niños mientras se marchaba con Karl. A Rikki y las chicas les parecía que nunca tendrían la oportunidad de ir a ningún lugar emocionante.

En otros aspectos, la vida en la granja era una revelación para Rikki. Hubo un par de incidentes que a Rikki le resultaron especialmente difíciles de comprender y que lo conmovieron. Un niño a finales de su adolescencia vivía en la granja llamado Gunnar; era el hijo de Elin de un matrimonio anterior. Gunnar padecía de una afección cardíaca y se cansaba fácilmente. Tenía un rifle y, además del tiro al blanco, disfrutaba de dispararle a los zarapitos trinadores[16] y a la agachadiza común,[17] aunque estas eran especies en peligro de extinción. Rikki lo acompañó un par de veces en sus «aventuras deportivas» clandestinas y observó que algunas veces solamente podía herir a los pájaros que le disparaba. Entonces iba y los atrapaba mientras aleteaban y acababa con sus sufrimientos arrancándoles sus cabezas —un acto que dijo que se veía obligado a hacer para aliviar sus sufrimientos rápidamente. Ver esto horrorizó a Rikki y le causó

---

16 Nombre islandés: Spoi
17 Nombre islandés: Hrossagaukur.

mucha consternación, pero había jurado no decirle a nadie en la granja, así que lo mantuvo como un secreto.

La granja, Lakjamot. (Fotógrafo: Vigdis Karlsdottir, 2011)

Gunnar también tenía un perro llamado Kolur que estaba viejo y padecía de artritis y tuvo que ser sacrificado. Sin embargo, Gunnar se negó a permitir que otra persona realizara esta acción, alegando que era su deber dispararle él mismo como el dueño cariñoso del perro. Angustiado por tener que realizar esta acción, así y todo decidió llevarlo a cabo y lloró después. A Rikki esto le resultaba incomprensible.

Tras estos incidentes, Rikki evitó encontrarse con Gunnar. Había algo que faltaba en su personalidad, un tornillo suelto que, sin duda, tenía que ver con la compasión.

Como es lógico, en la granja también se sacrificaban animales que estaban destinados para el consumo por la gente de la granja y, aunque era perturbador y bárbaro ver a los pollos corretear de aquí para allá con sus cabezas cortadas y a un becerro, cordero o el caballo ocasional sacrificado para la comida, Rikki entendía que estas prácticas eran normales. No obstante sirvieron para fortalecerlo emocionalmente y maduró rápidamente.

LA TIERRA DE LOS ELFOS

Las semanas pasaron rápidamente durante los meses de verano. Durante el día, a menudo las primas de Rikki pasaban el tiempo jugando entre grandes rocas en una colina cercana. Rikki a veces se unía a ellas ya que era su responsabilidad cuidarlas de vez en cuando. La hora de recreo pasaba rápidamente y con mucha emoción ya que las niñas corrían entre las rocas, pareciéndole a los demás como si estuvieran jugando con un grupo de amigos imaginarios. Siggi, el tío de Rikki, conociendo lo invisible del mundo presumió, aunque no podía ver a los compañeros de juegos de las niñas, que sus hijas estaban jugando con sus guías espirituales[18] o con los hijos de los elfos que vivían en las rocas y pensó que no había nada de raro en eso. Sin embargo, sus hijas nunca desaparecieron en las rocas con sus amigos invisibles, así que Siggi pensó que era probable que sus compañeros de juego fueran sus guías espirituales. Pero también era posible que los elfos salieran de las rocas y solo se hicieran visibles para sus hijas durante su juego. En una de estas ocasiones, Rikki de pronto empezó a tener sueño y decidió sentarse y descansar sobre una de las rocas. En seguida pareció entrar en trance. Entonces se dio cuenta de que uno de los niños elfos estaba llorando, sentado solo sobre una gran roca. Rikki se acercó y le preguntó al niño elfo qué le preocupaba, a lo que el niño elfo le respondió que su madre estaba enferma y que pronto podría morir a menos que él pudiera ayudarla. Rikki le ofreció su ayuda y el niño elfo le tomó la mano y lo condujo hacia una de las grandes rocas. Al lado de la roca crecía una hermosa planta con

---

[18] Para una investigación esclarecedora sobre este tema, por favor consulte Tobin Hart, *The Secret Spiritual World of Children*. Novato: New World Library, 2003.

flores de color púrpura. El niño elfo se agachó y cogió una hoja en el tallo de una de estas plantas y la frotó entre sus dedos hasta que la savia humedeció sus dedos. Luego le pidió a Rikki que se inclinara para que él pudiera alcanzar y frotar la savia en sus párpados. Tan pronto como se hizo esto, Rikki pudo ver dentro del «mundo de los elfos» con la misma claridad como podía ver dentro de su propio mundo. Se dio cuenta de que la madre del pequeño elfo y sus doce hijos eran los únicos elfos que vivían dentro de esta acumulación de rocas. Las rocas proporcionaban hermosas casas para todos ellos, con huertos y jardines de hierbas fuera de las entradas principales y pastos en la parte trasera para las gallinas, ovejas, vacas y caballos. El elfo condujo a Rikki hacia la roca y dentro de un dormitorio donde yacía su madre al borde de la muerte. Rikki le preguntó de qué manera podría ser de ayuda y ella le respondió:

>«Doce y doce
>tu padre, ahora tú
>Dos vidas están
>bajo peligro de muerte
>Se debe el pago».

Rikki supuso que esta era la mujer elfa que había salvado la vida de su padre muchos años antes, cuando se había caído del puente y sobre las rocas en las orillas del Shrub Valley River a la edad de doce años. Y ahora, al Rikki tener la misma edad que su padre había tenido en ese momento, se debía una acción «en especie». La mujer elfa le pidió a Rikki que fuera a buscar una jarra de suero de leche para que ella pudiera recuperar su salud. Ella explicó que eran tales las desafortunadas circunstancias que la única vaca que poseía estaba preñada y no podría proporcionar leche hasta después de que diera a luz. Por lo tanto, no podía hacer mantequilla o beneficiarse de las cualidades medicinales del suero, el cual es un subproducto de la fabricación de mantequilla que se crea cuando se separa la grasa de la leche. Rikki sabía que Elin y Dora habían batido mantequilla esa misma mañana y que el suero de leche, que normalmente se le daba a los terneros para beber por la tarde, todavía estaba disponible. Rikki se dio prisa y regresó con una jarra de suero de leche, a la que la mujer elfa le agregó algunas hierbas. Luego se bebió toda la jarra. Ella le dio las gracias a Rikki por su bondad y le prometió que lo ayudaría a obtener algunos consejos importantes que le ayudarían en su vida entre los humanos. Luego el niño elfo condujo a Rikki afuera y limpió la savia de sus párpados, después de lo cual las casas de los elfos volvieron inmediatamente a sus apariencias anteriores como grandes rocas y los elfos no estaban en ninguna parte.

Pasaron un par de semanas antes de que la madre elfa se pusiera en contacto con Rikki otra vez. Ella se le apareció en un sueño y dijo que había hablado con un viejo sabio amigo suyo que vivía en Heather Hill,[19] la cual estaba ubicada a tres kilómetros de distancia en las orillas del Shrub Valley River. Dijo que él era un espíritu y era conocido por el nombre de Alma Vieja. Y a diferencia de ella que vive en el mundo oculto de los elfos, Alma Vieja es un espíritu humano que vive en el mundo oculto de los espíritus. La mujer elfa aconsejó a Rikki que se reuniera con este ser espiritual. Una vez más ella le dio las gracias a Rikki por su ayuda y le informó que el suero de leche que le había ofrecido, junto con las hierbas que ella había agregado, había restaurado completamente su salud. En la despedida recitó los versos siguientes y le pidió a Rikki que pensara en ellos antes de reunirse con Alma Vieja, si él decidía seguir su consejo:

> En tu mundo,
> Donde te veo, pero no me ves,
> tú entras por medio del nacimiento y te enfrentas a un universo Físico de:
> Luz, dada por tu sol
> Gravedad, por tu Tierra

---

19 Traducción al islandés: Lynghóll.

Estaciones, por tu clima
Contraste por tus sentidos
Todo lo cual debes aceptar y vivir dentro

Y ahí estás Tú:
Único por naturaleza
Conducido a la acción
Diferente a los demás
Creando experiencias
Atrapado en el tiempo
Encadenado con el destino
Toda una vida de envejecimiento

Y aprenderás sobre:
El amor y el miedo
La ira y la depresión
La culpa y el poder
El odio y el mal
Hasta tu muerte inevitable
Y tu redespertar
En la Tierra de los Espíritus

Rikki recordaba este sueño muy claramente cuando despertó a la mañana siguiente. Pasaron un par de semanas. Había una rutina en la granja. Siggi lo despertaba a las seis en punto todas las mañanas y como las vacas dormían afuera durante los meses de verano el trabajo de Rikki era ir a buscarlas desde cualquier lugar que hubieran deambulado durante la noche. Durante los meses de mayo, junio y julio, el sol solo descendía suavemente bajo el horizonte por un par de horas y las noches eran al atardecer. La mayoría de las criaturas parecían dormir solo por dos o tres horas durante estos meses de verano y en las primeras horas de la mañana numerosas variedades de aves gorjeaban y cantaban y la vida en todas partes, tanto como se podía ver, estaba llena de actividad. Las vacas a menudo deambulaban a una o dos millas de distancia, a veces a través de pantanos y ciénagas. Por lo general ir a buscar las vacas se demoraba una hora a pie, pero era más rápido cuando había un caballo disponible y Rikki podría ir a buscarlas a caballo.

Estas mañanas eran hermosas pero caminar solo, muy lejos, a través de tierras pantanosas donde el permafrost había derretido la turba de debajo del césped de hierba, causando que el pantano ondulara bajo sus pies, era tanto espeluznante como estimulante para Rikki. En estos pantanos había riachuelos profundos y estrechos que formaban una telaraña de arroyos, los cuales permitían que el agua desembocara en un pequeño lago y desde allí a través de un profundo y estrecho riachuelo en Shrub Valley River a un par de millas de distancia.

Mientras caminaba a través de este mosaico de pantanos, Rikki siempre sentía miedo. Por algún motivo desconocido, le tenía un antiguo miedo al agua. Recordaba que cuando tenía cinco y seis años solía meterse en problemas en casa después de usar el inodoro y tenerle miedo a tirar de la cadena por miedo a ver el agua ser aspirada violentamente por el desagüe. Contenía la respiración mientras seguía caminando a través de los pantanos. Se sentía mareado. Su corazón palpitaba aceleradamente cuando el césped sucumbió ante al peso de su cuerpo, causando que las ondas se extendieran abajo a través de la turba húmeda y cenagosa, como cuando una piedra choca contra el agua en calma. ¿Qué pasaría si se cayera a través del abismo? Estaba solo. Nadie lo encontraría. Sin embargo, pensando más racionalmente, se reconfortaba por el hecho de que el césped de hierba no había sucumbido ante el peso de las vacas cuando probablemente habían cruzado por allí durante la noche anterior.

Afortunadamente los mosaicos de tierras pantanosas eran esporádicos a lo largo del camino y, finalmente, cuando Rikki se acercaba lo suficiente para que las vacas lo vieran, él mugía tan fuerte como pudiera y las vacas lo reconocían y se daban cuenta de que era hora de volver a casa. Sus ubres estaban llenas por las mañanas y esperaban con ansia un par de paladas de granos sabrosos mientras las ordeñaban. Cuando oían el llamado de Rikki venían paseando en una sola fila, con la vaca más dominante encabezando el rebaño. Rikki las arreaba y cuando llegaban al granero cada una pasaba a su propio establo. Ellas conocían bien sus lugares por haber dormido en ellos durante todo el invierno. Para cuando Rikki llegaba, Peter había limpiado el canal de estiércol, preparado los establos y tirado una palada de granos sabrosos en el pesebre para que cada vaca comiera mientras era ordeñada. No había electricidad en el granero; una pequeña ventana proporcionaba suficiente luz y las vacas eran ordeñadas a mano. Luego Rikki las llevaba fuera hacia los pastos, donde pastarían hasta las primeras horas de la tarde, momento en el que eran llevadas de regreso en rebaño para el ordeño de la tarde antes de ser llevadas fuera una vez más por la noche.

A veces las vacas vagaban hasta Heather Hill, donde la madre elfa había dicho que vivía Alma Vieja. Y de vez en cuando atravesaban vadeando las aguas poco profundas del río y hacia las orillas en el otro lado, donde la hierba era más verde. El río era profundo en áreas donde era estrecho y la corriente hacía que las vacas perdieran el equilibrio si decidían cruzar en esos lugares, obligándolas a atravesar parte de la distancia a nado.

Una mañana, cuando Rikki llegó a Heather Hill, descubrió que las vacas habían cruzado el río. Él las llamó y mugió tan fuerte como pudo, pero ellas no podían oírlo debido a una brisa que soplaba sus llamadas fuera de rumbo. En las orillas, junto al río y contra Heather Hill, había una cama gigantesca de roca de granito. Rikki decidió treparse a la cama de roca y llamar a través del río desde esta posición ventajosa. Mientras estaba de pie sobre la roca, la brisa aumentó de repente, cambió de dirección y llevó el sonido de su voz al otro lado del río, hacia las vacas que estaban pastando en la orilla opuesta. Tan pronto lo oyeron llamar y notaron que estaba agitando sus manos en el aire, empezaron a tomar su camino de regreso a través del río —algunas vadeando, pero otras teniendo que nadar parte del camino.

Más tarde ese día, por la noche, después de que Rikki se había ido a la cama, despertó de un sueño clarísimo. En el sueño, él estaba sentado sobre la cama de roca en Heather Hill junto al río, esperando a que las vacas volvieran vadeando desde el otro lado. Justo en ese momento un ser espiritual surgió de la colina y dijo: «Creé el viento que llevó tu voz al otro lado del río y te ayudé a ir a buscar las vacas, y te ayudaré otra vez si lo deseas». Rikki supuso que debía ser Alma Vieja, el espíritu con quien la mujer elfa le había aconsejado reunirse. Alma Vieja continuó: «Para hablar conmigo, debes caminar en círculos sobre esta roca; tres veces en el sentido de las agujas del reloj y tres veces en el sentido contrario a las agujas del reloj. Luego quédate quieto frente a Heather Hill mientras piensas en un pensamiento amoroso y se abrirá una puerta a mi mundo para que veas». Entonces Alma Vieja desapareció del sueño.

Rikki no le había dicho a nadie sobre las experiencias que tuvo con la mujer elfa y decidió que sería mejor mantener este sueño para sí mismo, al menos por el momento.

Los días de verano pasaron rápidamente y para agosto la temporada para hacer heno estaba en pleno apogeo. Siggi cortaba la hierba con un viejo tractor donde la tierra estaba nivelada y con una guadaña donde el suelo era irregular o tenía inclinaciones empinadas. Y mientras el sol brillaba, todos en la granja, con el rastrillo en la mano, reunidos en una sola fila y caminando rápidamente a través del campo, volteaban el heno para que se secara correctamente. Procedían de este modo desde un extremo del campo al otro, arriba y atrás, hasta que se había volteado el heno en todo el campo. Una vez seco, el heno se rastrillaba en filas y Rikki, en una empacadora tirada por caballos, lo reunía en fardos antes de que fuera tirado por un tractor en el granero para el invierno. Estos eran momentos de diversión, aunque hechos con rapidez mientras el sol todavía brillaba para no ser sorprendidos por un cambio en el clima.

Había muchos caballos en la granja —algunos eran caballos de trabajo, utilizados para tirar de los carros y las empacadoras de heno, otros eran para montarlos y para reunir las ovejas y los caballos en el otoño antes de que cayera la nieve. Rikki tenía un hermoso caballo de color castaño rojizo, cuyo nombre era Trust[20]. Rikki siempre lo montaba a pelo, ya que le permitía disfrutar más plenamente de la sensación del poder del caballo, incluyendo el dulce aroma del sudor del caballo, especialmente después de un galope vigoroso. Trust era un caballo confiable y Rikki le tenía mucho cariño. Los domingos Rikki a menudo tomaba su caballo para dar un paseo hasta la granja cercana de Kot,[21] donde hablaba con un amigo. La ruta a esta granja pasaba a poca distancia de Heather Hill, donde vivía Alma Vieja.

LA OTRA DIMENSIÓN

A pesar de una vida aparentemente idílica en la granja, Rikki estaba solo y a menudo se sentía desesperado. Percibía que su vida era dura. Su infancia parecía pasar muy lentamente; no podía esperar a que su cuerpo de doce años creciera. A menudo se preocupaba por superar su tartamudez y sus dificultades para leer y escribir.

Con frecuencia Rikki pensaba en Alma Vieja en Heather Hill, en lo que la mujer elfa le había dicho y en el sueño en el cual Alma

---

20 Nombre islandés: Trausti.
21 Nombre abreviado para la granja Þórukot.

Vieja se ofrecía a aconsejarlo. Sin duda alguna tenía muchas preguntas que le gustaría hacerle a Alma Vieja así que, después de pensarlo bien, tomó la decisión de aceptar la invitación de este ser espiritual e ir a visitarlo en Heather Hill. Un par de semanas después, en una tarde de domingo, mientras volvía a casa montado a caballo después de hablar con su amigo en Kot, Rikki se detuvo en Heather Hill para ver si Alma Vieja se le aparecería como había dicho que lo haría en su sueño.

Rikki se desmontó de su caballo algo agitado, luego se quedó quieto y se armó de valor durante unos cuantos minutos. Se dirigió hacia la roca y caminó en círculos como Alma Vieja le había indicado —tres veces en el sentido de las agujas del reloj y tres veces en el sentido contrario a las agujas del reloj. Luego se quedó quieto, frente to Heather Hill, teniendo en cuenta el pensamiento amoroso del afecto que sentía por su caballo Trust. Un chorlito dorado[22] comenzó a gorjear rítmicamente: «Bi-bi, bi-bi, bi-bi, bi».

El tiempo se detuvo. Una luz brillante emanó de la colina, luego apareció una puerta y toda la colina apareció ante él como un universo con miles de almas resplandecientes en todos los colores del arco iris. Las almas tenían forma de esferas y parecían estar ocupadas con los tejemanejes en su mundo; se dedicaban a sus actividades sin parecer que le prestaran ninguna atención a Rikki. Había reuniones de almas en grupos que parecían formar pequeñas comunidades, mientras que otras almas parecían viajar deliberadamente entre estos grupos. En un instante, Rikki era consciente de un universo infinito habitado por miles de almas. Vio todo esto al mismo tiempo, como si estuviera en una dimensión donde no existieran limitaciones de espacio.

El Alma Vieja de su sueño apareció y dijo: «Bienvenido a la Dimensión Espiritual. Por favor, ven a mi despacho privado y hablaremos».

---

22 Nombre islandés: Heiðlóa.

A Rikki le temblaban las piernas de miedo. Entró en el despacho y se dejó caer en un taburete frente a una silla donde Alma Vieja se había puesto cómodo.

Alma Vieja dijo con una sonrisa: «¡Eres bienvenido... siéntate!» Luego preguntó: «¿Qué te preocupa, mi pequeño?»

Armándose de valor, Rikki contestó titubeando con un tartamudeo: «He estado teniendo a-a-a-a-algunos p-p-p-problemas».

«No tengas miedo de hablar... Sé de tu tartamudez».

Inmediatamente Rikki sintió que Alma Vieja sabía lo que le había estado preocupando. Él se había preparado a sí mismo para hacerle algunas preguntas específicas, así que dijo: «Tengo algunas preguntas que me gustaría hacerle si me lo p-p-p-permite».

«Sí» —respondió Alma Vieja efusivamente.

Rikki se calmó y dijo: «A menudo tengo miedo, también me siento diferente y solo».

«Entiendo... dime más. ¿Qué te da miedo?»

«El a-a-a-agua. ¿Por qué siempre le he tenido miedo al agua? Los ríos me dan miedo y tengo miedo de cruzar las ciénagas en las mañanas cuando voy a buscar las vacas».

«Sí. Puedo ayudarte con eso... pero primero dime qué tipo de cosas te hacen sentir diferente y solo».

«M-m-m-uchas cosas... es difícil hablar de ello».

«Bueno, comienza con algo pequeño que no te molesta mucho».

«¿Conoce a mi caballo, Trust? Empecé a montarlo a pelo y entonces hace un par de años todos comenzaron a decirme que debería usar una silla de montar. Lo intenté, pero nunca me sentí bien. Así que, después de un par de intentos, volví a montarlo a pelo y nunca he usado una silla de montar desde entonces. Mis amigos creen que es raro y se burlan de mí al respecto, pero no me importa. Pero me pregunto por qué soy diferente de esta manera».

«Ya veo... ahora cuéntame algo más importante que te hace sentir diferente y solo».

«M-m-m-i tartamudez» —contestó Rikki. «¿Por qué t-t-t-tartamudeo cuando hablo? Es muy humillante y me hace llorar. ¿Y por qué tengo problemas al leer y e-e-e-escribir? Estoy muy atrasado en comparación con todos mis amigos en la escuela. Me da vergüenza».

«Sí, también puedo darte algunas respuestas a estas preguntas. Pero puedo notar que tienes una pregunta más».

«Sí. ¿Por qué mi piel es más oscura que la de mis hermanos, mis primas y todos m-m-m-mis amigos? No quiero parecer diferente. A veces siento que no encajo. Me hace sentir mal».

Ahora Alma Vieja se recostó en su sillón y dijo: «Hmm... déjame pensar en esto. En primer lugar, me gustaría decirte cuánto agradezco que tengas el valor de venir a visitarme aquí y el valor de hacer estas preguntas. Sé que no te resulta fácil hablar al respecto».

«Nunca antes le dije estas cosas a nadie».

«Sí, lo sé. También sé que tendremos muchas oportunidades para reunirnos y llegar a conocernos el uno al otro, si te gustaría hacer eso. ¿Recuerdas el poema que la mujer elfa te dio en el sueño?»

Rikki, sonriendo tímidamente, contestó: «Sí».

«Ese poema describe de forma general temas específicos de los que me gustaría hablar contigo. Estos temas tratan de algunas verdades básicas acerca de la vida las cuales, una vez que las comprendas a fondo, te serán de gran ayuda para el resto de tu vida».

Rikki contestó con un entusiasmo vacilante: «¿En serio?»

«Te voy a dar algunas respuestas a tus preguntas, pero antes de poder responderlas específicamente tendrás que entender algunos conceptos generales sobre la naturaleza de la vida».

«Está bien».

Alma Vieja continuó: «Sé que todos los que han nacido en Islandia son automáticamente miembros de la iglesia luterana. Y también sé que el año que viene serás confirmado, junto con todos tus amigos, como es la tradición establecida. Así que déjame comenzar dándote alguna información básica sobre la naturaleza de las creencias, ya que tus creencias sobre la vida son las que determinan todas tus experiencias».

A Rikki, ya relajándose un poco, le empezaba a resultar interesante esta conversación.

«Déjame comenzar a modo de esta introducción: Es natural que todos los humanos busquen y adopten las creencias sobre lo desconocido que les den una explicación para las cosas que pasan en la vida que están más allá de su comprensión inmediata. Por lo general, estas creencias son espirituales de naturaleza y se han formado numerosas instituciones religiosas alrededor de estas creencias espirituales, cada una de ellas aboga por una comprensión un poco diferente de lo desconocido. La mayoría de estas instituciones religiosas proponen que hay una figura omnipresente, omnipotente y omnisciente, representada en el concepto de un dios. Los principios básicos de todas las religiones son básicamente los mismos, en los cuales todas ellas les explican a sus seguidores el asesoramiento específico sobre cómo deberían vivir juntos pacíficamente.

Sin embargo, la visión sobre la "naturaleza de la vida" que te voy a contar no es religiosa. Es una visión espiritual. Si lo deseas puedes considerarla como una "historia de fondo" común para todas las religiones».

«¿Qué es una visión espiritual?»

«La idea básica de la visión espiritual de la que te estaré hablando es que tú existes simultáneamente en una Dimensión Espiritual, o lo que podrías denominar "paraíso", y tu vida actual en la Tierra es un viaje educativo que te facilitará la oportunidad de aprender sobre ti mismo para que con el tiempo puedas evolucionar espiritualmente».

«Nunca he pensado en mi vida de esa manera. ¿Está diciendo que tengo dos vidas separadas —una en la Dimensión Espiritual y otra aquí en la Tierra?»

«Sí y no. Tu vida aquí en la Tierra está separada y es diferente de la vida que tienes en la Dimensión Espiritual, pero eres la misma alma y existes simultáneamente tanto aquí en la Dimensión Física en este planeta como también en la Dimensión Espiritual no física. Pero más adelante te hablaré mucho más sobre ello».

«Está bien... pero puedo preguntar algo antes de que termine: ¿Cuál es la diferencia entre creer en una religión y tener una visión espiritual?»

«Tener una visión espiritual de la vida no es necesariamente lo mismo que ser religioso. Hay muchas religiones y todas tienen sus propias y únicas historias religiosas. Sin embargo, lo que tienen en común es una visión espiritual del amor y el mandato para sus seguidores de que deberían vivir armoniosamente con los demás. La expresión de esta visión espiritual ha inspirado el más bello arte a lo largo de la historia, lo que sirve como una metáfora del amor y la devoción que tienen los seres humanos para sus dioses, para Dios, o para Todo Lo Que Es, cualquiera pueda ser el caso dependiendo de su religión».

«Pero en la escuela aprendí que Ricardo Corazón de León fue a Jerusalén a asesinar a los musulmanes porque no eran cristianos».

«Tienes razón. No todas las personas religiosas siguen los principios espirituales de sus religiones y millones han sido asesinadas en nombre de la religión. El problema tiene que ver con la política y el poder, ambos de los cuales no se mezclan bien con los principios espirituales de la religión. La política y las diferentes iglesias que compiten por el control crean divisiones entre ellas y sus seguidores. Es importante que entiendas que los valores espirituales no son la fuente de conflicto entre las religiones; tiene que ver con la política de poder».

«Creo que entiendo».

«Tampoco existe conflicto con tener una visión espiritual y a la vez no ser miembro de una fe religiosa en particular. Pero, si lo deseas, más adelante te hablaré más sobre estas cuestiones.

»Ahora bien, con esta pequeña cantidad de información básica sobre la existencia espiritual, déjame darte algunas respuestas a tus preguntas. Después te daré una tarea sobre la relación entre tu espíritu y el mundo físico en el que vives ahora, la cual puedes estudiar más tarde».

Rikki dijo educadamente: «Gracias».

A estas alturas Rikki estaba relajado. La energía amorosa de Alma Vieja era palpable y parecía infundir todo el sentido de su ser. Estaba ansioso por oír lo que Alma Vieja tenía que decir acerca de sus preguntas, ya que nunca antes le había expresado sus preocupaciones a nadie.

Alma Vieja continuó: «Las respuestas a tus preguntas sobre el miedo al agua y tu fuerte preferencia por montar tu caballo a pelo se relacionan con las vidas pasadas y las respuestas a tus preguntas sobre tu tartamudez, rendimiento académico y color de la piel tienen que ver con tu futuro en tu vida actual.

»El motivo de tu miedo al agua, incluyendo cruzar las tierras pantanosas húmedas y cruzar los riachuelos estrechos, tiene que ver con tu vida pasada.[23] No recuerdas esto, pero antes tuviste una vida en esta zona de Islandia. Eras un campesino alrededor del año 1100 d. C., cuando te enfrentaste a una muerte súbita al ahogarte en uno de estos riachuelos estrechos. Eras un anciano en aquel entonces y resbalaste en el hielo durante el deshielo de la primavera mientras te disponías a salir por este mismo terreno. Te caíste en uno de los riachuelos estrechos y te ahogaste. Tu memoria inconsciente de esta muerte es estimulada cuando cruzas estas tierras pantanosas y es el origen de tu miedo».

Rikki estaba asombrado. «¡Vaya!»

> *Si un asiático me pidiera una definición de Europa, me vería obligado a contestarle: Es esa parte del mundo obsesionada por el increíble engaño de que el hombre fue creado de la nada y que su nacimiento actual constituye su primera entrada en la vida.*
>
> Arthur Schopenhauer

«En respuesta a tu pregunta sobre montar tu caballo a pelo —una vez más, tu afición por esto proviene de una vida a principios del siglo XIX. Eras un indio en América del Norte. Te encantaban los caballos y pasabas gran parte de tu vida a caballo, siempre cabalgando a pelo, como era la costumbre de tu tribu».

«¿Qué es exactamente una "vida pasada"?[24]»

---

23 Todas las referencias en este libro con respecto a haber vivido vidas pasadas específicas son recuerdos auténticos de las propias regresiones a vidas pasadas del autor.

24 Para obtener más información sobre este tema, por favor véase los siguientes libros: Joe Fisher: *The Case for Reincarnation*. Toronto: Somerville House Publishing, 1998. Hans Ten Dam. *Exploring Reincarnation: The Classic Guide to the Evidence for Past-Life Experiences*. London: Random House, 2003.

«Más adelante en esta vida te convertirás en un experto en vidas pasadas y después te hablaré más sobre ello. Por ahora, todo lo que necesitas saber es que eres un alma muy antigua y has vivido docenas de vidas en la Tierra".

Alma Vieja continuó: «Ahora déjame darte una respuesta a las preguntas restantes relacionadas con tus sensaciones de ser diferente y de estar solo. Tu tartamudez es autoinfligida. Creaste este problema para sufrir de esta manera específica».

Rikki, desconcertado, preguntó: «¿Qué?»

«Mediante este sufrimiento ya has adquirido una apreciación más profunda por quienes luchan emocionalmente que la que habrías adquirido sin esto. Esta experiencia te será muy beneficiosa cuando comiences tu profesión y empieces a ayudar a las personas a través de sus problemas emocionales como terapeuta».

«Pero tengo planes de ser veterinario cuando crezca».

«Tu amor por los animales siempre estará contigo y tu trabajo siempre se centrará en curar y ayudar a los demás. Sé que esto te molesta un poco, pero ahora voy a decirte que tu atención se desplazará de los animales a los seres humanos a medida que envejezcas».

Rikki, absorto en los pensamientos, murmuró: «Ya veo».

Alma Vieja dijo en voz baja: «Déjame continuar con mis respuestas a tus preguntas.

»En respuesta a tu pregunta sobre las dificultades al leer y escribir, esta condición también es autoinfligida. Es un síntoma de una condición llamada dislexia. Al igual que con tu tartamudez, luchar de esta manera con la lectura y la escritura te ayudará a apreciar el arduo trabajo que se necesita para superar la adversidad.

»Y por último, en respuesta a tu última pregunta sobre ser diferente debido a tu piel más oscura, esto también fue autoinfligido. Sabías que la experiencia de lucir diferente de esta manera te permitirá adquirir una sensibilidad más profunda por los otros que tienen una piel oscura, así como una sensibilidad más profunda por las otras razas. Esto también te resultará importante en el futuro, cuando trabajes como terapeuta».

Era mucha información para que Rikki asimilara. Estaba anonadado y desconcertado. Alma Vieja podía ver a partir de la expresión pasmada de Rikki que él estaba agobiado, por así decirlo, y que tenía toda la información que podía manejar en su primera sesión.

Alma Vieja se estiró y le entregó a Rikki una cápsula y dijo: «Esta cápsula contiene un "paquete de pensamiento" en forma de una lección. Te ayudaré a abrir el contenido de esta cápsula después de que te hayas dormido esta noche. Estoy seguro que te resultará interesante».

Rikki tomó la cápsula y dijo: «Gracias por recibirme y por brindarme toda esta información».

Alma Vieja sonrió afectuosamente y respondió: «De nada».

La curiosidad de Rikki se había despertado. Cuando estaba a punto de salir, decidió hacerle un par de preguntas a Alma Vieja y dijo: «Su amiga, la mujer elfa, me dijo que usted es un espíritu y que vive en la Dimensión Espiritual».

«Eso es lo que soy y mientras te sientes aquí en mi despacho tienes un asomo a la Dimensión Espiritual».

Rikki continuó: «Mi madre me dijo una vez que su padre, quien murió hace unos años, es su "fylgja"[25] y que él le proporciona guía espiritual al intensificar su intuición cuando ella se siente insegura sobre ciertas cosas». «¿Eso es lo que usted hace?» «¿Usted es una fylgja?»

«Sí, entre mis otros deberes, disfruto ese tipo de trabajo».

Rikki, ahora sintiéndose entusiasmado con la intención amorosa que emanaba de Alma Vieja, preguntó: «¿Sería mi guía espiritual, mi fylgja?»

Alma Vieja sonrió. «Sí, si lo deseas. Te ofreceré asesoramiento en todos los asuntos mediante la estimulación de tu intuición, pero nunca te diré qué hacer».

Rikki sintió que se quitaba un peso de sus hombros y respondió aliviado: «Gracias».

---

25 En las tradiciones populares islandesas, una fylgja (plural; fylgur) por lo general es visto como un espíritu acompañante y es sinónimo de lo que comúnmente se conoce como guía espiritual personal en la cultura occidental. La fylgja anticipa el destino de una persona, le aparece a la persona y proporciona consuelo en terribles circunstancias y sirve como guía a lo largo de la vida. Todas las personas tienen una fylgja y aquellas que son intuitivamente conscientes sienten su presencia de vez en cuando. Además, una persona puede experimentar la fylgja de otra persona. Un ejemplo común de esto es sentir o escuchar la llegada de la fylgja de otra persona uno o dos minutos antes de la llegada física de esa persona. Los animales domésticos también experimentan con frecuencia la llegada de la fylgja de sus dueños.

Sin embargo, hay muchas otras definiciones de fylgur en las sagas islandesas y en la mitología nórdica. En esos textos, los fylgur siempre son femeninas. Aparecen en numerosas formas, tanto humanas como de animales, y también en sueños. Se relacionan de diversos modos con la protección y como ayuda para los individuos (tal como a una madre durante el parto) y como precursores de la muerte de la misma persona o de alguien más. Su alianza también es codiciada en la batalla.

Véase también la investigación de Erlendur Haraldsson publicada en The Departed among the Living. Guilford: White Crow Books, 2012, donde aparecieron fantasmas, a menudo en circunstancias terribles para ayudar a los vivos. Además, véase un relato particularmente interesante de un piloto recién fallecido que se le aparece como un fantasma a su amigo en el texto de Tricia J. Robertson's, Things You Can Do When You're Dead: True Accounts of After Death Communication. Guilford: White Crow Books, 2013.

«¡No hay de qué!».

Alma Vieja ahora se puso de pie y dijo: «Creo que es suficiente para nuestra primera reunión; deberíamos darla por concluida».

Rikki preguntó con entusiasmo: «¿Podremos reunirnos otra vez?»

«De ahora en adelante seré tu fylgja. Pero si quieres reunirte conmigo y tener una conversación como lo hemos hecho hoy, entonces debes venir a visitarme aquí en Heather Hill».

«Gracias. Así lo haré».

Rikki se levantó y a medida que se volvía para dejar el despacho una fuerza poderosa lo empujó hacia adelante. En un instante estaba fuera de Heather Hill, sintiéndose desconcertado. Lo extraño era que no parecía que el tiempo hubiera pasado. Su caballo, Trust, estaba parado exactamente en la misma posición. El gorjeo del chorlito dorado que había escuchado mientras se abría la colina no fue interrumpido y continuaba rítmicamente: «Bi, bi-bi, bi-bi». Sin embargo, se había llevado a cabo una reunión misteriosa y Rikki había adquirido una inmensa cantidad de conocimientos en un momento que parecía haber pasado más rápido que la velocidad de la luz.

Después de tomarse unos cuantos minutos para pensar en lo que acababa de pasar, Rikki se montó en su caballo y cabalgó a casa. Nunca antes había oído hablar de las vidas pasadas. También estaba impresionado por el hecho de que Alma Vieja no parecía ser varón o hembra; el espíritu no parecía tener ningún sexo específico. Sin embargo, Alma Vieja estaba plenamente consciente y parecía ser tan real como cualquier otra persona que había conocido. La información que había recibido sobre las vidas pasadas y su miedo al agua y las ciénagas fue útil, como mismo fue útil escuchar que él había sido un indio norteamericano en una vida pasada. Mientras cabalgaba a casa y pensaba en haber sido un indio en una vida pasada, recordó que una vez su madre le había dicho que ella había documentado pruebas de que era la bisnieta de la hermana de Osceola. Osceola fue un famoso guerrero de los indios semínolas en los Everglades de Florida a mediados del siglo XIX. Su pariente consanguíneo lejano era indio; de hecho él tenía sangre india corriendo por sus venas. Esto se sentía estimulante.

En cuanto a las respuestas de Alma Vieja a las otras preguntas, estas eran más difíciles de aceptar y no particularmente útiles en el momento. Rikki nunca había pensado en ser un terapeuta o trabajar con los problemas de otras personas. Siempre había querido ser veterinario, ayudar a los animales heridos. También le parecía incomprensible que él hubiera elegido sufrir con su tartamudez y dislexia. Sin duda debe haber formas más fáciles de desarrollar las cualidades de la compasión y la diligencia.

Rikki llegó a casa justo a tiempo para ir a buscar las vacas para el ordeño de la noche. No le dijo a nadie sobre su ajetreado día en Heather Hill. Después de cenar, y tras completar sus tareas, Rikki fue a su dormitorio, encendió la lámpara de aceite en su mesa de noche y se acostó pensando en lo que Alma Vieja había dicho. Un poco más tarde, después de bajar la mecha de su lámpara hasta que la llama se apagó, se quedó dormido.

EL PROPÓSITO DE TU EXISTENCIA FÍSICA

A la mañana siguiente, antes del amanecer, mientras estaba acostado medio despierto y medio dormido, Rikki abrió la cápsula que contenía la tarea que Alma Vieja le había dado. En un instante, era como si hubiera estudiado y asimilado el contenido de un libro entero.

Esto es lo que dijo Alma Vieja: «Te voy a acribillar con mucha información desde el principio que espero que adoptarás como antecedentes básicos para tu vida. Estas pautas que estoy a punto de brindarte te ayudarán a avanzar en tu mundo físico.

»Para empezar, como te mencioné ayer, necesitas saber que eres un alma y que existes simultáneamente fuera de los límites del universo físico dentro de la Dimensión Espiritual. Esta Dimensión Espiritual es tu hogar permanente.

»Eres un alma por naturaleza, lo cual es un paquete distinto de conciencia autoconsciente y sumamente inteligente. Dentro de la Dimensión Espiritual tienes relaciones con tus amigos y pasas tu tiempo persiguiendo lo que despierta tu interés. Aprender sobre las emociones es uno de los temas que te gusta estudiar pero, aparte de los aspectos positivos del amor, no hay ninguna oportunidad de experimentar sus efectos directamente dentro de la Dimensión Espiritual. Para hacer eso, debes viajar a otras dimensiones. Una dimensión tal es el mundo físico que contiene el planeta Tierra donde ahora estás disfrutando una vida. La Tierra proporciona un gran teatro para que las almas aprendan sobre su naturaleza interna y evolucionen hacia su máximo potencial. Por el momento, hay tres mil millones de humanos que tienen esta aventura en vidas que oscilan por término medio de cuarenta a ochenta años, dependiendo del lugar donde residen en la Tierra. Al proyectar una parte de tu alma en el mundo físico mediante un cuerpo físico puedes tener una experiencia directa con los numerosos acontecimientos que están destinados a tener lugar en la Tierra durante toda tu vida. La experiencia emocional que creas cuando te encuentras con esos acontecimientos te ayudará a descubrir más sobre tu naturaleza interna.

> *Mientras no seas consciente de la ley continua*
> *de morir y ser otra vez, eres meramente un vago*
> *invitado en una tierra oscura.*
> Johann Wolfgang von Goethe

»Poco después de tu nacimiento en el mundo físico indujiste amnesia sobre la existencia simultánea que tienes en la Dimensión Espiritual. Hiciste esto para hacer borrón y cuenta nueva y empezar a trabajar de cero mientras estás en la Tierra. Sin embargo, el conocimiento intuitivo de tu vida en la Dimensión Espiritual está contigo. Este conocimiento intuitivo influye en tu conciencia despierta y te proporciona un sentido del propósito y la motivación para participar en actividades que has establecido para ti mismo durante tu vida.

»La vida en la Tierra se trata básicamente de descubrir quién eres por medio de la creación, es decir, la creación de experiencias que producen emociones dentro de ti, especialmente las emociones negativas. Las emociones que experimentas tendrán sus raíces en tus relaciones —contigo mismo, con las otras personas, con los animales, con los objetos físicos o con las ideas. No tienes conocimiento de los detalles de la vida que experimentarás con antelación pero has seleccionado todos los acontecimientos principales antes de tu nacimiento, incluyendo a las personas que conocerás quienes jugarán un papel importante en tu vida y los lugares en los que pasarás gran parte de tu vida. También has seleccionado, en su mayor parte, los tipos de retos que encontrarás así como una gama de probables opciones que estarán a tu disposición para elegir cuando te encuentres en estas circunstancias. Cuando se desarrollan estas circunstancias que has seleccionado, tienes la libertad de responder a ellas tomando cualquier decisión que te guste porque tienes libre albedrío. En esos momentos, descubrirás que a menudo eres retado emocionalmente a los límites de lo que puedes soportar. Cuando esto suceda, tu reto divino será no suicidarte o matar a los otros seres humanos, sin importar cuán desesperado te puedas sentir en esos momentos.

> La vida se trata de descubrir quién eres por medio de la creación.

»La tarea principal que tienes durante tu vida es aprender de las experiencias emocionales que creas dentro de ti mismo mediante encuentros que provocarán reacciones dentro de ti. Al hacer esto, no solo comienzas a volver a recordar quién eres (i. e. antes de tu amnesia autoinfligida), sino también descubres nuevos aspectos de tu naturaleza interna. Este nuevo aprendizaje te permite evolucionar espiritualmente. Este es el propósito principal de esta vida física. Después de tener vidas repetidas en la Tierra, y mientras continúes creándote otra vez en la imagen de tu más alto ideal de quien tienes la impresión que eres, finalmente evolucionas espiritualmente, alcanzando niveles más altos dentro de la Dimensión Espiritual».

Alma Vieja continuó: «Ahora bien, la conciencia lo impregna todo. Su componente básico es la "unidad de conciencia[26]". Las unidades de conciencia se combinan en un sinnúmero de maneras para formar todo lo que existe en el mundo físico. Por ejemplo, se combinan para formar átomos, los cuales se combinan para formar los elementos básicos enumerados en la tabla periódica, luego combinaciones de formas conscientes más grandes y más complejas que crean células, órganos y finalmente colecciones de órganos que trabajan juntos para formar cuerpos físicos, como en el que habitas ahora. Sin embargo, esta acumulación de unidades de conciencia es finita. Es una acumulación que pasa a través de un ciclo, de principio a fin. Para los humanos y animales se conoce como una "vida". Al final

---

[26] Jane Roberts. *The Unknown Reality: A Seth Book.* Vol.1. New York: Prentice-Hall, 1986.

de una vida, estas estructuras complejas se disuelven y vuelven a sus elementos básicos, solo para volver a combinarse posteriormente para formar nuevas estructuras físicas.

> *Debemos caminar en equilibrio sobre la tierra -un pie en el espíritu y un pie en lo físico.*
> Lynn Andrews

»Sin embargo, eres un alma y estás dotado de un tipo de conciencia infinitamente más compleja de la que existe naturalmente en el mundo físico. Tu conciencia existe fuera de la Dimensión Física de la Tierra y es eterna. Nunca muere y nunca se disuelve en los elementos básicos, como lo hace la conciencia que forma la materia y todas las formas de vida en el mundo físico.

»Como dije antes, una parte de tu alma se proyecta hacia el mundo físico a modo de tu cuerpo físico. Sin embargo, la parte mayor de tu alma permanece en la Dimensión Espiritual a lo largo de tu encarnación. De ahora en adelante me referiré a esta parte mayor como tu "alma superior", mientras que me referiré a la parte más pequeña que se proyecta en tu cuerpo físico como tu "alma". Tu alma y la conciencia básica de tu cuerpo físico que acabo de describir trabajan juntas para crear tu "identidad interna". Tu identidad interna, a su vez, crea el "ego externo". El ego externo se asoma al mundo físico. (Como una analogía, el cuerpo físico, con sus ojos y mecanismos sensoriales, es tu cámara de movimiento en el mundo mientras que tu ego externo dirige esta cámara y determina lo que se graba). El ego externo es el centro a través del cual se absorbe toda la información desde el mundo físico y se asimila para formar tus impresiones y opiniones iniciales. Es tu conciencia despierta. La información que absorbe se analiza superficialmente y se canaliza a la identidad interna, donde se interpreta en niveles más profundos antes de que se pasa al alma y luego al alma superior. La información fluye en ambas direcciones a través de todos estos canales así que en todo momento la persona está recibiendo y enviando información al alma superior en la Dimensión Espiritual y del alma superior al ego externo en la Tierra.

»Entonces, para resumir: Para propósitos de discusión, básicamente estás compuesto de cuatro aspectos: (1) tu **alma superior**, (2) tu **alma**, (3) tu **identidad interna**, la cual está formada por la fusión de la conciencia básica de tu cuerpo físico y tu alma y, finalmente, (4) tu **ego externo**. El alma superior y el alma son tu **espíritu**. Tu identidad interna es tu **inconsciente** y tu ego externo es tu **conciencia despierta**. Ahora bien, intenta visualizar que estos diferentes aspectos tuyos son como una gran masa con divisiones muy difusas y fluidas.

»La primera medida que tu alma superior tomó para prepararse para una vida en la Tierra fue comunicarse con las almas superiores de tus futuros padres y llegar a un acuerdo con ellas de que estarían dispuestas a concebirte. Tu concepción inició un proceso por medio del cual partículas de la conciencia básica, dentro del mundo físico, comenzaron a agruparse para formar el cuerpo humano que ahora posees. Tu cuerpo tiene una imagen física que es una combinación de los cuerpos de tus padres, pero también lleva similitudes sorprendentes con cuerpos que has tenido en vidas anteriores[27].

»Poco después de la concepción, tu alma comenzó a fusionarse con la conciencia del feto, mientras formaba tu identidad interna. Durante este tiempo, tu alma influyó en última instancia en la manera en que tu feto se vería como adulto y comenzó a formar una

---

[27] Para investigaciones interesantes sobre este tema, sobre todo con respecto a las similitudes sorprendentes en el reconocimiento facial de una vida a otra, véase los libros del Dr. Walter Semkiw: *Return of the Revolutionaries: The Case for Reincarnation and Soul Groups Reunited*. Hampton Roads, Charlottesville, 2003, y *Born Again: Reincarnation Cases Involving Evidence of Past Lives with Xenoglossy Cases Researched by Ian Stevenson*. San Francisco, autopublicación, 2011.

relación de trabajo con el feto. Durante la gestación, esta relación se convirtió en una relación simbiótica —es decir, el cuerpo que posees ahora no sobrevivirá sin la presencia de tu alma dentro del mismo. Morirá cuando retires tu alma. Esta relación simbiótica es necesaria para que el alma tenga una buena relación de trabajo con la conciencia de tu cuerpo físico y desarrolle la identidad interna, la cual es un importante paso intermedio. Esta relación también permite que el alma influya en la manera en que el cuerpo crece durante su vida y cómo se desarrolla en todos los sentidos. Fue durante este período de gestación que deliberadamente indujiste el patrón de desarrollo en el feto que causó que tartamudearas y fueras disléxico, de lo que te hablé ayer».

Entonces Alma Vieja concluyó: «Dicho sea de paso, puede que te interese saber que tu alma no está contenida dentro de tu cuerpo; ella envuelve tu cuerpo, no es al revés. Su energía es más densa dentro de tu cuerpo y se vuelve más difusa y se disipa mientras se extiende lejos de tu cuerpo, desapareciendo totalmente dentro de unos pocos pies. Es por esto que puedes detectar la presencia de alguien que esté parado cerca, incluso si no lo hayas detectado con los mecanismos sensoriales de tu cuerpo. Algunas personas tienen la capacidad de ver este campo de energía radiante del alma, conocido a menudo como aura».

Este fue el final de la «tarea» de Rikki.

A pesar de la complejidad de los conceptos de esta lección, Rikki, a la edad de doce años, interiorizaba, recordaba y comprendía esta información a nivel consciente, como si nada pudiera ser más natural. Su alma y alma superior claramente habían intervenido al hacer que esta información fuera perfectamente comprensible. Este conocimiento comenzó a influir en la manera en que veía el mundo y todo lo que contiene y proporcionó el principio de un marco para cómo vería su vida.

Como en el caso de su reunión con la mujer elfa, Rikki optó por no hablar con nadie sobre su reunión con Alma Vieja o sobre su sueño despierto, al menos por el momento.

CAPÍTULO
2

LA DICHA DEL VERANO Y LAS ENTIDADES ESPIRITUALES

La vida en la granja continuaba normalmente. Había muchas tareas interesantes. Una de ellas era llevar las vacas a la granja más cercana, Sel[28] cuando entraban en celo ya que no había ningún toro en Lakjamot para aparearse con ellas. En esas ocasiones Siggi ataba una brida hecha de cuerda sobre la cabeza de la vaca y la conducía a través de las colinas ondulantes y tierras pantanosas, mientras que Rikki arreaba la vaca desde atrás. La caminata hasta Sel demoraba un par de horas. Durante estos recorridos, a menudo Siggi y Rikki permanecían callados durante mucho tiempo mientras apreciaban el hermoso paisaje de las colinas onduladas, algunas de las cuales estaban desgastadas en lo alto por la exposición a la intemperie, exponiendo partes de grava. Las colinas estaban rodeadas de matas de hierba y flores árticas, entremezcladas con franjas de follaje de moras y arándanos y franjas de brezo de color púrpura rojizo. Había aves de todo tipo que volaban entre el follaje —la

---
28 Sel es un nombre ficticio para la granja Þorkelstaðir.

más hermosa de todas era el chorlito dorado y también vieron la agachadiza común, los zarapitos trinadores, lavanderas blancas[29] y collalbas grises[30], así como cuervos ocasionales posados en una roca con excrementos de color negro azulado debido a todas las moras frescas que habían comido. Alguna que otra vez había enjambres de jejenes, alguna mosca de vez en cuando y algunas mariposas, pero debido a una brisa del noroeste casi constante en esa zona del campo eran soplados lejos antes de que pudieran convertirse en una molestia. Se podía ver alguna araña corriendo afanosamente de aquí para allá en el brezo, pero no había ningún insecto que picara. Rikki podía ver muy lejos sobre las colinas rocosas hacia algunas montañas en la lejanía, ya que no había árboles que bloquearan la vista. Su mente divagaba y mientras Rikki arreaba la vaca, la que vaciló en cruzar pequeños obstáculos tales como arroyos y zonas con pantanos, se le ocurrió que debería decirle a Siggi sobre sus experiencias recientes con la mujer elfa y Alma Vieja en Heather Hill. Él sabía que Siggi tenía un gran interés en estos asuntos y que era un conocedor de los temas de cuestiones espirituales y los seres en las dimensiones ocultas. Rikki introdujo esta conversación diciendo: «Conocí a mi "fylgja" hace unos días». Siggi respondió: «Me alegro de oírlo. Todos los hombres tienen una fylgja, pero muchos no han tenido la suerte de reunirse personalmente con ella. ¿Cómo ocurrió eso?»

Rikki contó la historia de cómo había conocido a la mujer elfa en las rocas detrás de la granja y lo que dijo acerca de salvar a su padre de una muerte segura cuando se cayó del puente al cruzar el Shrub Valley River cuando él tenía 12 años.

Siggi recordó este acontecimiento y dijo: «Sí, me acuerdo cuando le pasó eso a mi hermano pequeño. Todos nos sorprendimos cuando llegó a casa sin haber sufrido un solo rasguño o moretón durante

---

29 Nombre islandés: Maríuerla.
30 Nombre islandés: Steindepill.

la caída. Él nunca habló de una mujer elfa, pero no tengo ninguna duda de que los elfos viven en esas rocas debajo de ese puente».

Rikki continuó: «La mujer elfa estaba al borde de la muerte cuando fui al lado de su cama y me pidió un vaso de suero de leche, lo cual le llevé. Esto salvó su vida».

Siggi dijo: «Hiciste bien en ayudarla, ya que negarse a pagarle una deuda a un elfo habría causado un sufrimiento indecible».

Rikki, acumulando un poco de entusiasmo y confianza, continuó: «Luego me presentó a mi fylgja, quien me dijo sobre el mundo de los espíritus y sobre dos de mis vidas pasadas. Mi fylgja también me dijo que soy un alma y que mi alma es una proyección de mi alma superior que existe simultáneamente dentro de la Dimensión Espiritual. Mi alma es eterna y nunca morirá».

Siggi estaba introspectivo y dijo: «Ya estás familiarizado con la Tierra, la Tierra de los Humanos, en la que habitamos ahora y es bueno que ahora también conoces la Tierra de los Espíritus. A mucha gente no le resulta fácil aceptar esta verdad sobre la existencia simultánea dentro de diferentes dimensiones, pero ahora que sabes esto a tu corta edad te servirá mucho. ¿Sabes quién es tu fylgja?»

Rikki dijo: «No, no sé quién es. Este ser espiritual parece familiar y parece que me conoce».

Siggi respondió: «Eso me parece bien. Creo que entiendo». Tras un breve silencio, mientras luchaban para alentar a la vaca a cruzar un pequeño arroyo, Siggi continuó: «Sin duda existen las guías espirituales. También hay espíritus que fingen ser guías. Algunos son malévolos, pero la mayoría son espíritus de individuos fallecidos que se pierden y cuya intención no es causar daño».

Rikki preguntó: «¿Qué quieres decir?»

Siggi respondió: «Los fylgjur por lo general son parientes cercanos que fallecieron en el mundo de los espíritus. Por ejemplo, podrían ser tu abuela o tu abuelo. A menudo vienen y juegan con sus nietos cuando ven que están solos y se ocupan de protegerlos de cualquier daño. Sin embargo, también hay impostores que fingen ser fylgjur. Estas entidades tienen intenciones egoístas. Pueden retroceder en el tiempo y obtener información personal sobre ti que les facilita fingir ser alguien que no son, como tu abuela o alguien que falleció por quien te preocupabas profundamente. Luego se hacen querer por la persona confiada bajo falsos pretextos, fingiendo ser alguien que no son[31]. La introducción inicial a menudo se produce mediante el tablero Güija o a través de un médium, donde la persona confiada invita al espíritu para hablar con ella. Como esta relación se desarrolla durante un período de tiempo, el espíritu logra adherirse al aura de la persona y entonces experimenta el mundo físico de la persona a través de su cuerpo. Luego el espíritu comienza a ejercer su voluntad poco a poco sobre la persona confiada, diciéndole qué hacer y qué no hacer. Puede que la persona comience a experimentar períodos en los que la personalidad del espíritu está completamente a cargo del cuerpo».

Rikki dijo: «Eso suena raro».

Siggi dijo: «Así es, pero es cierto. Hay un montón de casos documentados de que esto ocurre. Este tipo de espíritu siempre tiene intenciones egoístas y debes distanciarte del mismo».

Rikki se preguntó: «¿Cómo puedo reconocer este tipo de espíritu?»

Siggi respondió: «Hay una manera de distinguir entre tu fylgja y un espíritu malévolo. La forma más segura de reconocer tu fylgja es que nunca trate de controlarte o decirte qué hacer. Los fylgjur solo ofrecen sus consejos en un intento de guiarte. Por eso se les

---

31 Como lectura adicional sobre este tema, véase Edith Fiore. *The Unquiet Dead*. New York: Ballantine, 1987.

considera guías. Por otra parte, un espíritu malévolo es exigente e intenta controlarte».

Rikki dijo: «Lo tendré en cuenta mientras conozco mejor a mi fylgja».

Siggi respondió: «Por favor, ven y habla conmigo si alguna vez tienes dudas».

Rikki preguntó: «¿Estos malos espíritus son demonios? ¿Están en el infierno?»

Siggi dijo: «Dios es todo lo que es, incluyendo el infierno, si es que realmente existe. Todos los humanos son hijos de Dios pero, como sabes, los hijos no siempre se comportan bien. A veces aprenden comportándose mal y sufriendo las consecuencias de sus propias acciones. Estos espíritus malévolos solían ser seres humanos en el pasado. Quizás cometieron actos por estar enojados que sabían que estaban mal y ahora siguen sufriendo sentimientos de culpa e ira, los cuales se los desquitan con personas inocentes. Dios no crea el infierno para los espíritus, pero los espíritus pueden crearlo para sí mismos en sus pensamientos. Probablemente estos espíritus están en un infierno "autoimpuesto", el cual debe ser un lugar aterrador y solitario en el que estar».

Rikki dijo: «Todo esto suena realmente espeluznante. ¿Qué pasa con los fantasmas? Creo que a veces escucho a alguien caminando en el pasillo fuera de la puerta de mi dormitorio por la noche».

Siggi respondió: «Sí, mi esposa también me ha dicho que ha sentido que alguien le acaricia la parte trasera de su cabello en algunas ocasiones cuando sube las escaleras y cuando camina sola por el pasillo en la noche. No sé mucho acerca de los fantasmas, aparte de que no son almas completas. Un fantasma es un fragmento de un alma, relacionado con una experiencia emocional específica que fue abandonada cuando la parte principal del alma dejó el cuerpo en el momento de la muerte para unirse con el alma superior. Este fragmento del alma siente que no puede salir y se queda detrás debido a asuntos pendientes en el plano de la Tierra. No está en reposo y vaga, sintiéndose agitado o perturbado por varios motivos. Esto puede ocurrir, por ejemplo, debido a la culpa sin resolver sobre actos que cometieron durante sus vidas o por cuestiones pendientes relacionadas con sus cuerpos muertos que puede que hayan sido violados o no estén enterrados correctamente. Los fantasmas a veces atormentan a los vivos en un intento de llamar su atención».

Rikki le preguntó: «¿Así que además de los fylgjur también existen los fantasmas y espíritus malignos?»

Siggi dijo: «Sí, así es la vida. Cuando terminamos nuestras vidas en la Tierra, no siempre es fácil que todos encuentren su camino de regreso a casa en la Dimensión Espiritual».

Rikki tenía mucho en qué pensar. Sintió un alivio al haberle contado a su tío sobre sus experiencias con los elfos y el hecho de haber conocido a su fylgja. Pero esto parecía abrir una nueva caja de Pandora. Estaba empezando a darse cuenta de que la vida se trata de mucho más de lo que él había presumido inicialmente.

Rikki y Siggi llegaron a la puerta del ganado en la periferia sur de Sel y avanzaron hacia la granja a lo largo de un camino de grava que conducía por delante de algunos campos. El granjero de Sel los saludó cuando llegaron y los llevó al granero. El toro fue llevado fuera de su establo por un anillo en su nariz y se le presentó a la vaca, la cual milagrosamente soportó el peso de una tonelada del toro cuando la montó, empujando y gruñendo todo el tiempo. Una vez que el toro había cumplido su obligación, lo llevaron lejos y a la vaca le dieron una oportunidad para recuperarse. Mientras tanto, los granjeros y Rikki disfrutaron del té de la tarde y de galletas de jengibre calientes que la esposa del granjero acababa de sacar del horno.

Después de los refrigerios, Rikki y Siggi emprendieron otra vez su recorrido a Lakjamot con la vaca.

Era media tarde en aquel momento. Mientras llevaban la vaca de regreso por el camino de grava, Siggi continuó su conversación donde la habían dejado y dijo: «Sé que existen nuestro mundo físico aquí en la Tierra y nuestro mundo natal en la Dimensión Espiritual. Estoy menos seguro sobre la dimensión que contiene la Tierra de los Elfos, aunque nuestras tradiciones populares están plagadas de cuentos como el que mencionaste anteriormente. En estos cuentos, los elfos ayudan a los humanos cuando están en peligro y los humanos ayudan a los elfos en circunstancias similares. Sin embargo, los elfos siempre esperan algo a cambio de sus esfuerzos y son vengativos si no lo consiguen —pero también premian a aquellos que los ayudan, a menudo generosamente con regalos y buena suerte».

Siggi continuó: «Entonces están los troles gigantes que viven en lo "desconocido", muy lejos en las montañas inhabitables para los humanos. ¿Alguna vez has oído los cuentos de los troles gigantes?»

Rikki dijo: «He oído hablar de la mujer trol llamada Grila y su esposo, Leppaludi[32] que vienen en la Nochebuena y azotan a los niños que han sido traviesos. Roban a los que han sido especialmente malos. Me han dicho que los meten en una bolsa enorme y los llevan muy lejos a una cueva, donde se los dan de comer a sus hijos hambrientos».

Siggi dijo: «Sí, los cuentos populares sobre los troles gigantes se centran en la lucha en contra del cristianismo que fue adoptada por muchos islandeses y se les impuso a las personas "no creyentes" alrededor del año 1100 d. C., hace unos 900 años. Los cuentos por lo general describen a las mujeres trol quienes atormentan a los sacerdotes y a las personas temerosas de Dios cuando van a la iglesia o

---

32 Nombres islandeses: Grýla y Leppalúði.

participan en fiestas religiosas comunes, tales como la Navidad. Sin embargo, está el cuento de la vaca llamada Boo-Kolla. Este puede que sea adecuado para contártelo hoy. ¿Has escuchado este cuento?»

Rikki, familiarizado con el conocimiento de Siggi de las tradiciones populares y el amor de contar historias, dijo que no había oído el cuento de la vaca Boo-Kolla. Esperaba con ansia escuchar un cuento de terror para ayudar a pasar el tiempo en su camino a casa en Lakjamot.

Siggi comenzó su historia, tejiéndola en hitos dentro del condado local y añadiéndole al cuento su propia versión de los hechos para hacerlo tan terrible como pudiera ser.

EL CUENTO DE BOO-KOLLA[33]

Había una vez un granjero que vivía en Kot con su esposa y su único hijo —la pequeña granja que visitas los domingos para ver a tu amigo. Solo tenían una vaca, cuyo nombre era Boo-Kolla. El cuento comienza un día cuando Boo-Kolla acababa de parir un becerro. Más tarde ese mismo día, Boo-Kolla y el becerro desaparecieron y no se encontraron en ninguna parte. Después de que el granjero y su esposa los buscaron en vano por todas partes, enviaron a su único hijo con algunas provisiones de alimentos y un nuevo par de zapatos hacia lo desconocido para buscar a la vaca y su becerro recién nacido. El hijo caminó por todas partes —a través de valles y sobre páramos y montañas— hasta que estaba metido en las regiones montañosas. A esas alturas estaba cansado, así que se sentó y comió algunas de las provisiones que sus padres le habían preparado. Después de comer hasta llenarse, se levantó y llamó: «Boo-Kolla, muge ahora si estás viva en algún lugar». Escuchó que la vaca mugió desde algún lugar

---

[33] Este cuento es una variación del cuento popular clásico islandés sobre una vaca mitológica llamada Búkolla.

lejano. Caminó en esa dirección durante algún tiempo y se sentó otra vez para comer algo. Después se levantó y llamó otra vez: «Boo-Kolla, muge ahora si estás viva en algún lugar». Otra vez escuchó que la vaca mugió, esta vez un poco más cerca que antes. Siguió caminando en esa dirección. Caminó por unas horas y se sentó por tercera vez, esta vez en la cima de una gran colina rocosa llamada Thief Fell,[34] la cual se encuentra entre Long Glacier[35] y King's Palace Glacier[36] en el centro de Islandia. Después de descansar y comer un poco, se levantó en el borde de una colina empinada y llamó por tercera vez: «Boo-Kolla, muge ahora si estás viva en algún lugar». Para su gran asombro, oyó que la vaca mugió justo debajo de sus pies. Mientras miraba, encontró un camino de ovejas que conducía hacia abajo del borde de un precipicio en el lado norte de la colina rocosa. Siguió el camino hasta que llegó a una gran cueva, donde encontró a Boo-Kolla amarrada a un establo. Junto a la vaca había un gran caldero que contenía los restos de la sopa que recientemente había sido consumida, incluyendo los huesos de un becerro. Más atrás en la cueva, pudo ver donde una mujer trol gigante y su hija dormían y roncaban ruidosamente. El chico supuso que las troles habían matado al becerro de Boo-Kolla y prepararon la sopa y luego ordeñaron a la vaca y bebieron la rica leche que estaba destinada para el becerro. Sin duda, ellas tenían planes de comerse a Boo-Kolla para su próxima comida.

El chico liberó a la vaca sin hacer ruido y la condujo hacia arriba al borde del precipicio y se dirigió a casa tan rápido como la vaca podía caminar. Cuando había caminado alguna distancia, el chico miró hacia atrás y vio que las dos mujeres trol gigantes aparecían sobre el borde del precipicio e iban hacia él. Sus pasos sonaban como truenos a medida que golpeaban el suelo corriendo. Se dio cuenta de

---

34 Nombre islandés: Þjófafell.
35 Nombre islandés: Langajökull.
36 Nombre islandés: Hofsjökull.

que con sus zancadas gigantescas pronto lo alcanzarían. Así que dijo: «Mi querida Boo-Kolla, ¿qué hacemos ahora?»

Boo-Kolla contestó y dijo: «Toma un cabello de mi cola y colócalo en el suelo». El chico así lo hizo y Boo-Kolla le dijo al cabello:

> «Coloco esto, y digo esto,
> suplico que seas un gran lago,
> Que solo los pájaros
> puedan volar por aquí».

En seguida el cabello se convirtió en un gran lago. Cuando las mujeres trol llegaron al lago, la más grande le gritó al chico y dijo: «Esto no es aceptable y pronto tendré a Boo-Kolla de vuelta». Entonces le dijo a su hija: «Regresa a casa y trae el toro grande de tu padre». La chica trol salió corriendo y pronto regresó con un toro gigantesco que en seguida bebió toda el agua del lago.

El chico miró hacia atrás y vio que las mujeres trol regresaban a la carrera y que pronto lo alcanzarían otra vez. Así que dijo: «Mi querida Boo-Kolla, ¿qué hacemos ahora?»

Boo-Kolla contestó y dijo: «Toma un cabello de mi cola y colócalo en el suelo». El chico así lo hizo y Boo-Kolla le dijo al cabello:

> «Coloco esto, y digo esto,
> suplico que seas un fuego muy intenso,
> Que solo los pájaros puedan volar por aquí».

Y en seguida el cabello se convirtió en un fuego violento. Cuando las mujeres trol llegaron al fuego, la más grande le gritó una vez más al chico y dijo: «Esto no es aceptable, y pronto tendré a Boo-Kolla de vuelta». Luego le pidió a su hija una vez más que regresara a casa y trajera el toro de su padre y lo llevara al fuego, lo que hizo la chica. El toro orinó toda el agua que había bebido del lago sobre el fuego y lo apagó. Otra vez las mujeres trol salieron detrás del chico, ahora dando largos pasos mientras saltaban desde la cima de una montaña a otra, riendo con alegría, pensando que habían sido más listas que el chico.

El chico se apuró junto con Boo-Kolla y salieron de la región montañosa hacia abajo a través de Water Valley,[37] el cual está situado al este de Shrub Valley donde está ubicada Lakjamot, tratando de llegar a casa en Kot a lo largo de Shrub Valley. Sin embargo, mientras entraba en Water Valley, vio que las mujeres trol estaban paradas en la cresta de la montaña Swine Mountain,[38] con vistas al valle. Se pusieron a orinar en el valle con tal volumen que las riberas del apacible arroyo que normalmente se vierten a través del valle se desbordaron y brotaron a borbotones violentamente, haciendo que fuera peligroso que el chico y Boo-Kolla avanzaran.

Una vez más el chico preguntó: «Mi querida Boo-Kolla, ¿qué hacemos ahora?»

Boo-Kolla contestó otra vez: «Toma un cabello de mi cola y colócalo en el suelo». El chico así lo hizo y Boo-Kolla le dijo al cabello:

> «Coloco esto, y digo esto,
> Suplico que seas rayos y truenos tan violentos,
> que solo los pájaros puedan volar por aquí».

Y en seguida el cabello se convirtió en rayos y truenos, causando que los relámpagos atacaran contra la fuente de las aguas fluyentes. La descarga del relámpago había arrojado a las mujeres trol sobre sus

---

37 Nombre islandés: Vatnsdalur.
38 Nombre islandés: Svínadalsfjall.

espaldas y el miedo al trueno rugiente hizo que se retiraran. El chico ahora escuchaba a la mujer trol más grande gritar en agonía y con ira: «Esto no es aceptable, y pronto tendré a Boo-Kolla de vuelta».

Ahora el valle era transitable y el chico salió a través de Water Valley y se dirigió hacia su hogar en Kot. Pasaron algunas horas antes de que las mujeres trol se recuperaran y comenzaran a correr hacia él. El recorrido a casa del chico con Boo-Kolla estaba llegando a su fin y podía ver la granja Lakjamot a cierta distancia a su derecha y su casa, Kot, a alguna distancia más adelante. El chico miró hacia atrás y vio que las troles pronto lo alcanzarían, ya que pasaban con estrépito con pasos muy largos. Así que, una vez más, dijo: «Mi querida Boo-Kolla, ¿qué hacemos ahora?»

Boo-Kolla contestó y dijo: «Toma un cabello de mi cola y colócalo en el suelo». El chico así lo hizo y Boo-Kolla le dijo al cabello:

«Coloco esto, y digo esto,
Suplico que seas una
montaña empinada,
Que solo los pájaros puedan volar por aquí».

Y en seguida el cabello se convirtió en una montaña enorme que ahora se conoce como Shrub Valley Mountain y está situada majestuosamente detrás de Lakjamot. Cuando las troles llegaron a la montaña, la más grande le gritó al chico: «Esto no es aceptable, y pronto tendré a Boo-Kolla de vuelta». Entonces le dijo a su hija: «Trae el taladro grande de tu padre y taladraremos la montaña». Entonces agregó: «Y no olvides traer el caldero grande para sopa, ya que el chico resultará ser una sabrosa comida después de este arduo día». La chica trol corrió a casa y regresó con el taladro de su padre y el caldero para sopa, después de lo cual la mujer trol comenzó a taladrar la montaña. Pronto pudo ver a través del agujero hasta el otro lado, donde el chico y Boo-Kolla casi habían llegado a los prados que rodeaban Kot. Entonces la mujer trol se impacientó tanto que echó el taladro a un lado y se metió en el agujero, estirando los brazos hacia el otro lado, mientras que la chica trol se esforzaba empujándola por los pies. Pero el agujero era demasiado estrecho y la mujer trol se quedó atrapada y se convirtió en piedra. Después de presenciar esta situación, la chica trol comenzó a llorar y regresó a casa con su padre con el caldero y el taladro en mano.

The giant bull turned to stone (Fotógrafo: Bragi Ingibergsson / BRIN, http://brin.1x.com)

Un poco después, mientras pastaba en un campo, Boo-Kolla vio al toro gigante bebiendo en la orilla de un fiordo ancho, situado a cierta distancia. Recordando el peligro que este toro había representado cuando las mujeres trol lo usaron para hacer fracasar su magia, Boo-Kolla aprovechó la oportunidad para echar un conjuro mágico que convirtió al toro en piedra instantáneamente. Hasta el día de hoy, la imagen de cuarenta pies de altura del toro sigue siendo evidente para todos los que pasan a lo largo de la orilla de este fiordo.[39]

Rikki y Siggi casi habían llegado a casa para cuando Siggi terminó de contar su cuento y mientras se dirigían al camino de entrada a la granja Siggi concluyó su narración diciéndole a Rikki que su abuelo, quien había sido un geólogo y había investigado las formaciones geológicas de Shrub Valley Mountain, había descubierto el lugar donde sobresalían las manos y las muñecas de la mujer trol del borde de un precipicio hasta la mitad de la cara de la montaña, y también había descubierto el lugar donde se podían ver los dedos de los pies y los pies de la mujer trol asomando desde el otro lado.

Siggi le dijo a Rikki: «Si te atreves, puedes acercarte a la montaña en algún momento y revisar esta evidencia por ti mismo». Rikki y Siggi acababan de llegar justo a tiempo para los preparativos del ordeño de la noche. Después de escuchar este cuento, Rikki a menudo se encontraba mirando con esfuerzo la Shrub Valley Mountain para ver si podía distinguir exactamente el lugar donde se podían ver las manos de la mujer trol entre las formaciones rocosas en la cara de la montaña, pero nunca se atrevió a buscar sus pies y dedos de los pies en el otro lado.

La vida en la granja continuaba su curso normal. Llegó el mes de septiembre. Se reunían a las ovejas de las regiones montañosas y las jóvenes eran separadas de sus madres y casi todas eran enviadas al matadero. Los caballos se llevaban en manada fuera de los páramos de las regiones montañosas en octubre y la mayoría de los potros también se enviaban al matadero para adquirir la carne de caballo que era bien valorada. La carne de caballo era una carne popular

---

39 Una referencia a la formación rocosa llamada Hvitserkur en Hunafloi.

en Islandia y la familia de Rikki normalmente compraba un potro entero, el cual su madre preparaba para el congelador.

Por aquel entonces las vacas se mantenían dentro por la noche debido a la escarcha, así que Rikki no tenía que buscarlas por las mañanas. Para Rikki, el otoño era tanto una hermosa como triste época del año. Él empezaba a contar los días antes de que su padre regresara a la granja y lo llevara de vuelta a Reikiavik —y a otro año de escuela.

Sin duda alguna este había sido un verano lleno de aventuras. El horizonte de Rikki se había ampliado mucho más allá de lo que él posiblemente podía haberse imaginado, incluyendo cuentos de elfos y troles así como el conocimiento acerca de la Dimensión Espiritual. Ser un alma que nunca puede morir, un alma que ha vivido muchas vidas y un alma que existe simultáneamente en la Dimensión Espiritual y en la Tierra tenía sentido intuitivo. Y mirar la vida como un viaje temporal hacia una Dimensión Física para aprender algo específico sobre uno mismo también tenía mucho sentido.

A Rikki comenzaba a invadirlo una sensación de tranquilidad y una certeza espiritual, y su vida comenzaba a entrar en perspectiva por primera vez. Se dio cuenta de que su tartamudez se había hecho más controlable y su confianza había comenzado a crecer después de reunirse con Alma Vieja en Heather Hill. Paradójicamente, la experiencia de aceptar que él había decidido tener la tartamudez dio lugar a una tranquilidad interna y una aceptación de que el hecho de luchar en la vida podría fortalecerlo.

Rikki también se dio cuenta de cómo su dislexia lo había apartado. A la edad de siete años lo colocaron en la clase O de estudiantes y permaneció allí hasta la edad de doce años. Su escuela solo tenía cuatro categorías de clases: una clase A, una clase B y una clase C, seguida de una clase O. A menudo Rikki se preguntaba qué le había sucedido a la clase D o la clase E, etc. ¿Por qué no había clases por debajo de la letra C del alfabeto hasta que, de repente, hubo la clase O? ¡Gracias a Dios que no había ninguna clase X, Y o Z! ¡Ese hubiera sido un peor lugar para estar!

Sin embargo, para Rikki estaba bien estar en la clase O. Durante estos años empezó poco a poco a relacionarse más con sus compañeros de clase, así como con estudiantes de otras clases e hizo algunos buenos amigos. Y ahora, al reflexionar sobre lo que Alma Vieja le había dicho acerca de que la vida es un viaje, le daba la libertad para no tener prisa o agobiarse con preocupaciones. Él sabía que al final todo estaría bien y empezó a encontrar tranquilidad de espíritu y a centrarse en sus estudios y dedicarse seriamente a sus tareas. A medida que pasaban los meses del otoño al invierno y a la primavera, se dio cuenta de que su tartamudez casi desapareció. Su dislexia se hizo más controlable y su habilidad para leer aumentó. Era menos miedoso; se sentía menos diferente y menos solo.

CAPÍTULO 3

LA GRANJA HÓLAR

Rikki no regresó a Lakjamot el verano siguiente para gran decepción de su padre y tío, ya que su madre todavía estaba enfadada con la idea de que los hermanos habían tramado cambiar a Rikki por una de las hijas de Siggi. Ella también tenía la esperanza de que una granja diferente le trajera algunos nuevos retos a Rikki.

Así que, a comienzos de la primavera, se hicieron los preparativos para que Rikki pasara el verano en una granja en el sur de Islandia, llamada Hólar. La rutina en esta granja era similar a lo que él se había acostumbrado a hacer en la granja de su tío en el norte de Islandia. Había caballos y ovejas, así como vacas que tenía que buscar por las mañanas y las llevaba afuera otra vez para pastar, después del ordeño. Rikki pasó una temporada de verano corriente en esta granja cuando tenía trece años, pero cuando cumplió catorce años el granjero murió de cáncer. Dejó su esposa y un hijo, Fredrick, quien tenía dieciocho años en aquel entonces y se hizo cargo del funcionamiento de la granja. El verano siguiente, Rikki participó activamente apoyando al joven granjero. Había mucho que hacer y muchas tareas, algunas de las cuales incluían ordeñar a las vacas a mano, aunque las máquinas de ordeño para aquel entonces se habían introducido en algunas granjas cercanas. Rikki también pasaba muchas horas manejando el tractor por los campos dando vueltas y vueltas, acre tras acre, volteando el heno mientras cantaba canciones a todo pulmón, como esta por Cliff Richard:

> «Los labios afortunados siempre están besando
> los labios afortunados nunca
> están tristes.
> Los labios afortunados siempre
> encontrarán un par de labios muy fieles.
> No necesitas un trébol de cuatro hojas,
> una pata de conejo o un amuleto de buena suerte,
> con los labios afortunados siempre tendrás
> a alguien especial en tus brazos».[40]

A la edad de doce años, Rikki había descubierto que podía cantar sin un poquito de tartamudez. Esto era liberador. Su mejor amigo, Thor, tocaba la guitarra, y comenzaron a practicar cantando canciones de los Beatles, así como otro tipo de música popular. Pasaban innumerables horas cantando canciones a todo pulmón y armonizando juntos, una actividad que llevó rápidamente a la creación de una banda con Rikki como el cantante principal, y en la primavera siguiente empezaron a tocar en bailes de la escuela. Esta afición continuó durante un par de años, hasta que Rikki estaba en su decimocuarto año.

Fredrick pronto se enamoró de una mujer llamada Anna, a quien conoció en una guardería cercana. Se casaron un par de años más

---

[40] Cliff Richard. *Lucky Lips*. Grabado en el Reino Unido en 1963. Escrito por Jerry Lieber y Mike Stoller.

tarde. Pero su felicidad conyugal terminó de repente poco tiempo después, cuando se produjo un evento trágico. Después de un embarazo normal, su primogénito desarrolló una enfermedad poco conocida unas semanas después de su nacimiento que lo dejó paralizado y gravemente retrasado mental. Un par de años más tarde y después de mucha deliberación y consejos de los doctores que no habían podido diagnosticar la causa de la enfermedad del niño, Fredrick y su esposa se arriesgaron a tener otro hijo. Ellos tuvieron un segundo hijo y estaban tremendamente aliviados de que seguía estando perfectamente saludable después de su nacimiento y se desarrollaba normalmente. Entonces se sentían seguros de tener un tercer hijo, presumiendo que su primogénito debió haber agarrado un virus callejero o que alguna secuenciación de ADN poco conocida debió haber salido mal y causado la enfermedad. Su tercer hijo también fue un varón. Sin embargo, esta vez la suerte no estuvo de su lado y unas semanas después de su nacimiento exactamente la misma enfermedad que le sobrevino a su primogénito también le robó la salud a este niño.

Fredrick y Anna estaban devastados y si no fuera por la ayuda y el apoyo de su comunidad y el apoyo espiritual que recibieron de su iglesia, no podrían haberlo superado. Rikki, recordando lo que Alma Vieja le había dicho unos pocos años antes acerca de que él mismo había elegido tartamudear y había elegido su dislexia, se preguntó si las almas de estos chicos también habían elegido su destino antes de nacer y si el granjero y su esposa habían aceptado asumir esta carga emocional y física para su propio desarrollo espiritual. Si ese fuera el caso, entonces ciertamente se involucraron en el asunto, ya que siempre se mantuvieron firmes en su amor y cuidado por los dos chicos —un triunfo de su espíritu humano. Este era indudablemente un tema que Rikki quería discutir con Alma Vieja, cuando tuvieran la oportunidad de reunirse otra vez.

Igualmente el hermanastro de Fredrick y su esposa, quienes vivían en una ciudad cercana a pocos kilómetros de distancia, corrieron una suerte terrible. Un camión de carga dio marcha atrás y descargó una tonelada de arena sobre su hijo de tres años quien estaba jugando detrás del camión, causando que se asfixiara por el peso de la arena. Esto, por supuesto, era otro tema que Rikki tenía pensado discutir con Alma Vieja. Luego hubo un viejo amigo de Rikki que tenía dieciséis años quien murió en un accidente de tráfico. Él era un pasajero cuando su amigo, quien estaba conduciendo, perdió el control del vehículo en un camino de grava una noche de camino a casa cuando regresaban de un baile regional. La misma suerte corrió uno de los compañeros de clase de Rikki, por quien Rikki estaba embobado en secreto, a quien también de camino a su casa cuando regresaba de un baile regional una barra de metal que se extendía desde la parte trasera de un camión le perforó la cabeza. Murió al instante. El conductor del vehículo, también un querido amigo de Rikki y el corredor más rápido de la escuela, quedó paralizado de la cintura para abajo. Y una última historia —la tragedia también golpeó al baterista de la banda de su escuela secundaria. Tenía trece años en aquel momento y se desmayó cayendo de espaldas con la cabeza inmovilizada entre dos matas de musgo, después de alcanzar un estado de embriaguez cuando bebía con sus amigos mientras acampaban. Vomitó en su boca y se asfixió. A Rikki le costaba trabajo entender estas tragedias. ¿Todas estaban predestinadas? ¿Esta era obra de Dios? Rikki decidió obtener algunas respuestas a estas preguntas de parte de Alma Vieja cuando se reunieran de nuevo.

Otro interesante acontecimiento había comenzado a ocurrir. Su madre había tenido un embarazo, unos años antes del nacimiento de la hermana de Rikki. Pero debido a complicaciones con su salud en aquel momento, ella optó por un aborto hacia el final de ese embarazo. El niño era un varón y creció dentro de la Dimensión

Espiritual.[41] Sin embargo, él anhelaba la vida en la Tierra y a menudo visitaba a Rikki, apareciéndose al pie de su cama cuando estaba a punto de dormirse ya que deseaba pasar algún tiempo con él en otras dimensiones mientras su cuerpo dormía. Esto no le resultaba fastidioso a Rikki, pero también planeaba preguntarle a Alma Vieja, ya que su «hermano de espíritu» no parecía ser un fantasma típico.

EL AMOR Y EL SEXO

Habían pasado algunos años desde que Rikki comenzó a pasar sus veranos en la granja Hólar y tenía dieciséis años y estaba en la flor de la vida. Su vida social era activa; era muy querido y tenía varios amigos. Tenía atracciones románticas, como las tenían sus amigos. Sin embargo, a diferencia de sus amigos, Rikki estaba loco por otros chicos. De hecho, cuando pensaba en ello, hasta donde alcanzaba a recordar, nunca se había sentido atraído sexualmente por el sexo opuesto. Había experimentado con el sexo en numerosas ocasiones con chicos y chicas antes de la pubertad, pero después de la pubertad estas actividades se centraron en los varones. En aquel entonces racionalizaba que el motivo de esta preferencia tenía que ver con su preocupación de que una chica pudiera quedar embarazada. Sin embargo, necesitó unos cuantos años para darse cuenta de que en realidad nunca se había sentido atraído sexualmente por las chicas. Esta autorevelación fue un duro golpe para Rikki y era difícil aceptarla. Él entendía que el deseo amoroso por otro chico no se consideraba «genial» en su círculo de amigos.

Así que, para compensar, Rikki llegó a disfrutar de algunos de sus amigos más atractivos en la lucha libre. Esto le brindaba la oportunidad para el contacto íntimo, para revolcarse en la hierba y sujetar a

---

41 Para un relato similar, véase Todd Burpo. *Heaven Is For Real*. Nashville: Thomas Nelson, 2010.

sus amigos en una variedad de posiciones a medida que disfrutaba de la sensación de sus cuerpos calientes y palpitantes mientras luchaban por soltarlo. Para Rikki, este era el contacto físico más cercano socialmente aceptable que era posible tener con otros jóvenes y mientras que para sus amigos esto era simplemente un combate de lucha libre, para Rikki también fue una experiencia sexual excitante y prohibida. Sin embargo, la lucha libre se hizo menos frecuente para cuando tenía dieciséis años y fue reemplazada más a menudo por oportunidades clandestinas para la masturbación mutua. Eran tiempos eróticos y placenteros pero vacíos en lo que respecta a romance, ya que todos sus amigos eran aparentemente heterosexuales.

Rikki salió con un par de chicas durante cortos períodos de tiempo considerando que era una obligación social, pero nunca sintió ningún deseo ni atracción sexual por ellas. No conocía a ningún otro chico que fuera como él y mientras pasaban los años comenzó a pensar que era el único en el planeta que se sentía atraído por el mismo sexo. Un profundo sentido de aislamiento comenzó a invadirlo durante los últimos años de su adolescencia. Comenzó a sufrir la soledad por el amor que nunca había conocido. ¿Alguna vez experimentaría ser amado por un hombre? A diferencia de sus amigos heterosexuales, cuyas aventuras de amor eran aceptadas públicamente y discutidas interminablemente, sus afectos amorosos se convertían en secretos; no porque se burlaran de él o porque fuera excluido, sino porque no conocía a nadie que pareciera tener los mismos deseos amorosos.

Rikki sentía que no había mucho que pudiera hacer al respecto, aparte de adaptarse y camuflar este aspecto de sí mismo —y mantener sus sentimientos ocultos. Sin embargo, esta decisión tuvo el efecto de no solo reprimir su expresión de afecto amoroso sino que también, sin ser consciente de ello en aquel entonces, comenzó a disminuir su capacidad de experimentar afecto amoroso en general. Llegó a ser menos sensible emocionalmente. Era menos capaz de experimentar y menos capaz de expresar las emociones íntimas, y también menos capaz de identificarse con las emociones dolorosas de los demás. De hecho, se había endurecido; no en una especie de tipo duro, sino en una especie de insensibilización emocional.

Mientras pensaba en ello, Rikki decidió que en ese momento más que nunca quería escuchar la opinión de Alma Vieja sobre el tema de su orientación sexual.

El año siguiente, a la edad de diecisiete años, Rikki decidió visitar nuevamente a Alma Vieja. Habían pasado cinco años desde que se habían encontrado la última vez y tenía un montón de preguntas sobre la vida que necesitaban respuestas. Después de que había regresado a su casa en la ciudad para la preparación de otro año escolar, Rikki decidió ir a la granja de su tío en el norte, en Lakjamot, para una breve visita. Era principios de octubre y un momento emocionante en la granja. Los cientos de caballos que pertenecían a todas las granjas en el condado estaban siendo llevados fuera de las regiones montañosas y de regreso a las granjas en el valle. La granja bullía de actividad, pero Rikki logró encontrar tiempo para montar su caballo, Trust, quien ahora era bastante mayor, hacia Heather Hill para hablar con Alma Vieja. Como antes, Rikki se dirigió hacia la roca, caminó en círculos —tres veces en el sentido de las agujas del reloj y tres veces en el sentido contrario a las agujas del reloj— antes de quedarse quieto y pararse frente a Heather Hill mientras pensaba en un pensamiento amoroso de su caballo, Trust. El tiempo se detuvo. Heather Hill se abrió y Alma Vieja fue a la puerta y le dio una calurosa bienvenida antes de llevarlo a su despacho privado, como lo había hecho en su primera visita.

Esta vez, Rikki había preparado una larga lista de preguntas que incluía preguntas sobre la vida y la muerte y los motivos de las tragedias, incluyendo la muerte de sus amigos y la enfermedad de los dos chicos de Hólar que los había dejado retrasado mentalmente y paralizado. Estaba interesado en escuchar lo que Alma Vieja tenía que decir acerca de su hermano de espíritu, quien crecía en la Dimensión Espiritual. Por último, pero no por ello menos importante, quería consejos sobre su orientación sexual.

Alma Vieja parecía saber las preguntas que Rikki le quería hacer y dijo: «Has preparado una serie de preguntas importantes para mí, pero antes de poder darte las respuestas a estas preguntas necesitaré que me facilites cierta información básica sobre la naturaleza de tu existencia en el mundo físico».

Rikki, recordando cómo el tiempo se había detenido durante su última reunión, dijo en broma: «¿Esto no se tardará mucho, cierto?»

Alma Vieja, con una sonrisa, contestó: «No, en este momento estás fuera de la dimensión de tiempo, pero te contaré más al respecto en unos minutos... ¡por así decirlo!»

Rikki sonrió y se relajó lo mejor que pudo, sentándose en el mismo taburete en el que se había sentado durante su primera reunión. Cuando miró a su alrededor parecía tener una vista de todo el universo espiritual, a pesar de estar en los límites del despacho de Alma Vieja. Le parecía un poco raro que pudiera sentarse en el despacho de Alma Vieja y sin embargo pudiera ver todo un universo. Pero esto es lo que era y era impresionante.

Como antes, había espíritus deambulando en forma de esferas coloridas. Rikki sabía que Alma Vieja también era una esfera espiritual, aunque se le aparecía a Rikki en forma humana. Pero no parecía tener algún sexo, lo que desconcertaba a Rikki. Así que antes de continuar decidió preguntarle a Alma Vieja sobre esto.

Rikki, hablando con vacilación, preguntó: «Disculpe la molestia. Espero que no le importe que le pregunte esto. Usted parece humano, pero no puedo descubrir si es un hombre o una mujer».

Alma Vieja se rió entre dientes y respondió: «No soy ninguno de los dos... pero puedo ser cualquiera. La asignación del sexo solo ocurre una vez que el alma ha decidido tener una vida en la Tierra. El sexo del feto se determina durante la gestación. Y dado que necesitas los dos sexos en la Tierra para procrear y mantener la especie, normalmente optamos por hacer que el cuerpo sea hombre o mujer. Pero aquí en la Dimensión Espiritual no tiene lugar la procreación, así que no hay necesidad de ser hombre o mujer».

«Oh, está bien».

«Sin embargo, dado que sé que te resultará más fácil seguir el consejo que tengo para darte si soy una figura masculina, por favor no dudes en pensar en mí y referirte a mí con el pronombre masculino. Y también, ya que nos hemos familiarizado más, no dudes en tutearme».

«Está bien, lo haré».

Alma Vieja vestía una túnica blanca y un aura de color azul celeste parecía emanar a su alrededor. Tenía un gran medallón colgando de un cordón de oro alrededor de su cuello. El medallón parecía ser una especie de espejo porque cada vez que Rikki intentaba mirarlo era como si toda su vida hasta ese momento se le reflejara de vuelta.

Rikki comentó: «Tienes un bonito medallón. Cuando lo miro veo toda mi vida hasta ahora».

«Sí, la mayoría de nosotros tienen uno de estos aquí en el mundo espiritual. Nos ayuda con nuestras tareas como fylgjur».

Mientras Rikki miraba a Alma Vieja se daba cuenta de que, aunque sabía que Alma Vieja era muy viejo, parecía como si estuviera en la flor de la vida —incluso más joven que su padre, Baldur. Alma Vieja tenía cabello rubio oscuro, cejas gruesas y ojos marrones oscuros.

Un profundo sentido de bondad emanaba de Alma Vieja a medida que empezaba a hablar tranquilamente. «Bien, volvamos al tema y comencemos con nuestra lección de hoy».

Rikki se preparó para recibir alguna información importante.

«No te das cuenta de cuánta información necesitas saber para entender a fondo las respuestas que me gustaría darle a las preguntas que has preparado para mí hoy».

Rikki, con una sonrisa, dijo: «Bueno, ya que estoy fuera de la dimensión de tiempo, supongo que no será un problema el tiempo que necesites para explicar».

Alma Vieja sonrió: «Antes de que te pueda dar algunas de las respuestas a tus preguntas, tendré que explicar algunos conceptos. Primero necesitaré hablarte un poco sobre cómo se crea el universo y luego cómo creas tu realidad dentro del mismo».

«Parece mucha información».

«Así es. Pero tus preguntas tienen que ver con cuestiones importantes relativas a la vida y la muerte y si no tienes un entendimiento básico de estos conceptos no podrás entender la razón y la lógica de mis respuestas».

«Bueno, estoy listo. Vamos a empezar. ¿Crees que es posible que entienda cómo se crea el universo?»

Alma Vieja respondió: «Sí... de una forma limitada».

PARTE II

CAPÍTULO

4

EL UNIVERSO QUE SE DESPLIEGA

«Déjame intentar explicar mediante una analogía cómo se junta el universo. Imagina que "Todo Lo Que Es", o Dios, es un organismo consciente enorme. Todo lo que existe se alberga dentro de este organismo y por lo tanto hay conciencia en todo lo que existe. Este organismo es autosustentable y crea dentro de sí mismo un tipo de "acción" o "suceso" mediante la intención de Dios. Esta acción activa partículas diminutas llamadas "unidades de conciencia" que son los elementos esenciales dentro de este organismo».

> *Todo discurso, acción y comportamiento es una fluctuación de la conciencia. Toda vida emerge de la conciencia y en ella se sostiene. El universo entero es la expresión de la conciencia. La realidad del universo es un océano ilimitado de conciencia en movimiento.*
>
> Maharishi Mahesh Yogi

«De acuerdo, recuerdo que mencionaste algo sobre las unidades de conciencia en la tarea que me diste después de nuestra primera reunión».

«Sí... y hoy explicaré en detalle los conceptos de los que te hablé en aquel momento.

»Cuando la acción activa estas unidades de conciencia, ellas empiezan a combinarse según su especialización. Así que, por ejemplo, cuando se creó el universo, un grupo especializado de unidades de conciencia se unió para formar las dimensiones. Crearon la Dimensión Física y la Dimensión Espiritual. Sin embargo, otras unidades de conciencia crearon dimensiones anidadas dentro de estas dimensiones, tales como las dimensiones de espacio y tiempo dentro de tu Dimensión Física».

Hay conciencia en todo lo que existe.

Rikki dijo pensativamente: «De acuerdo, te entiendo».

«Fuera de estas dimensiones, también hubo unidades de conciencia que se unieron para formar una plataforma general o "lienzo". Todas las estructuras físicas y mentales que aparecen, ya sea dentro de la Dimensión Espiritual o dentro de la Dimensión Física, se forman a partir de este lienzo. Por supuesto, desde tu punto de vista este lienzo es invisible; está al fondo. Solo ves las estructuras que crea a medida que surgen en tu universo físico. Ejemplos incluyen las galaxias, las estrellas, tu sistema solar y los planetas, así como todo en la Tierra, en la estratosfera, en la biosfera y en todas las estructuras físicas en el planeta, incluyendo las montañas, el agua, la flora y la fauna».

«El surgimiento de los acontecimientos creados dentro del lienzo son traídos a tu Dimensión Física ayudados por un proceso al que me referiré como la "armonía que se despliega". La armonía que se despliega es un proceso continuo que coloca los eventos a intervalos dentro de la dimensión de tiempo. Es responsable de coordinar los patrones universales circulares que tienen lugar dentro de tu Dimensión Física, ya que produce la aparición de las estructuras que se crean dentro del lienzo y con el transcurso del tiempo las coloca a intervalos en perfecta armonía y en perfecta sincronía dentro de la Dimensión Física. Si no fuera por la armonía que se despliega y la dimensión de tiempo, todo parecería ocurrir al mismo tiempo dentro de tu Dimensión Física».

«Está bien, creo que entiendo. Un lienzo invisible crea las estructuras y la armonía que se despliega las coloca a intervalos dentro de la dimensión de tiempo en mi mundo físico».

«Correcto. Por poner un ejemplo, tú observas el patrón por medio del cual se forman las rocas y entonces se erosionan dentro de una escala de tiempo que abarca millones de años. Asimismo, pero en escalas de tiempo más cortas, evolucionan las estructuras más complejas tales como las formas de vida que también tienen patrones circulares de desarrollo, denominados comúnmente duración de la vida. Estas formas de vida se vuelven cada vez más complejas mientras evolucionan de la flora a la fauna, para incluir a los mamíferos y al humano».

«Está bien. Entiendo».

«Ahora bien, si no fuera por el alma, el humano seguiría siendo un animal en esta etapa del juego. La unión con el alma hace que el humano sea sensible o autoconsciente».

«Ya veo. Recuerdo tus comentarios anteriores acerca de la unión del alma con el feto».

«Sí... insinué esto en la tarea que te di después de nuestra última reunión. Las almas superiores, aprovechándose de una oportunidad para aprender sobre sí mismas en el mundo físico, proyectan sus almas en la conciencia del feto humano durante el tiempo de gestación. Mientras esto sucede, el animal humano se hace sensible o autoconsciente».

Rikki contestó con una sonrisa: «Bueno, eso es un alivio. Soy más desarrollado que el animal medio». Entonces se detuvo, pensando. «¡Pero eso es increíble!»

Alma Vieja captó su pensamiento y dijo: «Sí, eso es lo que algunas personas llaman milagro. Así es como nosotros, como almas, entramos en el mundo físico cuando nos encarnarnos».

«Eso me gusta».

«Sí, y afortunadamente no hay escasez de almas superiores ansiosas de proyectar las almas en la Dimensión Física para ganar la experiencia de una vida en la Tierra. Así que, por consiguiente, todos los seres humanos son sensibles».

«Está bien, entiendo. Sin embargo, tengo una pregunta rápida. Una vez dijiste que he tenido docenas de vidas pasadas. ¿Soy la misma alma que reencarna una y otra vez?»

«Tu alma superior ha proyectado muchas almas en la Tierra en los últimos cien años, pero nunca es exactamente la misma alma la que reencarna. Tu alma superior prepara un alma diferente para cada encarnación.[42] Cada alma comprende numerosas cualidades contenidas dentro de tu alma superior, incluyendo experiencias obtenidas de las encarnaciones pasadas de las almas de tu alma superior. Y, como mencioné antes, hay similitudes entre todas las almas que tu

---

[42] Seth, al canalizar a través de Jane Roberts, hace varias referencias al alma superior. (Véase, por ejemplo, Jane Roberts. *The Nature of Personal Reality*, pág.170, 1974). También, el psicólogo F.W. H. Myers (1843 – 1901) al canalizar a través de Geraldine Cummins, treinta años después de su propia muerte, se refiere exactamente al mismo concepto, llamándolo "alma grupal". (G. Cummins, Chapter 6, *The Road to Immortality*, (publicado originalmente en 1932), White Crow Books, Guildford, UK, 2012).

alma superior ha encarnado alguna vez. Estas similitudes aparecen tanto en el carácter de la persona como también en su expresión facial. De hecho, si pudieras encontrar una fotografía o un retrato de una vida pasada reciente, descubrirías algunas similitudes sorprendentes con tu apariencia facial en tu encarnación actual».

Rikki exclamó: «¡Vaya! Eso sería interesante».

«A menudo también se incluyen cuestiones pendientes de encarnaciones anteriores en la nueva alma para darle a la nueva alma la oportunidad de trabajar más en esos asuntos. Un ejemplo que te concierne fue tu miedo al agua. Este miedo se originó hace mucho tiempo, pero siguió sin resolverse. Así que decidiste traerlo contigo en esta encarnación actual y ahora ha sido resuelto. Los talentos específicos también se arrastran de vez en cuando para un mayor desarrollo».

«¿Quieres decir igual que en el caso de un niño prodigio?»

«Sí. El alma superior puede incluir una capacidad específica que se desarrolló en una vida pasada o durante vidas pasadas consecutivas con el fin de trabajar más con ella.

»Cada encarnación comienza con un cuerpo recién nacido y una nueva alma —o más exactamente, un alma recién revisada. En la preparación de la nueva alma, haces prominentes ciertas características de la personalidad que esperas que te permitirán satisfacer las demandas de los eventos predestinados que has establecido para entender mejor tu naturaleza interna. A medida que el alma superior aprende sobre sí misma durante los ciclos de encarnaciones consecutivas, madura y evoluciona espiritualmente. También deberías saber que cada alma que tu alma superior ha proyectado alguna vez en la Tierra retiene su identidad después de la encarnación y puedes tener acceso a sus recuerdos y experiencias emocionales después de que tu vida se complete y hayas vuelto a la Dimensión Espiritual. Si lo deseas, también puedes tener acceso a esas vidas pasadas en tu encarnación actual durante una regresión a vidas pasadas».

«De acuerdo. Esto lo deja claro.

»Si me permites, hay otro tema que me gustaría entender un poco mejor antes de que sigamos».

«Por supuesto... ¿qué es lo que te preocupa?»

«Después de nuestra primera reunión, en la tarea que me diste mencionaste que la vida en la Tierra se trata principalmente de un "aprendizaje interno" que se lleva a cabo cuando creamos experiencias emocionales. ¿Qué pasa con todo lo demás que ocurre durante una vida que no se trata específicamente de emociones? ¿No es importante también?»

Alma Vieja titubeó: «Esa es una buena pregunta. Nos desviará del tema por unos minutos, pero pienso que sería útil si te ofreciera una respuesta breve antes de que sigamos.

»La visión común en la Tierra es que la vida se trata principalmente de logros y éxitos mediante actividades como el trabajo, pero ese no es el caso. Como dije antes, el motivo principal de tu encarnación es experimentar emociones que no ocurren aquí en la Dimensión Espiritual y beneficiarte del aprendizaje interno que se lleva a cabo cuando tienes esas emociones. Todos los otros eventos durante tu vida son principalmente medios para tener estas experiencias emocionales».

«¿Quieres decir que todo lo demás que las personas hacen en la vida, como estudiar, esforzarse por tener una carrera, trabajar, ganar dinero, etc., no es importante?»

«No, estos intereses también son esenciales. Ofrecen satisfacción, propósito y significado a través de la vida de una persona y más adelante te hablaré más al respecto. Pero, lo que es más importante, estos intereses ayudan a crear el contexto en el cual pueden tener lugar las experiencias emocionales. Mediante estos intereses, las personas se descubren a sí mismas en diferentes circunstancias de la vida en las que su carácter mental, cuando está acompañado de la singularidad de la situación, ofrece la semilla para que tenga lugar una experiencia emocional».

Rikki preguntó, pensativamente: «¿La vida se trata principalmente de crear emociones?»

«Sí, en esencia, se trata de eso. Las "unidades de conciencia" especializadas se unen para formar un "estado de sentimientos" que es la base de toda emoción. Luego tu intención consciente causa una acumulación de este estado de sentimientos, aumentando su fuerza. Y por último, es la combinación de tu intención consciente por una parte con tu carácter mental, y tu circunstancia de vida en particular por la otra lo que define la emoción —o lo que le da un nombre. Por ejemplo, si experimentas un miedo intenso al montarte en un ascensor puede que desarrolles, dependiendo de tu carácter mental, una "fobia a los ascensores". Igualmente, un susto en un tejado de un edificio puede dar lugar a un "miedo a las alturas".

»Una vez que se genera una emoción, a menudo se generaliza a otras situaciones similares. Por ejemplo, la persona que experimenta fobias a los ascensores y a las alturas puede desarrollar un miedo a todos los espacios cerrados y a todas las situaciones que implican alturas. Esta característica de generalización es especialmente problemática con las emociones negativas incluyendo, por ejemplo, el miedo, la ansiedad, los celos, la ira, la depresión y la culpa —porque causa que se extiendan, como una niebla. La niebla coloca un manto de neblina sobre todo un terreno de circunstancias similares mientras se asienta e infunde a la persona, a veces durante días, semanas y meses. Este mismo tipo de generalización también ocurre para las emociones positivas donde, por ejemplo, después de un feliz acontecimiento, las emociones del amor, de la alegría y de la felicidad bañan a la persona en los rayos sublimes de la luz solar —a menudo durante mucho tiempo. Sin embargo, te consolará saber que con el transcurso del tiempo, para todos los casos que implican emociones negativas y dolorosas, el amor (que es la naturaleza básica del alma) toma la delantera, causando que las emociones negativas se desvanezcan, tal como cuando los rayos del sol disuelven el manto de neblina».

Rikki, queriendo tener una mejor comprensión de esta relación entre las emociones y la inteligencia preguntó: «¿Pero qué pasa con la inteligencia y los intereses intelectuales? Sin duda la vida en la Tierra debe depender más de la inteligencia que de la volatilidad de las emociones».

«No se realiza una encarnación para favorecer la inteligencia del alma. La capacidad intelectual de las almas superiores y las almas supera con creces lo que se expresa a través del cuerpo humano durante una encarnación. Por eso (y más tarde hablaré más al respecto) deberías aceptar que cada ser humano es igualmente válido. No hay diferencia en cuanto a la inteligencia entre el alma que ha fusionado con un cuerpo de una persona que es retrasada mental, que no recibe educación, que es un "vagabundo" o un basurero y las almas de esos individuos que se consideran los miembros más exitosos de la sociedad, como los ganadores del Premio Nobel y los jefes de estados».

«No entiendo. Por lo que puedo ver, hay una gran diferencia entre estos individuos».

«Sí la hay, pero la diferencia no está entre las capacidades intelectuales de sus almas, sino más bien en el diseño deliberado que toma lugar cuando el alma se fusiona con el feto durante la gestación. El alma, deseando experimentar las circunstancias que darán lugar a una calidad específica de emoción, escoge los entornos culturales y demográficos en los que encarnará y dota al feto de una capacidad mental y un carácter que lo dirigirá, o lo limitará, a intereses específicos durante la encarnación. De esta manera, el alma intenta crear el contexto óptimo para que tengan lugar las experiencias emocionales específicas.

»Desde la perspectiva del alma superior y el alma, los intereses durante una encarnación están diseñados principalmente para producir las condiciones que ofrecen la oportunidad de experimentar tipos específicos de emociones. Los intereses intelectuales y las capacidades que son pulidas durante el curso de una vida también son importantes, pero son el objetivo secundario y no el primario de la encarnación del alma».

Rikki cedió y dijo: «De acuerdo, ya veo lo que quieres decir. ¿Pero qué pasa cuando las emociones se descontrolan? ¿Piensas que hay suficiente inteligencia en el mundo para guiar a la raza humana lejos de la autodestrucción?»

Alma Vieja sonrió: «Sí la hay».

Resumiendo sus comentarios, Alma Vieja continuó: «Todas las almas que encarnan en la Tierra, aparte de algunas guías espirituales, lo hacen para aprender sobre las emociones. El mayor reto durante una encarnación es vivir tu vida con intención amorosa (que es un reflejo de la naturaleza de tu alma) mientras experimentas al mismo tiempo y aprendes sobre todas las emociones dolorosas y negativas que tienen lugar. Es la manera en la que manejas estas emociones cuando son intensas y abrumadoras y las decisiones que tomas en esos momentos lo que te lleva a conocer los descubrimientos sobre tu naturaleza interna. Finalmente, mientras aprendes a cómo superar estas emociones, evolucionas espiritualmente.

»Más adelante te contaré mucho más sobre la manera en que ocurre este aprendizaje interno, mientras continuamos nuestras discusiones. Pero ahora volvamos al tema».

Rikki interpuso: «De acuerdo, gracias por aclarar estos asuntos».

«Como decía, aparte de una biología básica que influye en la morfología del cuerpo humano, el alma es la responsable de hacer que el humano sea único y autoconsciente. Es mediante la fusión entre la conciencia del alma y la conciencia del cuerpo humano que se crea un ser humano sensible. De hecho, el ser humano sensible es una combinación de dos tipos de conciencia —en parte es la conciencia de un alma sofisticada y en parte una conciencia elemental, creada a partir de las unidades de conciencia especializadas contenidas dentro del lienzo que crea todo dentro del universo físico».

«Está bien, entiendo».

«Por lo tanto es la combinación del cuerpo y el alma lo que hace que el ser humano sea sensible o autoconsciente. El cuerpo funciona como una cámara personal a través de la cual puedes experimentar el mundo físico, y también como un vehículo, el cual puedes usar para moverte mientras estás en el planeta durante tu vida. Este equipo de cuerpo tiene algunas cualidades interesantes y requiere mantenimiento regular. Es importante que te describa brevemente un poco de esto antes de continuar».

«De acuerdo. Has descrito el cuerpo como una cámara y como un carro».

«Sí. Es una buena analogía, ¿no crees? Y tú has tenido diferentes carros en vidas pasadas, todos los cuales han funcionado un poco diferente porque no hay dos cuerpos físicos que sean exactamente los mismos».

LOS ASPECTOS FUNDAMENTALES DEL CUERPO

Alma Vieja continuó: «El cuerpo físico tiene algunos atributos que son siempre los mismos. Estos atributos le dan al cuerpo la capacidad de percibir el mundo físico y te los describiré primero. Luego describiré brevemente algunas de las necesidades básicas que tu cuerpo debe haber cumplido para funcionar correctamente. Y por último, me referiré brevemente a algunos de los retos que enfrenta el cuerpo ya que lo usas para valértelas dentro del mundo físico.

»El atributo más básico de tu cuerpo es su capacidad de detectar el "contraste físico".

»El cuerpo físico es atraído de manera innata por el contraste ya que esta es la fuente fundamental a través de la cual puede experimentar el mundo físico. Si no tuvieras la capacidad de detectar el contraste no pudieras percibir nada y, por consiguiente, no tendrías una sola experiencia. La percepción del contraste se logra mediante tus mecanismos sensoriales, y es por ellos que puedes experimentar tu existencia física. Por ejemplo: Tus ojos tienen la capacidad de detectar el contraste entre las frecuencias de la luz y te permiten ver un espectro de colores dentro de una gama específica de longitudes de onda; los oídos tienen la capacidad de identificar el contraste en las longitudes de onda que llevan el sonido y te permiten oír dentro de un rango de frecuencia específico; los receptores en la piel te dan la capacidad de sentir la energía en forma de calor y te permiten experimentar el contraste en las fluctuaciones de la temperatura que, a su vez, te ayudan a mantener una temperatura corporal agradable y prevenir la hipotermia y el agotamiento por el calor. Los receptores del tacto en tu piel te permiten experimentar el contraste mediante la detección de diferencias en la textura, la presión, la vibración y el dolor; los receptores del gusto en tu lengua te permiten distinguir el contraste entre cinco tipos diferentes de sabor —salado, ácido, amargo, dulce y sabroso. Los receptores olfativos en tus fosas nasales detectan las gotitas transmitidas por el aire y te permiten experimentar el contraste de diferentes tipos de olor».

Rikki, escuchando atentamente, dijo: «Este... Realmente nunca había pensado en ello de esta manera».

«La mayoría de las personas no lo hacen.

«La información combinada que se obtiene de estos mecanismos sensoriales se suma a un abanico de experiencias que te permiten percibir el mundo físico desde numerosas perspectivas.

»Ahora bien, las necesidades básicas que tu cuerpo necesita para funcionar correctamente incluyen la luz, la gravedad, el sueño, el descanso, el agua y la nutrición. Esto, por supuesto, es obvio para ti, pero no obstante déjame comentar muy brevemente sobre estos aspectos.

»Tu cuerpo, y de hecho toda la vida en la superficie de la Tierra, se sostiene por la luz proporcionada por el sol. Si el sol se apagara de repente, toda la vida en la superficie de la Tierra comenzaría a perecer después de 8.3 minutos, el cual es el tiempo que las partículas de la luz se demoran para viajar desde el sol a una velocidad de casi tres millones de metros por segundo».

«Oh. Ese sería un final rápido».

«Sí, pero afortunadamente es algo de lo que no te tienes que preocupar. Pero tu cuerpo es afectado por luz de numerosas maneras; la más obvia es que no puedes ver cuando es oscuro, así que tu capacidad de valértelas de noche es restringida severamente. La luz solar también estimula tu cuerpo a producir vitamina D, la cual es una sustancia necesaria para tu cuerpo. También estimula las reacciones neuroquímicas en tu cerebro que son importantes para regular tu estado de ánimo. Es por eso que, en ausencia de la luz solar durante los meses de invierno, algunas personas comienzan a sentirse deprimidas».

«Conozco a un par de personas que siempre se sienten deprimidas durante los oscuros meses de invierno».

«Sí, es un problema bastante común. La luz solar, o una luz brillante, es la mejor cura para ellos.

«La gravedad es otra característica importante que tiene un efecto en el cuerpo.

»Una fuerza gravitacional actúa sobre toda la materia, haciendo que sea atraída hacia tu planeta. Tu cuerpo necesita esta fuerza para crecer y funcionar correctamente. Si no fuera por la gravedad, no podrías caminar sobre la superficie del planeta ni mantener tu cuerpo sano mediante el ejercicio regular. La fuerza gravitacional está contenida dentro de un campo invisible que rodea el planeta y se disipa y disminuye en intensidad a medida que viajas lejos de la Tierra.

»Por último, el sueño, el descanso, el agua y la nutrición también son esenciales para que el cuerpo funcione correctamente.

»Tu cuerpo ha desarrollado ritmos circadianos en su adaptación a la luz, donde produce una hormona que induce el sueño y lo obliga a descansar cuando la oscuridad desciende. El cuerpo produce una hormona diferente cuando la luz vuelve a aparecer, despertándose y manteniéndose alerta durante todo el día. Durante el sueño, tu cuerpo descansa y se restaura. Otro subproducto conveniente del sueño es que mientras tu cuerpo duerme, tu alma puede dejar tu cuerpo y ocuparse de otros asuntos. La actividad del alma mientras tu cuerpo duerme se recordará a menudo en formas distorsionadas como sueños cuando te despiertes por la mañana. Y por último, tu cuerpo debe, por supuesto, recibir el agua y la nutrición adecuadas a intervalos regulares para que funcione».

Rikki, retomando el tema de los sueños, dijo: «Disfruto de mis viajes en otras dimensiones mientras mi cuerpo duerme».

«Sí, lo sé. Puedes resaltar tus recuerdos de estas aventuras practicando una técnica llamada "soñar lúcidamente", pero ese es un tema que podemos discutir posteriormente».

Alma Vieja continuó: «Ahora que hemos revisado brevemente cómo tu cuerpo percibe su entorno y lo que necesita para mantenerse, echémosles un vistazo a un par de retos físicos a los que te tienes que enfrentar en la Tierra. En primer lugar tenemos el clima.

»El clima y los patrones climáticos estacionales son factores que obligan a tu cuerpo a adaptarse a ciertas condiciones ambientales y a planificar actividades teniendo en cuenta el tiempo y el contraste de las estaciones.

»Experimentas los efectos de la Tierra que gira en su eje cada veinticuatro horas y, a medida que gira, la luz del día se afecta en la mayoría de las regiones y las fluctuaciones de la temperatura ocurren debido a la ausencia de calor causada por la luz solar. Esto provoca turbulencias en la atmósfera que afectan los patrones climáticos así como las corrientes oceánicas, y a menudo restringen la actividad humana en el planeta. Además, a medida que la Tierra viaja en su órbita alrededor del sol cada 365 días y se inclina sobre su eje relativo hacia el plano de su revolución, observas los cambios climáticos estacionales. Estos cambios climáticos estacionales se acentúan cuando te trasladas a áreas del planeta que están más lejos del ecuador, como aquí en Islandia. En el hemisferio norte hay más luz solar en mayo, junio y julio porque este hemisferio mira al sol en esos momentos, mientras que en noviembre, diciembre y enero, el hemisferio sur mira al sol y recibe la luz solar, mientras que la mayor parte del tiempo aquí está oscuro. Por supuesto, tú aceptas este aspecto de tu medio ambiente y planificas tus actividades en consecuencia».

> «*Todo tiene su tiempo, y todo lo que*
> *se quiere debajo del cielo tiene su hora*».
>
> Eclesiastés 3:1

Alma Vieja continuó: «Hay un reto adicional que mencionaré en este momento, aunque está más relacionado con tu alma que con tu cuerpo. Tiene que ver con la tarea frustrante que tiene tu alma al valértelas con tu cuerpo en la Tierra dentro de la dimensión de espacio y tiempo.

«Puede que consideres que este ejemplo es un poco más interesante. Para ti, las dimensiones de espacio y tiempo parecen ser independientes la una de la otra, pero en realidad están entrelazadas. Las llamaré "espacio y tiempo". El espacio y tiempo es un aspecto del mundo físico que es un reto para todas las almas cuando se encarnan ya que estas dimensiones no coexisten en la Dimensión Espiritual; solamente hay espacio, pero no hay tiempo. Hay muchos aspectos de esta experiencia de los que podríamos hablar, pero en este momento solo mencionaré algunos.

»Para empezar, el ajuste que un alma debe hacer mientras está atrapada dentro de los límites de un cuerpo físico no es fácil. En la Dimensión Espiritual estás acostumbrado a "pensar" y entonces "estar" en un nuevo lugar al instante, pero en la Tierra tienes que hacer una llamada telefónica o pasar el tiempo que se necesite para trasladar tu cuerpo físico a través del "espacio" desde un lugar a otro para comunicarte de lejos con otra persona. Sin embargo, tus "pensamientos" seguirán viajando instantáneamente y serán captados por las personas a quien se los envíes, siempre y cuando esa persona sea telepáticamente receptiva pero, a diferencia de la Dimensión Espiritual, esta no es una manera confiable de comunicarse en la Tierra. Enfrentarse al espacio y tiempo es la experiencia más frustrante que tu alma tendrá durante tu encarnación, y más adelante te hablaré mucho más sobre esto»

La duración de un minuto depende del lado de la puerta del baño en que te encuentres.

Ley de Zall.

«Ahora me doy cuenta de por qué me frustro tan a menudo cuando no puedo llegar lo suficientemente rápido a donde quiero ir».

«Sí... como sabes, básicamente hay dos aspectos del tiempo que experimentas ahora. Por una parte tienes la hora del "reloj" (derivada como una función de una rotación de la Tierra alrededor de su propio eje, dividida en segmentos de veinticuatro horas; cada hora dividida en sesenta minutos y cada minuto en sesenta segundos), y por la otra tienes tu experiencia personal del paso del tiempo. Como sabes, con frecuencia experimentas que estas delineaciones del tiempo están en desacuerdo entre sí. Sin embargo, si quieres actuar con eficacia en la Tierra, debes aprender a planificar tu vida según la hora del reloj ya que no prosperarás a menos que puedas, por ejemplo, estar en la hora del reloj para las citas, para el trabajo o para tomar un autobús o un tren, etc. La dificultad consiste en que tu experiencia personal del paso del tiempo a menudo está en desacuerdo con la hora del reloj. A veces, experimentarás que esto sea más rápido y otras veces más lento con relación a la hora del reloj. Por ejemplo, en respuesta a tu comentario —cuando tienes prisa para llegar a algún lugar, tu experiencia personal del paso del tiempo parece ser lenta y te parece como si se demorara una eternidad para llegar a tu destino. Mientras que si estás absorto en alguna actividad, como haciendo tu tarea, tu experiencia personal del paso del tiempo es más rápida en relación a la hora del reloj.

»Una de las principales dificultades en el ajuste del tiempo es que a veces te parece que tienes la oportunidad de ignorar sus efectos, a diferencia de otras características fijas del mundo físico que presumes que están completamente fuera de tu control, tales como la gravedad, los patrones climáticos y la rotación de la Tierra sobre su eje y alrededor del sol, etcétera. La percepción de que no necesitas tener en cuenta los efectos del tiempo es endémica en la Tierra y tiene un efecto negativo en la vida de innumerables maneras, especialmente en lo que respecta a hacer que las personas sientan frustración e ira hacia sí mismas, hacia los demás y en numerosas situaciones que ocurren al intentar navegar por la vida.

»Tendré más que decir sobre esta cuestión de cómo las vidas de las personas son afectadas cuando ignoran la dimensión de espacio y tiempo».

Rikki asintió. «Está bien... entiendo».

«Ahora he descrito en términos elementales cómo se crea el universo y cómo funciona. También describí cómo se crean los seres humanos sensibles y los aspectos básicos del cuerpo físico, incluyendo algunas de las restricciones impuestas al mismo por el clima y el espacio y tiempo.

»Ahora déjame intentar explicarte cómo creas tu realidad usando este cuerpo humano que acabamos de describir».

TÚ CREAS TU REALIDAD

Alma Vieja continuó: «Recuerda, dije que las estructuras se crean dentro del lienzo y la armonía que se despliega coordina la aparición de estas estructuras dentro de la Dimensión Física».

«Sí. Todo lo que veo en mi mundo físico es creado a partir del lienzo de fondo».

«Sí... pero solo ves lo que quieres ver o lo que esperas ver».

> Solo tú creas la realidad que quieres ver.

«¿En serio? ¿Cómo sucede eso?»

«Hay interacciones fluidas que ocurren entre ti mismo y tu entorno que determinan cómo percibes lo que te rodea. No hay una sola interacción que sea responsable de cómo percibes tu mundo, sino muchas que trabajan al unísono, de manera fluida, y que influyen en la otra. Intentaré explicarte algunos de estos procesos».

«Está bien, te escucho».

«En primer lugar, me gustaría que imagines que tu cuerpo es una cámara cinematográfica portátil. A medida que caminas, grabas todo lo que señalas con el lente de la cámara. Por una parte sabes que hay estructuras físicas a todo tu alrededor, pero por otra parte solo haces una copia de lo que llega al lente».

«De acuerdo, entonces solo veo lo que miro pero al mismo tiempo sé que hay otras cosas alrededor».

«Sí, y lo que miras se interpreta al menos en dos niveles. Cuando señalas algo con tu lente, haces una copia. Pero esta copia es más complicada de lo que parece. No aprecias lo importante que es hasta que comienzas a comparar tus copias con las copias de un amigo que, por ejemplo, ha caminado contigo por la misma calle y ha señalado con su lente exactamente las mismas estructuras. Lo que descubres es que estás de acuerdo con lo que has visto en lo que respecta a los detalles superficiales. Podría decirse que a este nivel de análisis tus observaciones son objetivas. Sin embargo, cuando examinas los detalles, rápidamente descubres que las interpretaciones de lo que tu amigo vio son totalmente diferentes a las tuyas, casi hasta el punto que parecería que los dos hubieran caminado por calles totalmente diferentes. Objetivamente, tú caminaste por la misma calle, pero subjetivamente la copia que hiciste de la experiencia es totalmente diferente a la de tu amigo. Cuando miras debajo de los acuerdos superficiales, descubres que tu experiencia subjetiva es, de hecho, única».

«Ya veo. No me di cuenta de la magnitud de esto».

La realidad es como la gelatina cuando todavía no se ha solidificado. Hay una enorme argamasa ahí afuera, que es nuestra vida potencial. Y nosotros, por el simple hecho de involucrarnos, por nuestro acto de poner atención, por nuestra observación, hacemos que esa gelatina se solidifique. Así que somos esenciales para el proceso total de la realidad. Nuestro acto de involucrarnos crea la realidad.

Lynne McTaggart

«Sí. Este es un ejemplo en el que los dos han creado realidades separadas. Has descubierto que las realidades que crearon son similares en la superficie, pero son únicas cuando se analizan más de cerca, desde un punto de vista subjetivo».

Rikki, sintiendo que se imponía una pequeña ligereza después de este material pesado, recordó un pasaje que había leído en un artículo hacía unos días sobre el budismo zen y dijo en broma: «Entonces, respóndeme esta pregunta. ¿Cuál es la visión de un árbol que se cae en el bosque cuándo nadie está mirando? ¿Y cuál es el sonido de una mano que está aplaudiendo?»

Alma Vieja se rió. «Esta es una broma milenaria que cuestiona lo incomprensible. Para nuestros propósitos aquí hoy, que son puramente prácticos, mi respuesta sería: A menos que hagas una copia visual o una copia auditiva del acontecimiento, entonces no sucedió. En lo que respecta a tu pregunta, si no viste al árbol caer y no oíste el aplauso de una mano, entonces no sucedió».

«¿Qué pasa si alguien me hablara sobre algo que no vi u oí, o si leyera al respecto? ¿Sucedió?»

«Tienes que juzgar la probabilidad con respecto a si ocurrió. Todo lo que tienes es una copia de la experiencia creada por haberlo escuchado o haber leído al respecto. Esa es tu realidad. Y como dije antes, cuanto más examines a fondo tu experiencia de haber leído o escuchado algo y luego la compares con la experiencia de la otra persona, más descubrirás que tu experiencia está en desacuerdo. Tu realidad es única. La creas para ti».

Rikki dijo sonriendo: «Está bien, ya veo. ¿Y qué pasa si nunca escucho que esto sucedió y nunca supe que sucedió? ¿Sucedió?»

Alma Vieja dijo sonriendo: «Tú no te das por vencido, ¿cierto? Por supuesto, hay eventos que suceden que sabes que pueden suceder, pero no sabes si sucedieron. Eventos, de los cuales más tarde es posible que te enteres si sucedieron o no —o que quizás hayan sucedido. También hay eventos que suceden que no sabes que podrían suceder, pero sí que suceden y más tarde descubres que sucedieron o que no sucedieron —o que nunca puedes saber si sucedieron del todo».

A estas alturas Rikki y Alma Vieja sonreían abiertamente, mientras Rikki lidiaba con esta broma verbal acerca de lo incomprensible.

«Al final, cualquiera que sea la copia que tienes de un evento en tu mente, esa es la realidad que has creado para ti.

»A un mayor nivel, no hay una respuesta correcta o incorrecta cuando debates lo incomprensible. Solo hay una respuesta: la respuesta que funciona para ti.

»Ahora, déjame continuar donde nos quedamos».

Rikki, después de haber disfrutado de esta breve digresión, dijo: «De acuerdo».

Alma Vieja continuó: «El motivo por el que creas tu propia realidad única tiene que ver con tu historia. Todos los recuerdos de todas las experiencias que tu alma superior ha tenido alguna vez durante el curso de vidas pasadas, incluyendo experiencias dentro de universos no físicos, te han hecho único. Estas influencias pasadas, junto con las experiencias que has tenido en esta vida actual, te hacen ser quien eres. Y es por esto que tus observaciones subjetivas no coinciden con las de los demás.

«Es más complicado de lo que parece por primera vez porque estas experiencias pasadas también crean un tipo de trance dentro de ti. Un trance es cuando tu atención es llamada hacia algo que haces o algo que sucede, hasta el punto en que notas menos de lo que pasa a tu alrededor. De hecho, la verdad es que todos siempre están en un trance».[43]

«¿Oh, en serio?»

«Sí, y este trance explica, en parte, por qué tu realidad subjetiva es única. Estás en trance, por ejemplo, cuando estás pensando en algo, leyendo un libro o hablando con alguien. Durante estos momentos, tu atención está enfocada y notas menos de lo que pasa a tu alrededor. Estos son estados de trance; crean la atención y te orientan con intención».

---

43 Para obtener más información sobre los estados de trance, véase Adam Crabtree, *Trance Zero: Breaking the Spell of Conformity*. Toronto: Somerville House, 1997.

Alma Vieja continuó: «Ahora bien, cuando le agregas emoción al trance, te concentras más. Y cuanto más intensa sea la emoción, más profundo se hace el trance».

«¡Vaya! Ya veo».

«Esto se puede convertir en un problema para las personas que experimentan emociones intensas, por ejemplo cuando están deprimidas o ansiosas porque el trance hace que a esas personas les resulte difícil salir de esas emociones. Pero más adelante te hablaré más sobre ello. Por ahora quiero que te des cuenta de que es la combinación de tu singularidad, el estado de trance y la emoción lo que influyen en la manera en que experimentas tu realidad subjetiva o, de hecho, la manera en que la creas para ti».

En realidad, realmente no podemos decir que vemos el mundo objetivamente como es. No hay ninguna evaluación completamente objetiva de nada porque nuestra evaluación de todo tiene que ver con nuestras experiencias y emociones previas. Todo tiene un peso emocional en ello.

Daniel Monti, Doctor en Medicina

«Está bien».

«Pero hay procesos adicionales que convergen para producir tu realidad subjetiva. Tus pensamientos, tu intención y tu voluntad también jugarán un papel muy importante».

«¿De qué manera sucede eso?»

«Déjame hablarte primero sobre un descubrimiento que se ha hecho en la física. Tiene que ver con un tipo de problema en particular que ocurre cuando intentas mirar unidades físicas sumamente pequeñas. Al final del espectro, o sea, al nivel cuántico y más allá, los físicos han descubierto que su propia intención consciente crea literalmente lo que ellos esperan ver. De hecho han descubierto que ellos, por sí mismos, crean el resultado de sus propios experimentos. O, es decir, al nivel cuántico, ellos crean su realidad».[44]

«Oh, pruebas científicas. Eso es fantástico. ¿Ese es un problema para la ciencia?»

«No, normalmente no, ya que casi toda la investigación manipula elementos que son más grandes en tamaño que el cuanto. Pero es importante que sepas lo que sucede aquí porque tiene que ver con la manera en que creas tus propias experiencias. El motivo de esto está en el hecho de que, en parte, estás hecho del mismo tipo de unidades de conciencia que componen el lienzo que estás mirando».

«Oh. ¿Qué quieres decir?»

«El problema es que la parte de ti que se crea a partir de la conciencia elemental del lienzo es el mismo tipo de conciencia que estás intentando estudiar. De alguna manera, al nivel cuántico estás mirando un espejo, estudiándote a ti mismo. Al nivel del cuanto, tu propia conciencia comienza a tener un efecto directo en las unidades de conciencia dentro del lienzo. Tu intención consciente influye en la conciencia del lienzo y, de hecho, tira del tejido del lienzo y crea a partir de ello lo que esperas ver. De esta manera, al nivel cuántico, los científicos han demostrado que tú creas tu realidad. Por lo tanto, cualquier estudio científico de los fenómenos físicos más allá de este nivel es inútil, ya que esta es la puerta a través de la cual los pensamientos se vuelven físicos».

«Ya entiendo».

---

[44] Joseph Norwood, *Physics, Consciousness and the Nature of Existence*. Joseph Norwood, 2002.

«Lo que quiero señalar es que esta es la puerta a través de la cual las imágenes mentales se materializan en tu universo físico. Es a través de puertas similares que tu propia intención consciente —tus pensamientos, aspiraciones y sueños— surge y se convierte en realidad en tu mundo físico.[45] Por lo que, una vez más, así es como también creas tu propia realidad».

Rikki se preguntó en voz alta: «¿Entonces es verdad? ¿Mis esperanzas y sueños se pueden hacer realidad?»

Alma Vieja se inclinó hacia adelante en su sillón y continuó: «Sí, pueden hacerse realidad. Pero hay más maneras para crear tu realidad. También está el destino».

«Supongo que eso complica aún más el panorama».

«¡Bueno, sí que lo complica! Hay una interacción fluida entre tus pensamientos e intenciones cuando te fijas una meta a largo plazo y tu destino. Recuerda, tú existes simultáneamente fuera de la dimensión de tiempo, y es la armonía que se despliega la que coloca los eventos a intervalos dentro de la dimensión de tiempo. Tu cuerpo físico está atrapado en la dimensión de tiempo, pero no tus pensamientos. Ahora bien, para que ocurra un acontecimiento en relación contigo, primero tienes que haber tenido ese pensamiento. Cuanta más energía pongas en tu pensamiento, o cuanto más fuerte sea tu intención consciente, lo más probable es que el pensamiento se materializará finalmente. Es por eso que es importante que fijes metas a largo plazo si hay algo en particular que te gustaría lograr. Cuando te fijas una meta a largo plazo, prevés el poste de una portería; creas un destino que ofrece una dirección decisiva para que te esfuerces por conseguirlo y en el cual centras tus pensamientos. Y,

---

[45] Como lectura adicional sobre este tema, por favor véase: Norman Friedman, *Bridging Science and Spirit*. St. Louis: Living Lake Books, 1990. También, Rosenblum & Kuttner, *The Quantum Enigma: Physics Encounters Consciousness*. New York: Oxford University Press, 2006.

con el tiempo, tu intención de lograr esta meta influye en las unidades de conciencia dentro del lienzo de fondo —que finalmente da lugar a la materialización de tu deseo».

«Ya veo. Pero sé que me dirás que no es tan sencillo. Porque si lo fuera, todos lograrían lo que desearan».

«Tienes toda la razón... en este proceso hay más por el cual logras tus metas en la vida. Es un poco más complicado».

Rikki, sonriendo, continuó: «¿Por qué debe ser así?»

«Bueno... te hablaré un poco más sobre ello. Tiene que ver con la interacción fluida entre tu destino y tu libre albedrío. Como dije en la tarea que te di después de nuestra última sesión, hiciste algunos planes generales antes de tu nacimiento sobre lo que querías que sucediera en esta vida —las personas que conocerías quienes desempeñarán un papel importante en tu vida, los lugares en los que pasarías gran parte de tu vida y los tipos de retos con los que te encontrarías. Estos son eventos predestinados que son muy probables que ocurran.

»También te fijaste ciertas metas que esperabas lograr en esta vida, junto con determinados eventos predestinados que se relacionan con estas metas. Tu "identidad interna" es consciente de este arreglo. Pero este arreglo no está fijado y lo puedes modificar a medida que avanzas por la vida porque tienes libre albedrío».

«¿Estás diciendo que tengo el control para cambiar mi destino?»

«Sí. Con cada meta a largo plazo que te fijes, también pones en marcha ciertos eventos predestinados que ocurrirán a medida que avanzas hacia ese destino o meta. Esta relación es fluida. Es decir, tienes libre albedrío para cambiar de opinión y establecer nuevos postes de porterías cuando quieras, pero mientras lo haces también te fijas inconscientemente nuevos eventos predestinados en tu camino. Siempre hay una interacción entre las metas a largo plazo que fijas y los eventos predestinados».

«¿Por qué hay una relación entre mis metas a largo plazo y mi destino?»

«Recuerda, tú existes simultáneamente en la Dimensión Espiritual, y desde esa posición ventajosa puedes ver tu futuro probable dentro de la Dimensión Física. Tu vida en la Tierra es un viaje finito, durante el cual te has fijado ciertos objetivos. Tus objetivos siempre incluyen mucho más de lo que parece o una meta a largo plazo específica que puede que te fijes. Así que, cuando te decides por una meta a largo plazo en el presente, tú puedes, en el mismo momento, ver las consecuencias futuras de esa meta. Y mientras haces eso, tú —todavía en el mismo momento— pones eventos predestinados específicos en tu futuro camino que aparecerán mientras la armonía de eventos que se despliega da lugar a los mismos. Todo esto es para que puedas darte la oportunidad de lograr el mayor número posible de tus objetivos durante tu vida».

Rikki reflexionó: «De acuerdo. Por lo que estás diciendo parece que tengo el control de mi vida y que dirijo el rumbo de mi vida en cada momento mediante mi libre albedrío. Y al mismo tiempo también estoy atento en cuanto a lograr mis objetivos espirituales y por lo tanto pongo eventos predestinados en mi camino».

«Sí. El centro de todo cambio siempre está en el momento —en tu momento actual. Tienes libre albedrío, tomas decisiones y fijas metas. Recuerda, hay una relación de ida y vuelta entre tu existencia dentro de la Dimensión Espiritual y la Dimensión Física. Y, como una parte significativa de que existes fuera de la dimensión de tiempo, tienes la ventaja de conocer las consecuencias de tus acciones de antemano. Por supuesto, tu ego externo no es consciente de esto, pero sin duda alguna tu alma y alma superior sí lo son».

> Tú creas tu realidad mediante las relaciones fluidas que ocurren entre: la singularidad de tu alma, los estados de trance, las emociones, las metas a largo plazo, la intención, el destino y el libre albedrío.

«Ya veo».

Alma Vieja continuó: «Así que esta es otra manera en la que creas tu realidad —mediante tu libre albedrío y la libertad de fijar metas a largo plazo así como eventos predestinados».

Rikki sonrió. «Ahora estoy comenzando a ver todo el panorama».

Alma Vieja hizo una pausa en su discurso y dijo: «Hoy hemos tratado mucho material, y me gustaría darte un respiro antes de que sigamos. Necesitas un poco de tiempo para pensar en lo que te he dicho hoy».

«Sí, me parece una idea buena. Se debe estar haciendo tarde».

Alma Vieja sonrió: «¡No, la verdad es que no! Pero me gustaría que asimiles un poco de esta información durante algunas de tus horas en la Tierra antes de que sigamos. ¿Puedes salir para hacerme otra visita mañana?»

«Sí... eso no será un problema».

Alma Vieja se puso de pie y acompañó a Rikki hasta una puerta. Mientras abría la puerta, Rikki pudo ver a través de la misma hacia el mundo físico, como si estuviera mirando a través de una porta. Mientras daba un paso hacia adelante, parecía que una fuerza lo empujaba hacia adelante y al instante se encontró parado fuera de Heather Hill. Y al igual que con su primera visita para ver a Alma Vieja, el tiempo se había detenido. Su caballo, Trust, estaba exactamente en la misma posición. Ni siquiera había producido un pequeño movimiento —ni siquiera una sacudida de su cabeza, un soplo de sus fosas nasales, un meneo de su cola o incluso un abrir y cerrar de ojos. Esta vez Rikki comprendía mejor cómo había entrado en la Dimensión Espiritual y salido de la dimensión temporal.

Mientras Rikki volvía a caballo a la granja, podía ver una manada de al menos doscientos caballos trotando a lo largo de un camino de grava en la lejanía a su este, produciendo una nube de polvo a medida que se dirigían hacia Shrub Valley desde las regiones montañosas. Al volver la mirada a la manada de caballos que avanzaban hacia él, se acordó de lo que Alma Vieja había dicho sobre el espacio y el tiempo —la distancia entre sí mismo y la manada y el tiempo que les tomaba a los caballos acercarse. Por primera vez pudo formular estas dimensiones más claramente en su mente. Estaba muy consciente de sus sentidos. Todo a su alrededor parecía más vibrante e intenso mientras miraba el contraste de los colores en el cielo, los sonidos de la naturaleza, el aroma del brezo a medida que era llevado por el viento a su cara y el olor almizcleño dulce de su caballo mientras avanzaba con cuidado a través de las zonas con pantanos y trotaba a lo largo de viejos caminos de ovejas junto a pequeños montones de grava que se dirigían de regreso a la granja.

Había mucho que considerar de lo que había aprendido hoy, y demasiado para pensar a la vez. Algunas cosas se destacaron en su mente mientras emprendía su camino de regreso a la granja.

Mientras Rikki continuaba cabalgando, entró en un diálogo interno consigo mismo: «Fue interesante aprender que más allá de la percepción de todos hay un lienzo consciente que actúa como una plataforma para literalmente todo lo que surge en el mundo físico, no solo para las estructuras físicas sino también para los eventos. Pero nunca podemos percibir este lienzo con precisión debido a la interacción fluida que ocurre entre la conciencia de la plataforma y nuestra propia conciencia cuando lo miramos».

Rikki seguía intentando articular estos conceptos. «Cada persona produce una impresión subjetiva de lo que está mirando, que está en consonancia con lo que espera ver. Por lo tanto cada persona crea literalmente una copia única de lo que ve con sus ojos. Quizás es como estar parcialmente ciego; ves un esquema básico y luego inventas los detalles».

Rikki pensó más detenidamente: «Esto es no solo cierto para lo que vemos con nuestros ojos, también es lo mismo para los eventos. Cada persona produce una impresión subjetiva de un evento que está en consonancia con sus expectativas. Por lo tanto cada persona crea literalmente una copia única de cada evento que experimenta. Quizás es como tener una impresión; tienes una vaga sensación de algo y luego inventas los detalles».

Y sus pensamientos continuaron: «Este proceso de creación es suficientemente consistente entre individuos que pueden hablar sobre algo siendo objetivos, pero cuando les pides que analicen sus observaciones más profundamente, descubres grandes diferencias subjetivas porque todo el mundo es único. Y hay más. Estamos perpetuamente en un trance que fluctúa, dependiendo de la intensidad de nuestras emociones. Y creamos nuestras emociones poniendo eventos predestinados en nuestros caminos que ofrecen las oportunidades para que creemos estas emociones, de modo que podamos aprender sobre nuestra naturaleza interna».

Cuando Rikki llegó a la granja, la manada de caballos, en su mayoría yeguas y sus potros, llegaron trotando por el viejo camino, fuera del muro de piedras y césped que formaban una cerca parcial alrededor del césped en el lado oeste de la granja. Los caballos estaban cansados, sudando y resoplando, mientras avanzaban hacia la parcela de tierra que había sido cercada; este era el lugar donde pasarían la noche. Era una vista realmente hermosa. El sol comenzaba a ponerse para cuando los caballos llegaron, y el ordeño de la noche estaba casi terminado. Siggi había estado en un recorrido de tres días para reunir los caballos de las regiones montañosas y, como Rikki solo había llegado a Lakjamot el día anterior, no había tenido la oportunidad de ver a su tío hasta ahora.

Siggi, contento de ver a Rikki, le dio la bienvenida y le preguntó qué lo había llevado del norte para esta visita.

Rikki contestó: «Vine a hablar con mi fylgja en Heather Hill».

Siggi dijo: «Deben haber pasado al menos cinco años desde la primera vez que lo viste».

Rikki respondió: «Sí, el tiempo vuela». Siggi preguntó sonriendo: «¿Estaba en casa?»

Rikki dijo: «Sí, me habló sobre algunas cosas básicas, como la manera en que está creado el universo y cómo creamos nuestra realidad».

Siggi, ignorando la profundidad del asunto por el momento, preguntó en broma: «¿Cómo está el tiempo en la Dimensión Espiritual? ¿Estaba lloviendo?»

Rikki, sonriendo, contestó en el mismo tono ligero: «¡No. Estaba soleado!»

Después de que los caballos estaban asegurados y se habían cuidado a las vacas, Siggi y Rikki, junto con el resto de la familia, pasaron el tiempo sentados y rememorando los viejos tiempos y acontecimientos que habían tenido lugar desde que Rikki había dejado de pasar sus veranos allí.

CAPÍTULO
5

La mañana siguiente, Rikki ayudó con el ordeño matutino antes de marcharse otra vez en su caballo hacia Heather Hill. Cuando llegó, se dirigió hacia la roca y, como antes, caminó en círculos —tres veces en el sentido de las agujas del reloj y tres veces en el sentido contrario a las agujas del reloj— antes de quedarse quieto y pararse frente a Heather Hill mientras pensaba en un pensamiento amoroso de su caballo, Trust. El tiempo se detuvo. Heather Hill se abrió y Alma Vieja fue a la puerta y lo dirigió a su despacho, y se pusieron cómodos.

Alma Vieja, con una sonrisa, dijo: «Buenos días, terrícola, y bienvenido otra vez a la Dimensión Espiritual».

Rikki contestó cortésmente: «Gracias».

LAS CREENCIAS FUNDAMENTALES Y SU EFECTO EN TU REALIDAD

Alma Vieja continuó: «Ahora que entiendes algunos de los procesos que tienen lugar mientras creas tu realidad, déjame hablarte un poco sobre cómo te puedes adaptar óptimamente a la experiencia de vivir en la Tierra. Como dije ayer, tus pensamientos entran en la creación de tu realidad. Por lo tanto es importante que comprendas cómo tus pensamientos realmente determinan lo que experimentas y, por consiguiente, lo que deseas. Los pensamientos a los que me refiero están debajo o detrás de lo que piensas normalmente y me referiré a ellos como creencias fundamentales.

»Ahora déjame explicarte en detalle cómo estas creencias fundamentales determinan la manera en que percibes tu mundo y, de hecho, cómo se tienen en cuenta al crear tu realidad».

«¿Todo el panorama está a punto de hacerse aún más general?»

«La vida es un asunto complejo y, debido a que es tan complejo, es fascinante, ¿no crees?»

«Sí, pero realmente estoy empezando a tener muchas ganas de oír algunos de tus comentarios sobre las preguntas que he preparado para esta reunión».

«Lo sé. De hecho ahora recibirás las respuestas a la mayoría de tus preguntas, mientras te cuento sobre las creencias fundamentales».

«De acuerdo, eso estará bien».

El despacho de Alma Vieja estaba forrado de estanterías y él agarró un libro en uno de los estantes, lo colocó en su regazo y dijo: «Aquí tengo un libro. El título es Creencias fundamentales. Déjame hablarte sobre ellas».

Alma Vieja empezó: «Este libro explica algunas características fundamentales del mundo físico que debes comprender, aceptar y trabajar en ellas para prosperar en lo que decidas hacer en la vida».

«Parece que eso me podría ser útil en la vida cotidiana».

«Sí, y a medida que interiorices estas características fundamentales, un conjunto consistente de creencias fundamentales con respecto a cómo se desarrolla la vida en la Tierra se establecerá dentro de tu mente. Estas creencias fundamentales te ofrecerán una perspectiva que permitirá que interpretes tus experiencias de una manera que sea consistente con los elementos esenciales que existen dentro de tu mundo físico —lo que te describí ayer».

La vida no se trata de encontrarte a ti mismo. La vida se trata de crearte a ti mismo.
George Bernard Shaw

Alma Vieja hizo una pausa, y entonces dijo: «Estas creencias fundamentales te ahorrarán innumerables horas de angustia innecesaria durante el resto de tu vida si tienes éxito en interiorizarlas».

Rikki preguntó entusiasmado: «¿Qué es una creencia fundamental? ¿Puedes darme un ejemplo?»

Las «creencias fundamentales» que tienes determinan la manera en que percibes tu mundo y tienen una influencia directa en cómo creas tu realidad.

Alma Vieja, sonriendo y con un brillo en sus ojos, sabiendo que esta sería una larga lección, contestó: «Te daré numerosos ejemplos. Un aspecto importante que debes entender es que estas creencias fundamentales de las que estoy a punto de hablarte están ancladas en el concepto de "sentido"».

«¿Qué quieres decir con sentido?»

«Déjame explicarte. Los eventos ocurren a lo largo de tu vida. Recuerdas estos eventos y te preguntas, ¿por qué sucedió esto? ¿Qué he aprendido? ¿Qué me dice este evento sobre mí mientras lo recuerdo ahora? ¿De qué manera tuvo sentido para mí? Un aspecto automático de la naturaleza humana es pensar en un evento que ha pasado y atribuirle un sentido al mismo. Esto, a su vez, te da un sentido de propósito en el presente y te ayuda a sentirte realizado en el momento. Mientras se produce este "proceso digestivo" continuo de eventos, te ayuda a anticipar el futuro y a seguir adelante en la vida».

«Está bien, ya entiendo».

«Ahora bien, la asignación de sentido a un evento es siempre un proceso subjetivo. Es decir, el sentido de un evento solo puede ser descubierto o decidido por su dueño. Es por eso que nunca puedes darle un sentido a un evento en el lugar de otra persona. O sea, nunca puedes decidir por otra persona lo que tiene sentido para él o ella».[46]

«De acuerdo. Tendré eso en cuenta cuando dé consejos».

«Y es a través de sucesivos eventos que tiene sentido que una persona descubra el sentido general de su viaje durante su vida.

»Ahora que entiendes lo que quiero decir con sentido, déjame describir algunas creencias fundamentales».

Alma Vieja hizo una pausa y dijo: «Los conceptos de los que te hablaré son el destino, el libre albedrío, la singularidad, la acción, el contraste cognitivo, el envejecimiento y la muerte».

Rikki interrumpió: «Pero nosotros ya hablamos sobre el destino y el libre albedrío ayer».

---

46 Viktor E. Frankl. *The Will to Meaning: Foundations and Applications of Logotherapy*. New York: Penguin Books, 1969.

«Sí, pero en lo que quiero hacer hincapié ahora es que también deberías considerar el destino y el libre albedrío como creencias fundamentales. Esto se aclarará a medida que te de alguna información adicional sobre estos conceptos, y especialmente cómo la actitud que tienes hacia el destino y el libre albedrío afectará y determinará las experiencias que tengas en tu vida cotidiana».

«Oh, está bien».

«Ayer planteé estos conceptos desde el punto de vista de cómo construyes tu destino y cómo, en virtud de tener libre albedrío, alteras tu destino cuando fijas metas a largo plazo. También expliqué cómo los eventos predestinados se anidan dentro de la armonía que se despliega y cómo se llevan a efecto en tu presente, mientras la armonía que se despliega los coloca a intervalos en la dimensión de tiempo. Ahora me gustaría explicar estos conceptos desde un punto de vista más personalizado, con la esperanza de que puedas relacionarte mejor con ellos».

EL DESTINO Y LA ARMONÍA QUE SE DESPLIEGA

Alma Vieja continuó: «Antes de tu nacimiento, en la Tierra existía una sincronía y una armonía de eventos que se despliega, extendidas en la dimensión de tiempo. Esta revelación aparece como si el futuro viniera hacia ti, abriendo ventanas de oportunidades en el momento, antes de que se cierren y desaparezcan. Si aprovechas la oportunidad cuando la ventana está abierta, entonces creas una historia para ti mismo. Este es el proceso de la vida que ocurre en cada momento. Tu nacimiento en el mundo físico te lanzó a este río de eventos que se despliegan.

»Como sabes, tú no puedes ver tu futuro. No es posible hacer predicciones exactas sobre lo que puede suceder, pero puedes hacer algunas conjeturas bastante exactas sobre lo que puede ocurrir en las próximas horas y conjeturas menos exactas sobre los eventos cuando prevés que sucederán más adelante en el futuro. En un sueño, de vez en cuando podrías ver un breve asomo a tu futuro y a veces lo vives como una experiencia de déjà vu poco tiempo después, mientras estás despierto.

»Los clarividentes de vez en cuando ven asomos al futuro que también se hacen realidad, sin embargo estos asomos de los eventos nunca afectarán ni cambiarán las vidas de los individuos que saben de los mismos».

«¿A qué se debe eso?»

«Socavaría tu raison d'être, tu razón de vivir. Para que te beneficies completamente de las experiencias que has puesto en tu camino, es fundamental que no sepas tu destino con antelación. No saber te permite experimentar el efecto máximo de estos eventos y obtener la cantidad máxima del aprendizaje interno cuando ocurren. De hecho, estás totalmente a merced del destino. Todo lo que puedes hacer es reaccionar ante el mismo».

El pasado no es sino el comienzo del comienzo. Y todo lo que es y ha sido no es sino el crepúsculo de la aurora.

H.G. Wells

Rikki, pareciendo cauteloso, se aventuró: «¿Supongo que debería prepararme para algunas duras lecciones en la vida?»

«No lo olvides, también tienes muchas experiencias predestinadas maravillosas y alegres por delante».

«Sí. Estoy seguro de que las tengo».

«Ahora bien, tú tienes una opción. Puedes reaccionar de una de dos maneras cuando el destino "te de una bofetada", por así decirlo. Puedes elegir llegar a ser mejor, o puedes optar por estar resentido. Si eliges estar resentido y entrar en una angustia perpetua después del evento predestinado, entonces seguirás experimentando el mismo destino una y otra vez en una variedad de circunstancias diferentes hasta que aprendas la lección que has proyectado para ti. Por otra parte, puedes elegir llegar a ser "mejor" y aceptar el "evento predestinado" con una consideración positiva y ninguna angustia o preocupación. Si escoges ese curso de acción, entonces deberías centrarte en el aprendizaje proyectado que te estableciste e intentar incorporar el conocimiento que el evento predestinado se suponía que debía producir en ti».

Aceptar el destino: Llegar a ser mejor, no a estar resentido.

«Me parece un buen consejo».

«Sí. Y como una ayuda en este esfuerzo, puede que te sea útil considerar la idea de que te puedes "graduar" de un destino en particular. Cuando te gradúas, ese tipo de evento predestinado en particular deja de hacerte fracasar. Puede que el evento siga ocurriendo, pero dejarás de reaccionar ante el mismo como si fuera un obstáculo en tu camino. Serás capaz de dejarlo pasar, como si no te afectara en lo más mínimo. Mi consejo es que aceptes el destino y lo "invites afectuosamente", sabiendo que está proyectado como un reto que te has dado a ti mismo. Esa debería ser una creencia fundamental».

«Aceptar el destino. Esa es una manera diferente de verlo. La mayoría de las personas piensan en el destino en un contexto negativo, como algo lamentable».

«Sí, y uno de los efectos secundarios negativos de no aceptar el destino es que te sentirás enojado con el mundo y vengativo hacia esos individuos que fueron los precursores de las circunstancias predestinadas que te fijaste en tu camino para empezar. Pero más adelante te hablaré un poco más sobre la venganza.

»La armonía que se despliega no solo coordina la aparición cíclica de todos los eventos físicos en la Tierra, también coordina la planificación de las ocurrencias de una sola vez de los eventos predestinados. Un ejemplo típico de un evento predestinado que fue planificado antes de tu nacimiento te ocurrió en el invierno después de que nos reunimos por primera vez. Habías perdido el autobús que normalmente te llevaba a la escuela a las siete y media de la mañana. Mientras esperabas a que llegara el próximo autobús, se apareció un viejo amigo de tu padre a quien no habías visto desde hacía mucho tiempo. Mientras esperaban juntos, conversaste con él y le dijiste que el verano siguiente no volverías a la granja de tu tío en el norte. Él te dijo que un amigo suyo, quien tiene una granja en el sur de Islandia, estaba buscando un obrero agrícola. Más tarde, después de que tus padres habían hablado, se acordó que el verano siguiente irías a esta granja. Ahora has pasado cinco veranos en esta granja y tienes planes de seguir trabajando allí durante los próximos veranos. Esta fue una ocurrencia predestinada en la línea de tiempo de la armonía que se despliega antes de tu nacimiento, diseñada para asegurar que no pasaras toda la vida como un granjero en la granja de tu tío».

«Está bien, ya entiendo. Pero creo que me hubiera gustado ser un granjero».

«Sí, te hubiera gustado. Pero a nivel espiritual, sabes que hay otros eventos destinados para tu futuro que serán más satisfactorios. Otro aspecto a tener en cuenta es que la armonía que se despliega no solo te trajo este destino, también cumplió el deseo de tu madre de que no regresaras a la granja de tu tío, así como el deseo del granjero que buscaba un obrero agrícola en el sur. Este es un ejemplo de cómo ocurre el destino en la vida y cómo la armonía que se despliega sincroniza y coordina todos los eventos. Una manera de mirar la ocurrencia del destino sería decir que el destino va a cuestas de la armonía que se despliega».

«¿Puedes ayudarme a entender un poco mejor —cuál es la diferencia definitoria entre el "destino" y la "armonía que se despliega"?»

«Lo sé, esto puede ser confuso. Estos eventos están entrelazados, en los cuales los eventos predestinados ocurren dentro de la armonía de eventos que se despliega mucho más expansiva. La diferencia principal es que un evento predestinado es iniciado por tu alma superior y tu alma, y es un evento de una sola vez que planificaste para que apareciera en la línea de espacio y tiempo, mientras que la armonía de eventos que se despliega se refiere a los procesos cíclicos continuos, los patrones circulares de la aparición y la desaparición de las estructuras físicas dentro del mundo; estas son dirigidas mediante la acción por Todo Lo Que Es».

«Está bien, entiendo».

«Probablemente ahora te das cuenta de que nada de lo que sucede en la Tierra es aleatorio. De alguna manera todo actúa en algo más. Por lo tanto, no existe tal cosa como la pura coincidencia o la suerte».

«¿Qué pasa con ganar en el bingo o ganar la lotería? ¿O apostar en las carreras o en los deportes? ¿Encontrar tu verdadero amor? Las personas a menudo hablan de cuán afortunadas han sido, y también de cuán desafortunadas pueden ser».

«Todas esas ocurrencias están predestinadas. Aunque la mayoría de las personas aceptan que el destino existe en algunas circunstancias, como encontrar a su verdadero amor, con quien se casan y viven "felices para siempre", ellas también creen que pueden tener suerte, como tú dices, por ejemplo en el bingo o en la lotería o apostando en las carreras y en los deportes. La suerte se siente más emocionante y palpable que el destino, y siempre hay una sensación de que puedes hacer algo para cubrir tus apuestas. Por supuesto, cuando te concentras para cubrir tus apuestas, ejerces la intención —que tiene un efecto en el lienzo de fondo del que hablamos anteriormente, lo que aumenta la probabilidad de que tu deseo se haga realidad y se produzca a través de la armonía que se despliega. Esta es la misma manera en la que se materializa una meta a largo plazo, como describí anteriormente.

»Al final, el resultado es el mismo. No importa si lo llamas suerte o destino. Es solo una cuestión de interpretación. El resultado es el mismo. La diferencia principal tiene que ver con la creencia. Una creencia en el destino prevé un sentido de propósito y un significado más profundo en la vida, mientras que la suerte sugiere que pase lo que pase es aleatorio y que no hay un sentido mayor que un evento».

«De acuerdo, ya entiendo».

«También mencionaste la "mala" suerte. De forma similar, en la ausencia de una creencia en el destino, la mala suerte es mucho más difícil de aceptar ya que no hay ningún sentido potencial que pueda ser extraído de, por ejemplo, perder todo tu dinero en una apuesta. Llevando el asunto al extremo, también hay ramificaciones más amplias de una creencia de que todo es suerte, lo que implica que todo lo que ocurre es aleatorio. Tu existencia es una ocurrencia aleatoria, y no hay ningún sentido más profundo para la vida. A las personas que viven de acuerdo a esta persuasión les resulta muy difícil recuperarse de los momentos difíciles si, por ejemplo, viven una tragedia y las deja devastadas y sintiéndose deprimidas. Les resulta imposible verle sentido a la vida cuando todo lo que sucede es aleatorio y es una consecuencia de buena suerte o de mala suerte. Es por esto que es importante tener la creencia de que el destino existe. Prosperarás mejor si tienes fe de que existe el destino; esa debería ser una de tus creencias fundamentales».

No hay coincidencia o suerte.

«Sí, puedo ver cómo eso sería útil».

«Ahora déjame hablarte un poco más sobre el libre albedrío. También mencioné este concepto ayer con respecto a fijar metas a largo plazo, pero quiero hablarte más sobre la manera en que experimentas el libre albedrío en tu vida cotidiana».

EL LIBRE ALBEDRÍO

Alma Vieja continuó. «El libre albedrío te proporciona la libertad, dentro de los límites de tus circunstancias predestinadas, para hacer lo que quieras con tu vida. En la mayoría de los casos, sabes intuitivamente cuáles son las decisiones a tomar para maximizar las oportunidades de aprender sobre tu naturaleza interna y evolucionar espiritualmente. Y por lo general tomarás la decisión que dé lugar a ese resultado positivo. Pero ocasionalmente encararás un dilema y no sabrás qué hacer. Cuando encares tal dilema, mi consejo es que sigas tu conciencia y elijas lo que esté conforme al más alto ideal de quien sabes que eres».

«De acuerdo... recordaré eso. ¿Pero qué pasa con una situación donde sea alentado por amigos a hacer algo que sé que es incorrecto?»

«Esa puede ser una situación difícil. Por supuesto, siempre tienes libre albedrío para elegir lo que esté conforme a tu más alto ideal. Sin embargo, sé que esta no es la respuesta que buscas. La respuesta a tu pregunta tiene que ver con la fuerza de carácter, y aprenderás al respecto cuando hablemos de otras creencias fundamentales más tarde el día de hoy. Por ahora, todo lo que puedo decirte es que ir en contra de lo que sabes que se debe hacer solo servirá para recordarte quien no eres. No es espiritualmente esclarecedor, ya que no aprendes nada nuevo sobre ti. Es un paso hacia atrás y no avanzará tu crecimiento espiritual. Recuerda, el motivo de una vida es evolucionar espiritualmente. Cuanto más vayas en contra de tu conciencia y seas "quien no eres", más despacio será tu ascenso espiritual».

«Está bien, entiendo. ¿Pero qué pasa si una persona que está a punto de cometer un crimen racionalizara que el acto era justificable según su conciencia?»

«Las personas siempre tienen una razón fundamental para lo que hacen. Puede ser retorcida, y es posible que no estés de acuerdo con la misma, pero siempre es lógica para ellas. No hay una respuesta sencilla para tu pregunta, además de decir que siempre hay consecuencias para las decisiones que tomas. Y a veces esas decisiones te provocarán experiencias dolorosas, tanto para ti como para los demás. Estos son eventos predestinados que has puesto en tu camino, y sabes que cuando situaciones como esta se desarrollan, tendrás que ponerte a la altura de las circunstancias.

»Tener libre albedrío es un arma de doble filo. A veces es difícil saber cuál es la manera de manejarla. Los momentos más difíciles ocurrirán cuando te enfrentes a una situación donde sabes que la decisión que debes tomar va contra tu ética o tu mejor juicio, pero es la única opción que tienes que dará lugar al resultado que deseas.

Cuando te enfrentes a una decisión de este tipo, puedes estar seguro de que estás a punto de aprender algo nuevo sobre tu naturaleza interna».

«Eso parece serio».

«Así es. Intuitivamente sabes que para evolucionar espiritualmente a veces tendrás que experimentar ambas caras de la moneda —cómo se siente estar mal y cómo se siente estar bien; cómo se siente hacer lo que sabes que es correcto y cómo se siente hacer lo que sabes que es incorrecto. O, en otras palabras, a veces tendrás que "ser quien no eres" para descubrir, a un nivel más profundo, quién eres».

«¿No es la misma situación que mencioné anteriormente donde sabes que es un crimen pero lo justificas en tu conciencia?»

«No. En este caso, el acto no es premeditado. Un ejemplo en tu caso, por ejemplo, sería matar a alguien en defensa propia ya que sé que eres un pacifista, o atacar violentamente a una persona que hirió a alguien que amas profundamente. En otro caso el acto podría ser sancionado legalmente, y estás obligado a actuar contra tu conciencia moral. Un ejemplo general de esto ocurre durante los tiempos de guerra, cuando un individuo es reclutado y se enfrenta a la situación de tener que matar a alguien para servir a su país o por el bien común. Cuando te enfrentas a situaciones de este tipo, te sientes obligado o eres obligado a "ser quien no eres". Es probable que las consecuencias de tus actos en situaciones como estas te debiliten hasta la misma esencia, y te puedes deshacer. Pero con el tiempo, y de las cenizas, crecerás de nuevo, con una visión espiritual más profunda a medida que descubres quién eres realmente».

«Estas lecciones de la vida parecen muy difíciles».

«Las consecuencias de tus decisiones en circunstancias como estas siempre alterarán quien crees que eres a tu nivel más profundo. Estas experiencias hacen que te renueves tras haber alcanzado una "experiencia interna" que no habría sido posible alcanzar de otra manera. Experiencias similares de autodescubrimiento o aprendizaje interno ocurren más comúnmente después de los desastres de las relaciones personales donde, en retrospectiva, descubres que tuviste que causar mucho dolor, tanto a ti mismo como a los demás, para descubrir quién eras. Estas experiencias hacen que tu mundo cambie y después te das cuenta de que las cosas que importaban antes son completamente diferentes de lo que importa después de la experiencia; ves tu vida a través de un prisma diferente. Te sientes diferente, y sabes que tus valores han cambiado de alguna manera fundamental».

«¿A qué tipos de desastres de relaciones personales te refieres?»

«Hay muchos —aquellos que ocurren mediante el abuso físico, el abuso sexual, el abuso de alcohol, el consumo de drogas, la traición en las relaciones. Situaciones en las que tu libre albedrío da lugar a consecuencias desastrosas. Estas experiencias están predestinadas, y es responsabilidad del individuo en su viaje de autodescubrimiento descubrir "quien no es" ejercitando su libre albedrío y tomando las decisiones que le lleven a ser un mejor ser humano, conforme a sus más altos ideales».

Rikki suspiró. «La vida puede ser dura».

«Sí... y también bella con felicidad. Afortunadamente, la mayoría de las personas no se encuentran en la peor de estas situaciones durante sus vidas».

Alma Vieja continuó: «Ahora que hemos mirado el destino y el libre albedrío en detalle, centremos nuestra atención en el concepto de singularidad. Ayer te mencioné este concepto en lo que respecta a cómo esto juega un papel en la creación de tu realidad. Pero hoy veámoslo desde un punto de vista más personal».

LA SINGULARIDAD

Alma Vieja siguió hablando. «Tú eres único. Ese es uno de los conceptos más importantes que te explicaré hoy. Tú, por supuesto, sabes intuitivamente que eres único, pero debes llevarlo a tu conocimiento consciente en tu vida cotidiana. Acuérdate de este hecho con frecuencia durante el día. También se deduce que, dado que eres único, también eres irreemplazable. Nadie puede sustituir la contribución única que traes al mundo físico. Todos los seres humanos son únicos, ninguno es idéntico. De hecho, nunca ha habido dos seres humanos idénticos, jamás, en la historia del hombre —y nunca lo habrá en el futuro. Es fundamental que en todo momento recuerdes que eres único y por lo tanto irreemplazable.[47] Esto debe ser una creencia fundamental para que prosperes».

«De acuerdo, soy único e irreemplazable. Haré que eso sea mi mantra».

Tú eres único e irreemplazable.

«Buena idea. El siguiente concepto tiene que ver con la acción. He mencionado la "acción" con respecto al movimiento dentro del universo. Pero una vez más, también hay un aspecto más personal referente a la acción en lo que respecta a tu vida cotidiana».

LA ACCIÓN

Alma Vieja continuó: «Ya sabes que tomaste la decisión de tener una vida en la Tierra para aprender sobre tu naturaleza

---

[47] Viktor E. Frankl. *The Will to Meaning: Foundations and Applications of Logotherapy.* New York: Penguin Books, 1969.

interna. También sabes que este aprendizaje tiene lugar cuando creas emociones dentro de ti, como consecuencia de tus interacciones con los demás. También ahora sabes que eres único. Dadas estas condiciones, se deduce que la responsabilidad fundamental para ti (y para los demás, ya que aprenden de sus interacciones contigo) es actuar o tomar medidas dur ante tu encarnación. Piensa en ti como que eres una flor que florece. Abre tus pétalos y acepta tu vida. Tienes una vida finita para asimilar todo lo que puedas. Así que toma medidas y sé tú mismo sin tener remordimientos. Solo puedes aprender sobre tu naturaleza interna mediante tus acciones. Esta debe ser una creencia fundamental».

Actúa. Sé tú mismo sin tener remordimientos.

«De acuerdo. Soy único e irreemplazable, y tomaré medidas y seré yo mismo sin tener remordimientos».

«Bien».

«¿Qué pasa si no le caigo bien a las personas y me juzgan?»

«Siempre habrá personas a quienes les caerás bien y otras a quienes no les caerás bien. Recuerda, tú eres único. También es normal que las personas se formen opiniones y se hagan juicios las unas de las otras. Más adelante te hablaré mucho más sobre estos temas, así que ten paciencia. Por ahora, el único consejo que tengo para ti es: No te juzgues a ti mismo, déjaselo a los demás; considera que lo que los demás piensan de ti no es asunto tuyo».

Rikki, sonriendo tímidamente, dijo: «De acuerdo, trabajaré en ello».

«Ahora bien, el siguiente concepto es uno interesante. Me refiero al mismo como "contraste cognitivo"».

> *No dejéis las cosas de un día para otro o de un ciclo para otro, creyendo que conseguiréis solucionar los misterios cuando retornéis al mundo en otro ciclo.*
>
> Jesucristo (De la escritura gnóstica, Pistis Sophia)

EL CONTRASTE COGNITIVO

Alma Vieja continuó: «Recordarás que ayer te hablé un poco sobre el contraste físico en lo que respecta a cómo el cuerpo puede percibir las experiencias físicas. Otra característica importante del contraste tiene que ver con la singularidad de tus pensamientos. Tú sabes, porque eres único, que nadie en la Tierra ha tenido exactamente las mismas experiencias en la vida que tú has tenido y por ende nadie tiene la misma perspectiva. Por lo tanto es un hecho dado que tus pensamientos, actitudes, ideas y creencias personales acerca de todo son únicos de alguna manera y, por consiguiente, están en contraste con los de los demás.

»Como he dicho antes, estás en la Tierra para aprender y tienes un acuerdo implícito con todos los otros humanos que encuentras de darles de ti mismo, al igual que ellos te dan de sí mismos. Por lo tanto, tu responsabilidad más básica mientras estás en la Tierra es imponer tu singularidad en este mundo. Tu contribución ayudará a los demás, ya que tus pensamientos están en contraste con los suyos. Es por medio de este contraste que pueden evaluar sus propios pensamientos y comprender su propia singularidad. En otras palabras, al decir lo que piensas y comunicar tus pensamientos, le ofreces un criterio a los demás que pueden utilizar para formular sus propios pensamientos en lo que respecta a la manera en que contrastan con los tuyos. ¿Me entiendes hasta ahora?»

«Sí, entiendo».

«También deberías entender que al nivel más fundamental todos los humanos son igualmente válidos y todos los pensamientos e ideas son igualmente válidos.[48] Sería incorrecto que pensaras, en el contexto en el cual estamos hablando, que tus pensamientos o ideas son superiores a los de otra persona o que un ser humano hace una contribución más válida al mundo que otro».

Todos los humanos son igualmente válidos, y todos los pensamientos e ideas son igualmente válidos.

«Entiendo».

«También, mientras dices lo que piensas, no dudes porque piensas que estás equivocado con respecto a algo. No hay ningún pensamiento o idea que sea "correcto" o "erróneo", propiamente dicho.[49] El objetivo es llegar a una solución que encaje mejor en una situación específica y, por consiguiente, dé lugar a una armonía máxima. Así que, por ejemplo en una circunstancia donde se deba tomar una decisión acerca de un asunto, es la contribución de cada pensamiento o idea diferente la que proporciona el contraste, preparando así el terreno para un proceso de evaluación entre pensamientos e ideas contrastantes que tendrán lugar y para un consenso donde desarrollar un asunto que encaje mejor en una circunstancia determinada. No es importante que tu contribución sea la correcta o la que sea consistente con el consenso final.

---

[48] Viktor E. Frankl. *The Will to Meaning: Foundations and Applications of Logotherapy*. New York: Penguin Books, 1969.

[49] Neale Donald Walsh. *Conversations with God. Vol.1*. New York: Putnam's Sons, 1996.

Un pensamiento "erróneo" en este caso o un pensamiento que no encaja es igualmente válido, ya que sin este no podría tener lugar una discusión en cuanto a la manera en que el mismo no encaja. Y del mismo modo no habría sido posible la apreciación de la exactitud del pensamiento o idea que "mejor encaja"».

«Decir lo que se piensa no es fácil para todos, especialmente cuando su autoestima está en cero. Mi amigo prefiere quedarse en un segundo plano, en vez de decir lo que piensa y ser notado. Después se castiga a sí mismo por una oportunidad perdida para decir lo que piensa o hacer un comentario».

«Tienes razón. Para muchos es muy difícil decir lo que piensan, ser ellos mismos sin tener remordimientos y actuar en el mundo, lo que en efecto es su responsabilidad más básica para dar cuenta de sus vidas. Algunos tienen dificultades para creer que su contribución es digna. Tengo una sugerencia para tu amigo para la próxima vez que se encuentre en una situación como esta».

«De acuerdo. ¿Cuál es?»

«Pídele que se concentre en el hecho de que cada declaración que le haga a otra persona es un regalo suyo para esa persona. Un regalo único que solo puede ser dado por él ya que, de hecho, él es único. Para ayudarlo con esta tarea, pídele que piense en su comida favorita. ¿Cuál es tu plato favorito? Él podría decir: "Me gustan los espaguetis de mi madre. ¡Son los mejores del mundo!" Entonces dile que la próxima vez que dude decir lo que piensa que visualice que le está dando los espaguetis de su madre a su público o a la persona con quien está hablando. Son los mejores espaguetis del mundo, es su regalo único para ellos, y es irreemplazable.

«Esto lo ayudará a medida que practica superar su indecisión y decir lo que piensa, sin tener remordimientos».

Rikki dijo con una sonrisa: «Eso suena gracioso, pero es una buena idea. Se lo diré».

«Por último, debes entender que esta conversación sobre los pensamientos contrastantes no se debe confundir con la competencia o con el poder. Tu objetivo, en el contexto que hemos discutido, no debería ser impulsado por una motivación para ser mejor que otra persona ni para sobresalir. Y no debería ser para lograr poder y control. Solamente estamos hablando de contribuciones únicas. Para prosperar, debes aceptar tu singularidad y el contraste que tus pensamientos e ideas les proporcionan a los demás. Es importante que esto se establezca como una creencia fundamental».

«Está bien, entiendo. No estás tratando de enseñarme sobre la competencia o el poder».

«Eso es correcto».

Rikki poco a poco se intrigaba más y más ya que un marco acerca de cómo se unió el mundo físico, cómo funcionaba, cómo él creaba su experiencia dentro del mismo y cómo estas herramientas específicas establecidas como creencias fundamentales parecían proporcionar algunos conceptos prácticos que podría utilizar realmente en su vida cotidiana.

Alma Vieja continuó: «Hay más. Ahora déjame hablarte sobre el envejecimiento». Envejecer es otro aspecto de la vida física que a las personas a menudo les resulta difícil aceptar».

EL ENVEJECIMIENTO

Alma Vieja siguió hablando. «Es importante que todos acepten que la vida en la Tierra es finita. Al igual que con todos los procesos circulares que se originan en el lienzo consciente y surgen en tu mundo físico mediante la armonía que se despliega, tu cuerpo crece a partir de la semilla, envejece y se debilita, hasta que ya no es sostenible, y muere. A muchos les resulta difícil aceptar este proceso de envejecimiento, y las personas recurren a comportamientos extremos para cambiar sus cuerpos con el fin de parecer más jóvenes. Aunque las apariencias juveniles son apreciadas en la cultura occidental, a la larga es importante aceptar que el proceso de envejecimiento es normal e inevitable. Esta debe ser una creencia fundamental».

> La vida en la tierra es finita: Creces a partir de la semilla, envejeces, te debilitas y mueres.

Rikki interpuso: «¡Eso no me preocupa —todavía!»

Alma Vieja dijo sonriendo: «A la edad de diecisiete años no debería preocuparte, pero es probable que desees juventud a medida que envejezcas.

»Ya casi hemos terminado por hoy. Concluiré haciendo algunos comentarios sobre la muerte».

LA MUERTE

«Recuerda que debido a la relación simbiótica que tu cuerpo tiene con tu alma, tu cuerpo morirá cuando salgas del mismo. La mayoría de las personas no saben la hora exacta de su muerte, pero su alma superior y su alma, por lo general sin el conocimiento del ego externo y a veces también sin el conocimiento de la identidad externa, toman la decisión con antelación en algún momento. Por lo tanto no hay muertes accidentales, en lo que al alma superior y el alma se refiere. Las almas escogen las circunstancias de su salida para su propia experiencia —y también de acuerdo con sus seres queridos, quienes han optado por experimentar su pena posterior para su propio desarrollo».

No hay muertes accidentales.

«Me gustaría saber en algún momento antes de morir cuándo va a suceder».

«Quizás lo sabrás. No se me permite decirte esa información. La mayoría de las muertes ocurren al final del ciclo de vida natural del cuerpo. En estos casos, el alma puede decidir experimentar una enfermedad como un medio de muerte, si se quiere la experiencia de tener una enfermedad. En otras ocasiones, el cuerpo simplemente se desplomará y morirá, por lo general durante el sueño. Algunas almas deciden salir anteriormente en la vida por varios motivos, pero esto siempre va seguido por una decisión a nivel espiritual que se basa en una decisión conjunta entre el alma que desea salir y las almas superiores y las almas de sus contemporáneos que lamentarán su muerte».

«No creo que las personas que experimentan la pena estuvieran de acuerdo con eso».

«No, es un concepto que a la mayoría de las personas les resulta difícil escuchar y aceptar. Sin embargo, tener este conocimiento y saber que tu alma no morirá, no evitará que experimentes toda la fuerza de la pena cuando muera alguien que esté muy unido a ti. Es natural que todos los humanos sientan la pérdida de alguien que aman. Sin embargo, debería darte un poco de paz saber que tu ser querido simplemente ha pasado a esta Dimensión Espiritual, perfectamente intacto cognitiva y emocionalmente, y con todos sus recuerdos. Y tú también lo seguirás inevitablemente. Entender este proceso espiritual de cómo y cuándo ocurre la muerte debería ser una creencia fundamental para que trabajes con eficacia a través de tus sentimientos inevitables de pena.

»Para los sobrevivientes siempre es triste encarar la pérdida inevitable cuando mueren las personas, ya sea en la vejez, en los primeros años de la vida o repentinamente. Pero ten en cuenta que tu mundo es un escenario donde las almas diseñan las circunstancias que les darán las experiencias que les permitirán crear sus propias emociones en respuesta a esas experiencias. Este es el motivo principal para tener una vida física en primer lugar. Es de esta manera que las almas aprenden sobre sí mismas a medida que experimentan vidas sucesivas. Por ejemplo, hacen esto turnándose para ser un vencedor o un villano, un ayudante o un estorbador, un estudiante o un maestro, un paciente o un doctor, un padre o un hijo —y para experimentar la montaña rusa emocional a la que dan lugar estos papeles. La acumulación de estos múltiples papeles a través de las vidas permite que el alma superior aprenda y experimente de primera mano las muchas facetas de todos los estados emocionales. Es mediante esta experiencia que las almas superiores evolucionan, a medida que se dejan llevar lentamente hacia una armonía cada vez mayor con Todo Lo Que Es».

«¿Entonces alguien como Hitler fue un buen hombre o un mal hombre? ¿Fue un villano, simplemente por la experiencia?»

«Has escogido un tema polémico. Y es un tema de especial interés para ti, aunque no seas consciente de ello a nivel consciente».

«¿Qué quieres decir?»

«Bueno, tu vida más reciente fue como un judío polaco. Tu esposa y tus dos hijos fueron asesinados en los bombardeos aéreos en Cracovia en 1939, y después la Gestapo te disparó en la nuca».

Rikki, con los ojos abiertos de par en par, preguntó con incredulidad: «¿Qué? ¿Eso es verdad?»

Alma Vieja dijo tranquilamente: «Así es. Ese es uno de los motivos de tu pacifismo. Has experimentado recientemente la guerra de primera mano, y no tienes ganas de volver a vivir la inhumanidad que se comete en esas situaciones».

«¡Ay, Dios mío!»

«Sí. Más adelante te hablaré un poco más sobre cómo esa vida ha afectado tu encarnación actual».

Rikki respiró: «Eso me hace mucha ilusión».

«Ahora bien, en respuesta a tu pregunta sobre Hitler. Recuerda, tú vives en dos mundos simultáneamente, así que hay dos respuestas a tu pregunta: una desde el punto de vista de tu vida en la Tierra y la otra desde el punto de vista de tu vida en la Dimensión Espiritual. Como actualmente resides en la Tierra, deberías centrarte en lo que sería el curso de acción más adaptable dentro del mundo físico. Los límites de lo que se considera un comportamiento aceptable son reflejos de los valores, la ética y la moral de tu cultura. Y tienes leyes que se derivan de estos preceptos. En el caso de Hitler, sus acciones causaron dolor emocional, no solo para millones de individuos, sino también para toda la civilización occidental. Y no tienes más remedio que juzgarlo a él y a otras personas igualmente bárbaras en el contexto de tus valores culturales y la ética. Sin embargo, no es fácil juzgar porque también es verdad que Hitler y la cultura que lo apoyaron en aquel entonces creían que estaban actuando conforme a sus más altos ideales, y que sus acciones estaban justificadas. Esa es una verdad en todos los casos de este tipo. Los dictadores siempre justifican sus acciones con una razón fundamental que es un reflejo de sus más altos ideales. Sin embargo, inevitablemente no te puedes librar de formar una opinión y hacer un juicio basándote en tus propios valores, ética y moral en el contexto de tu cultura».

«Me resulta difícil aceptar que los más altos ideales de toda una nación serían exterminar a los judíos, gitanos, homosexuales, personas con discapacidad y aquellas que son retrasadas mentalmente».

«No todos en Alemania votaron por el partido nazi, y muchos de los que lo hicieron nunca anticiparon que los ideales del partido darían lugar a tales atrocidades».

«¿Cómo las almas y las almas superiores, aunque sabían el futuro, pueden ser responsables de tal carnicería?»

«Las guerras han causado estragos en la Tierra durante siglos. La experiencia emocional del horror y la pérdida son parte del viaje que las almas eligen experimentar para evolucionar. Sin embargo, como dije antes en la tarea que te di después de que nos reunimos por primera vez, el reto divino aconseja que no deberías matarte ni asesinar a otros cuando tus emociones sean fuertes y abrumadoras. Los actos perversos no son necesarios para experimentar y aprender de las emociones negativas.

»En algún momento podemos discutir este tema con mayor profundidad, pero por ahora déjame volver al tema de la muerte.

»Como dije antes, ninguna muerte es un accidente. Sin embargo, la muerte súbita aún puede resultar sorprendente y ser resistida por el ego externo y por la identidad interna de alguien que no está preparado para morir o que tiene miedo de morir. En esos casos, toda la conciencia no puede ascender a la Dimensión Espiritual en el momento de la muerte».

«Recuerdo que mi tío Siggi mencionó algo sobre eso hace unos años, cuando estábamos llevando a una de las vacas a una granja cercana para que fuera fecundada».

«Tienes razón. Tu tío describió algunos de estos tipos de acontecimientos cuando tenías doce años, pero te los revisaré otra vez y agregaré un poco más de información a lo que él te dijo».

Las entidades espirituales

«El viaje a la Dimensión Espiritual es normalmente fácil. En el momento de la muerte, una copia final de todas las experiencias y recuerdos que tiene la persona es revisada en rápida sucesión[50] mientras el alma se prepara para reunirse con el alma superior. En ese momento, el ego externo y la identidad interna se absorben por el alma. Sin embargo, en raras ocasiones las cosas no salen como se planean y las partes de la identidad interna y el ego externo no se absorben por el alma. Se escinden y merodean en un estado de limbo dentro del plano de la Tierra, fuera de la dimensión de tiempo. Estos fragmentos retienen los recuerdos y las experiencias de la persona que fueron como seres humanos y por lo general se llaman entidades, entidades espirituales, o fantasmas» —explicó Alma Vieja.

«Cuando esto ocurre, puede que una de al menos tres situaciones hipotéticas haya tenido lugar:

- La persona que murió podría haber tenido un fuerte apego a algún asunto pendiente en la Tierra del que se siente obligado a ocuparse antes de permitirse ascender a la Dimensión Espiritual.[51] Estos individuos por lo general se llaman fantasmas. No son conscientes del paso del tiempo y pueden seguir rondando durante innumerables años, a menudo en un estado de frustración hasta que encuentran paz, momento en el que ascienden a la Dimensión Espiritual y se reúnen con su alma superior.

---

50 Pim van Lommel. *Consciousness Beyond Life: The Science of the Near-Death Experience*. New York: Harper Collins, 2010.

51 Libros interesantes sobre este tema incluyen: Carl Wickland. *Thirty Years among the Dead*. Pomeroy: National Psychological Institute. Primera impresión en 1924; reimpreso en 1963. También, William J. Baldwin. *Spirit Releasement Therapy: A Technique Manual*. Terra Alta: Headline Books, 1992.

- Quizás la persona ha cometido un acto espantoso y tiene miedo de ascender a la Dimensión Espiritual por miedo a las represalias. Estas entidades pueden ser traviesas. Algunas de ellas disfrutan de aprovecharse de las personas confiadas para su propio beneficio, manipulándolas e intentando controlarlas.
- En otro caso, puede que la persona simplemente esté en estado de shock, inconsciente de —o que no acepta— que el cuerpo ha perecido. Estas entidades deambulan como si estuvieran confundidas, desprevenidas, hasta que toman conciencia de lo que les ha pasado. Mientras deambulan, se encuentran atraídas por el aura de los individuos que comparten emociones similares como las que tenían justo antes de morir. Cuando encuentran a un huésped conveniente, se unen o se instalan en el aura de esa persona y permanecen allí hasta que las despiertan y toman conciencia de lo que les ha pasado a sus propios cuerpos».

«¿Cómo sucede eso? ¿Quién las despierta y hace que se den cuenta?»

«Ocasionalmente el huésped irá a ver a un terapeuta que tiene formación en estos asuntos y puede "liberar" a la entidad y dirigirla hacia la Dimensión Espiritual. Sin embargo, por lo general la entidad permanece con el huésped hasta que esa persona se muere y pasa, momento en el que la entidad sigue al huésped hacia la Dimensión Espiritual. En otras ocasiones, la entidad recibe la ayuda de un "alma de rescate" para ir a la Dimensión Espiritual. Algunas almas aquí en la Dimensión Espiritual se dedican específicamente a ser almas de rescate».

«¿Qué pasa cuando una entidad se pega al aura de alguien?»

«Esta es una buena pregunta. Las entidades varían con respecto a su vigilia. Algunas parecen inconscientes como si estuvieran en un sueño profundo, mientras que otras están completamente al tanto de su paradero. Sin embargo, en todos los casos el huésped experimenta un cambio repentino en sus emociones, comportamiento o salud cuando el fragmento del espíritu se instala en su aura. Esto pasa porque la emoción, el comportamiento o el diagnóstico de alguna enfermedad que se intensificó en el momento de la muerte se transfiere al huésped. Así que, por ejemplo, si la persona estaba deprimida en el momento de la muerte, el huésped sentirá la tristeza. Si la persona era un alcohólico o un fumador de cigarrillos, el huésped podría empezar de repente a desear beber grandes cantidades de alcohol o desarrollar de pronto unas ansias de fumar. Igualmente, si la persona murió de un infarto o una enfermedad que causó que experimentara dolor, entonces el huésped puede comenzar de repente a experimentar estos síntomas dolorosos en las partes correspondientes de su cuerpo. Y por último, si la entidad murió en un accidente, por ejemplo de tráfico, en un incendio o por ahogamiento, entonces el huésped puede comenzar de repente a temer estas situaciones.

»Si el fragmento del espíritu es consciente de su entorno, puede engatusar al huésped para que vuelva a experimentar la emoción o el comportamiento que se intensificó en el momento de su muerte. En esos casos, el huésped literalmente experimenta una conversación con la entidad dentro de su cabeza, como si tuviera una conversación normal con otra persona que esté a su lado. En casos como estos donde la entidad se ha unido desde el nacimiento, el huésped puede considerar que esto es normal ya que nunca ha sabido que es diferente. El huésped presume sin lugar a dudas que todos sus amigos también tienen a una persona dentro de la cabeza que conversa con ellos, y puede que nunca piensen en cuestionarlo. Sin embargo, la emoción y el comportamiento problemático del huésped en estos casos no son completamente suyos, sino una parte de la entidad».

«Esto parece una alucinación auditiva».

«Puede parecerle así al observador inexperto. Sin embargo, en este caso no lo es. Un terapeuta familiarizado con esta posibilidad y que tiene una formación en "terapia de liberación de entidades espirituales" puede explorar esto fácilmente, ya que tener una conversación con la entidad a través del cliente es bastante fácil de hacer.

»La buena noticia es que cuando estas entidades son liberadas, los síntomas asociados desaparecen al instante».

«¿Estas entidades tienen un alma?»

«El alma nunca se daña, y no se puede fragmentar de ninguna manera. Siempre asciende, completa, cuando el cuerpo muere. Sin embargo, como dije antes, la identidad interna y el ego externo no se pueden absorber completamente por el alma antes de su ascenso. Estos aspectos o fragmentos de la energía de las almas, por lo general relacionados con una experiencia emocional, retienen los recuerdos de la persona así como su identidad. Su conocimiento consciente, o calidad del alma, oscila entre estar muy limitado y parecer estar casi completamente intacto. Por ejemplo, un fantasma en general tendrá un conocimiento consciente muy limitado. Es por eso que por lo general se les ve estar ocupados en acciones repetitivas que se centran en una intención específica, probablemente para resolver algunos asuntos pendientes con los cuales están firmemente relacionados emocionalmente. Por otra parte, la entidad traviesa parece más inteligente y tiene una conciencia más amplia, pero también es limitada».[52]

Rikki murmuró: «Está bien, ya entiendo».

«Por último, te hablaré sobre una circunstancia adicional, algo no relacionado, que no es inusual pero que ocurre a veces después de un aborto provocado o un aborto espontáneo. Por supuesto, en todos estos casos el alma está plenamente consciente de antemano que el embarazo no se llevará a término».

---

[52] Para obtener una buena documentación de este tipo de entidad, por favor véase: Joe Fisher. *The Siren Call of Hungry Ghosts*. New York: Para View Press, 2001.

Rikki, interrumpiendo, preguntó: «¿Las almas saben de antemano que serán abortadas? Algunas personas consideran que un aborto no se diferencia de un asesinato premeditado».

«Sé que este es un tema polémico, pero estamos hablando desde el punto de vista del alma en este contexto y, como sabes, el alma existe fuera de la dimensión de tiempo y sabe exactamente lo que pasará después. Sin embargo, para las personas en la Tierra, como dije antes —no puedes evitar ser un producto de tu cultura y de las actitudes y creencias imperantes que existen dentro de la misma. No tienes más remedio que formar opiniones basándote en tu punto de vista. La verdad absoluta no es tan importante aquí; recuerda que la vida se trata de las emociones que creas. Es a través de ellas que aprendes sobre tu naturaleza interna».

«¿Entonces aquí no hay ninguna opinión correcta o errónea?»

Alma Vieja dijo pacientemente: «No, es solo lo que te sirve en lo que respecta a crear las experiencias emocionales lo que debes aprender sobre tu naturaleza interna.

»Pero déjame volver al tema. Un alma que antes no ha sido encarnada en un planeta físico a menudo decidirá tener la experiencia de una gestación temporaria para tener la experiencia y practicar la fusión con la conciencia del feto y formar la identidad interna y el ego externo antes de nacer. Esta experiencia ofrece una práctica valiosa si el alma tiene la intención de encarnarse en la Tierra en el futuro. Tras la terminación del embarazo, el alma también podría optar por seguir trabajando con una versión simulada de un cuerpo físico, en cuyo caso un aura que simula el cuerpo físico sigue desarrollándose y madurando aquí en la Dimensión Espiritual. Tu hermano de "espíritu", a quien tu madre tuvo que abortar hacia el final de su embarazo y que a menudo te visita cuando estás a punto de quedarte dormido, es un buen ejemplo de este tipo de alma. Él está creciendo en la Dimensión Espiritual, con un aura similar a la de un ser humano y en una línea de tiempo simulada».

«Gracias. Esa era una de mis preguntas».

«Sí, lo sé».

Ahora Alma Vieja se recostó en su sillón y dijo: «Ahora lo tienes. He revisado algunos aspectos o conceptos básicos de la realidad. Ayer revisamos los conceptos que se relacionan más con los aspectos físicos y hoy vimos los conceptos que están anclados principalmente en el sentido. Todo lo que te he dicho es basado en hechos reales y ocurre dentro del mundo físico. Estoy seguro de que te resultará beneficioso si permites que esta información constituya la plataforma de creencias fundamentales sobre la cual creas tu experiencia».

Rikki respondió serio: «De acuerdo, trataré de hacer eso».

«Puede que te interese saber que la mayoría de los problemas psicológicos de las personas se derivan del hecho de que, en sus años de formación, ellas no eran conscientes de estos principios básicos. Por lo tanto, a medida que crecían, algunas de ellas formaron creencias fundamentales falsas basadas en conceptos erróneos y malentendidos acerca de cómo actuar en el mundo. Y a medida que sus experiencias se acumularon y fueron malinterpretadas constantemente con el transcurso del tiempo, los conflictos emocionales profundamente arraigados comenzaron a ocurrir y enconarse. La triste verdad es que estos conflictos no hubieran ocurrido si al principio se les hubiera enseñado a interiorizar estas creencias fundamentales de las que te hablé».

«Ya veo».

«Una vez que se establecen las creencias fundamentales, las interpretaciones tergiversadas de la existencia física comienzan a desarrollarse con el tiempo y mientras esto sucede los conflictos psicológicos comienzan a ocurrir. Desgraciadamente, es muy difícil que una persona deshaga años de atribuciones erróneas hechas en base a creencias fundamentales falsas. Por lo tanto a menudo se requiere la ayuda terapéutica».

Rikki se preguntó en voz alta: «Me pregunto cuántas creencias fundamentales falsas tengo».

«Harás bien si piensas en lo que he dicho e intentas interiorizar estos conceptos. Estos aspectos sobre la manera en la que está compuesto el mundo, tu lugar en el mismo y cómo interpretas tu existencia necesitan convertirse en tu segunda naturaleza, en un prisma a través del cual interpretas y comprendes tu realidad».

«De acuerdo, trabajaré en ello y hablaré con mis amigos al respecto».

«Eso estará bien».

Alma Vieja continuó: «Hemos tratado mucha información, sin embargo sé que tienes algunas preguntas generales sobre la vida y la muerte, así como preguntas sobre asuntos personales con respecto a tu orientación sexual para las que te gustaría mi consejo».

Rikki dijo agradecido: «Sí, tu consejo sería muy apreciado».

«Soy consciente de tus preguntas y tus preocupaciones. Mientras piensas en lo que hemos discutido hoy y ayer, te darás cuenta de que, sin embargo, ya tienes las respuestas a tus preguntas con respecto a las muertes inesperadas de individuos jóvenes.

»Ahora también sabes que la enfermedad que causó la parálisis y el retraso mental a los dos chicos en la granja fue una decisión que sus almas tomaron con el fin de obtener esa perspectiva única en la vida. Por lo general los individuos que son discapacitados mental o físicamente desde el nacimiento no sufren durante sus vidas, siempre y cuando reciban una atención adecuada. La angustia y la tristeza por su condición se crea más a menudo en los corazones de quienes los aman y cuidan, y es mediante su compasión que se crea la oportunidad para que descubran algo sobre su propia naturaleza interna».

«Solo es que parece muy injusto para esos niños pequeños. Me resulta muy difícil ayudar con el cuidado de ellos cuando estoy en la granja. De alguna manera no sé relacionarme con ellos y por lo tanto no me gusta cuando me piden que los cuide».

«Bueno, no te preocupes por eso. El motivo tiene que ver con una vida pasada que tuviste que no has confrontado adecuadamente».

«¿Otra vida pasada? ¿Cuál fue esa?»

«Fue una vida corta en Europa en el siglo XVIII. Eras un chico retrasado mental. Tus padres, que eran muy pobres, te habían abandonado. Mendigaste para vivir y te moriste a la edad de nueve años, cuando un carro tirado por caballos te atropelló. Tu cuerpo fue tirado a la basura».

«Ah... supongo que de alguna manera veo mi propio reflejo en la experiencia de esos chicos».

«Sí, lo haces inconscientemente. Afortunadamente, estos chicos reciben mucho mejor cuidado que el que tú recibiste.

«El accidente de tráfico que dejó a tu amigo paralizado también fue un destino que él decidió experimentar con el fin de aprender de los retos que ese tipo de lesión le presentó. Y los individuos que lo aman, incluyéndote a ti, también decidieron tener esa experiencia emocional para aprender algo sobre sus propias naturalezas internas».

«Sí, entiendo. Pero me molesta pensar en él».

Rikki estaba empezando a preguntarse si Alma Vieja le iba a dar alguna indicación con respecto a su propia orientación sexual.

«Sin embargo, mi consejo con respecto a tu orientación sexual debe esperar. Confía en mí, tu vida se está desarrollando exactamente de la manera en que la planeaste antes de tu nacimiento. Hay algunos momentos difíciles para ti por delante y te guiaré a través de ellos lo mejor que pueda, pero solo lo suficiente como para no deshacer el impacto que se supone que tengan las experiencias que elegiste».

Rikki contestó, un poco decepcionado: «De acuerdo, entiendo. ¿Estaré bien?»

«Sí, pero eso es todo lo que te puedo decir en este momento. Nuestra charla ahora debe llegar a su fin, pero seguiré apoyándote desde lejos. Nos volveremos a ver en un futuro no muy lejano, momento en el que te daré información importante con respecto a tu orientación sexual, así como de varias otras cuestiones. Gracias por tu visita. Mis pensamientos siempre están contigo».

Rikki se puso de pie y le dio las gracias a Alma Vieja. Alma Vieja le mostró el portal, el cual sacó a Rikki de regreso al mundo físico. Y, como antes, no había pasado ninguna hora del reloj, mientras que en lo que respecta a la experiencia personal de Rikki del paso del tiempo se sentía como si hubieran pasado varias horas.

Después de reponerse durante unos minutos, Rikki montó su caballo y cabalgó hacia la granja. Se sentía mayor y más sabio. Su perspectiva de la vida y de cómo se aplicaría para él había cambiado después de su primera charla con Alma Vieja cinco años atrás, y ahora, una vez más, después de estas dos visitas, sentía que tenía una nueva inyección de vida.

Mientras Rikki volvía a caballo a la granja, comenzó a reflexionar sobre cuál era en realidad su relación con Alma Vieja. Alma Vieja ciertamente parecía ser un verdadero amigo. ¿Quizás se habían conocido como almas, antes de su nacimiento? Mientras seguía dándole vueltas a este pensamiento en su mente, llegó al perímetro del muro de piedras y césped que formaba una cerca alrededor del lado oeste del césped que rodeaba la granja.

Se distrajo por un camión del matadero local que se había acercado al corral en los preparativos para cargar algunos potros jóvenes.

Rikki regresó a casa y empezó a ir a la escuela unos días más tarde, más decidido que nunca. Los primeros días de clase fueron estresantes. Ese mismo año comenzó a ir a una escuela diferente en el centro de Reikiavik con un nuevo grupo de estudiantes. Era un curso de cuatro años que se centraba en preparar a los estudiantes para la universidad. Esta nueva escuela estaba ubicada en un antiguo edificio situado junto al lago, en el centro de la vieja Reikiavik. Había veinte estudiantes en cada clase, sentados en cuatro filas, dos en cada mesa. El escritorio del maestro estaba en la parte delantera del aula, con una pizarra grande en la pared de atrás. Había ventanas en el lado izquierdo con una vista al lago, y un pasillo fuera de la entrada a lo largo de la pared de la derecha. Rikki se sentaba al lado de un chico de seis pies de altura llamado Alfredo. Era atractivo, tenía cabello castaño oscuro y unos ojos extraordinariamente bonitos. Alfredo era un chico fastidiosamente estudioso, en la opinión de Rikki. Pero debido a eso había perfeccionado algunos buenos hábitos de estudio y sus notas siempre eran buenas —a diferencia de las de Rikki. Se hicieron buenos amigos y con frecuencia Alfredo ayudaba a Rikki con sus estudios, tanto en la clase como después de la escuela.

Rikki siguió estando entusiasta por lo que había aprendido de Alma Vieja e intentó poner estos conceptos en práctica durante el año escolar, como había prometido. Los períodos del recreo de quince minutos eran una buena oportunidad para sus exploraciones. Durante estos momentos, Rikki a menudo se las arreglaba para mencionar uno de los conceptos que había aprendido de Alma Vieja en la conversación con el fin de poner a prueba sus pensamientos. Por ejemplo, en una ocasión, dijo: «Sabes Alfredo, hoy me siento único e irreemplazable».

Alfredo respondió: «¿Qué quieres decir con eso?»

Rikki contestó: «Bueno, no hay nadie como yo en ningún lugar del mundo. Soy único y por lo tanto soy irreemplazable».

Alfredo dijo: «¡Supongo que somos dos!»

Rikki continuó: «Mi presencia es un regalo. Cada palabra que pronuncio se agrega a tu mundo».

Alfredo replicó: «¡Al igual que mis palabras se agregan al tuyo!»

Rikki, decidido a no dejar pasar la oportunidad, continuó. «Cada punto de vista que te describo te permite contrastarlo con lo que podrías estar pensando y descubrir cuán diferente eres de mí».

Alfredo dijo con una sonrisa: «Le doy gracias a Dios cuando descubro lo diferente que soy de ti».

Rikki contestó, también sonriendo: «Y yo también».

De esta manera, y durante el año escolar, Rikki practicó los conceptos de los que Alma Vieja le había hablado. Alfredo era buena gente y consentía las payasadas de Rikki cuando intentaba poner en práctica los conceptos de Alma Vieja.

Rikki dijo un día: «Hoy me siento como una flor, floreciendo, extendiendo mis pétalos sin tener remordimientos en el mundo para que todos vean».

Alfredo, al ser un tipo bastante reservado, contestó: «¿Por qué querrías hacer eso?»

Rikki dijo en respuesta: «Es mi primera y más básica responsabilidad de mi existencia para dar cuenta de mi vida. Es un regalo. Un regalo mío para ti; de la misma manera en que tú eres un regalo para mí. Ser o no ser. Esa es la pregunta, y el reto».

Alfredo le dijo: «¡Otra vez con lo mismo! ¡Parece que estuvieras proponiéndome en matrimonio!»

Rikki dijo sonriendo: «La verdad se filtra en cada uno de mis poros».

Y así siguió la cosa. Mientras pasaban las semanas, Rikki practicaba los conceptos de los que Alma Vieja le había hablado. Esta filosofía existencial espiritual empezó a tener una influencia positiva en la actitud que adoptaba hacia su vida. La actitud vacilante que había desarrollado debido a sus problemas anteriores con la tartamudez y las dificultades académicas empezó a ser reemplazada por una confianza interna. Cuanto más intentaba interiorizar las creencias fundamentales y comprender el marco de referencia que le proporcionaban para su vida, mejor parecía poder funcionar. La vida no era necesariamente fácil, pero los instrumentos esenciales que le daban estas creencias fundamentales le permitían navegar más fácilmente a través de los altibajos que experimentaba. Se preguntaba por qué esto nunca se había enseñado en la escuela. Él pensaba que sin duda cada alumno joven se beneficiaría de un entendimiento de estas creencias fundamentales.

Descubrió la manera de superar el hábito de retirarse en situaciones sociales y de tener remordimientos por lo que hacía. Sabía que ahora no había ninguna razón para seguir sintiéndose así, pero no era fácil romper el hábito, sobre todo cuando se enfrentaba a circunstancias en las que se sentía inseguro. Así que comenzó a recordarse a sí mismo, cada vez que se sentía de esa manera, que era único e irreemplazable. Estar equivocado en algo y no proponer la mejor idea estaba bien porque, como mínimo, agregaba una perspectiva contrastante a una conversación; sin saber que era tan válida como saber. Sin embargo, había numerosos retos como hacer preguntas en clase cuando no entendía lo que decía el maestro. Y pequeñas cosas, como tener la confianza para contestar el teléfono en su trabajo a tiempo parcial, aunque quizás no supiera la respuesta a una pregunta que le hicieran.

Entonces estaba el destino. Alma Vieja le había aconsejado aceptar el destino. Así que un día en la escuela durante el recreo, después de que Alfredo se había estado lamentando por alguna desgracia trivial, Rikki comentó: «¡Ya sabes, pediste que esto sucediera!»

La respuesta de Alfredo, anticipando otra pizca de sabiduría innecesaria, fue: «¿Qué? Nunca pedí que sucediera esto. ¿Qué quieres decir?»

Rikki le preguntó: «¿Bueno, de qué crees que se trata la vida?»

Alfredo se tomó unos segundos para pensar y contestó: «¿Aprendizaje, tener experiencias?»

Rikki dijo: «Exactamente. Tu desgracia fue una experiencia de aprendizaje, ¿no?»

Alfredo dijo: «Sí, pero yo no la pedí. Debe haber sido la voluntad de Dios».

Rikki dijo: «¿Crees que Dios quiere molestarte?»

Alfredo dijo: «Bueno, no. Creo que soy buena gente».

Rikki respondió: «Entonces, ¿por qué crees que él haría eso? Tienes que pensar con originalidad. Quizás lo planeaste tú mismo para aprender de ello; para descubrir cómo tratarías con ello; para aprender sobre ti. Acabas de decir que la vida se trata de aprender y experimentar».

Alfredo dijo lentamente: «¿Sí?»

Rikki continuó: «Míralo de esta manera. Tu alma es eterna, pero tu cuerpo no lo es. Antes de que tu cuerpo naciera, tú hiciste planes para esta vida. Tuviste objetivos específicos sobre lo que querías aprender. Pusiste ciertos eventos en tu camino que sabías que se presentarían durante tu vida. Estos eventos están predestinados a ocurrir; son tu destino. Ahora debes descubrir lo que quisiste aprender».

Alfred sonrió avergonzado: «Está bien, ya entiendo lo que dices. Pero no me gusta. ¡La vida no es justa!»

Justo en ese momento sonó la campana, terminando el recreo. Mientras Alfredo se volteaba para entrar en el aula, comentó: «¡Ya sabes, ninguno de nosotros saldrá vivo de esta!»

Rikki sonrió: «¿Qué? ¡Por supuesto que no!»

CAPÍTULO 6

EL AVISO

Rikki no volvió a Hólar la primavera siguiente; en cambio empezó a trabajar en plataformas de perforación de agua caliente. Estas plataformas estaban ubicadas en numerosas áreas de Islandia donde se puede encontrar energía térmica natural y el agua caliente se canaliza a los hogares para la calefacción. Las plataformas normalmente tenían un equipo de media docena de hombres que trabajan en turnos de doce horas, así que la perforación continuaba sin interrupciones. Las plataformas de perforación eran móviles y por lo general se montaban en las partes traseras de camiones grandes y pesados. El trabajo de Rikki, como el hombre del mástil, era dirigir las tuberías mientras se bajaban a las perforaciones y posteriormente se subían para reemplazar los cabezales de taladro de diamantes que se desgastaban después de perforar a través de las capas de roca. Cuando las perforaciones eran lo suficientemente profundas, alcanzaban los acuíferos de vapor caliente desde los cuales el vapor, a temperaturas en el rango de doscientos grados centígrados, salía a borbotones.

El equipo trabajó durante tres semanas y luego se tomaron una semana de descanso. El trabajo era difícil y podría ser peligroso, pero se ganaba un buen dinero. Y por primera vez en su vida Rikki tenía un montón de dinero para gastar, así que pasó las semanas divirtiéndose con sus amigos. Rikki, que no había empezado a beber alcohol hasta la edad de diecisiete años, pensó que tenía mucho que hacer.

Antes de ese momento, Rikki había pasado la mayoría de los sábados por la noche en un salón de baile para abstemios con un par de amigos, bailando las noches al compás de la música del acordeón y las danzas populares. Se llamaban a sí mismos Los Tres Mosqueteros ya que bromeaban y brincaban alrededor de la pista de baile, andando de puntillas como antílopes un baile después del otro, toda la noche. Eran buenos tiempos. Hacia el final de ese período, Rikki comenzó a pasar bebida alcohólica a escondidas en el salón de baile, metida en la entrepierna de sus pantalones, ya que esa era la única zona del cuerpo que el personal de seguridad no registraba cuando llegaban los clientes. En una de esas ocasiones, Rikki había metido una pinta de aguamiel casera en sus pantalones, pero se olvidó de la misma después de entrar en el salón de baile. El aguamiel era un lote nuevo y la fermentación no se había asentado totalmente, por lo que la presión en la botella aumentó. Y como de costumbre, después de llegar comenzó a bailar desenfrenadamente por todas partes, bailando polcas y otros bailes energéticos y todo ese tiempo el aguamiel se calentó y se agitó en su entrepierna. De repente el frasco se reventó, muy a su pesar. Afortunadamente no se cortó o dañó ningún órgano vital en este incidente, pero basta con decir que esta fue una de las últimas veces que asistió al baile de los abstemios.

Las fiestas siguieron con mayor frecuencia tras los meses de verano y en el invierno, después de que comenzara la escuela. Las notas de Rikki comenzaron a bajar y finalmente, a la edad de dieciocho años, reprobó su curso completo y se vio obligado a repetir el año escolar.

Esto fue un aviso. Se dio cuenta de que nunca llegaría a la universidad a menos que se tranquilizara y tomara un mejor control de toda la vida social por las noches.

Le resultaba obvio que sus frecuentes parrandas nocturnas tuvieron mucho que ver con mantener oculta su orientación sexual. Pero él no vio otra alternativa. Rikki consideraba que el hecho de ser abiertamente gay en Islandia en ese momento no era una opción.

Por esta época Rikki comenzó a sentirse cada vez más limitado dentro de las tierras de Islandia y se preocupaba por la falta de oportunidades profesionales que podría tener, sobre todo si su orientación sexual debería ser descubierta. Había estado teniendo relaciones sexuales cada vez más y pasando las noches con hombres y sabía que solo era cuestión de tiempo antes de que su preferencia sexual fuera del dominio público.

El interés de la infancia de Rikki en llegar a ser un veterinario había sido sustituido hacía algún tiempo con la decisión de estudiar medicina. Sin embargo, las últimas aventuras habían comenzado a dirigirlo lejos de esta meta. Decidió que sería indicado comenzar de nuevo y para eso la mejor opción sería asistir a la universidad en el extranjero, en vez de en Islandia. Esto también le daría la oportunidad de ocultar su homosexualidad durante un poco más de tiempo. Al haber fijado su mente en la meta de trasladarse al extranjero, sabía que necesitaba mejores notas para ser admitido en la universidad. Así que, con determinación, se dedicó en serio y repitió el año escolar. Hizo su solicitud para la universidad, fue aceptado en un programa preparatorio de medicina de dos años y se marchó de Islandia para ir a Canadá en el otoño de 1972, a la edad de veinte años.

Sin embargo, había una condición. Con el fin de ser aceptado en la Facultad de Medicina después del programa preparatorio de medicina, todas las notas de Rikki debían ser sobresalientes. Pero las cosas no se desarrollaron como se esperaba. El choque cultural y las limitadas habilidades con el inglés le afectaron negativamente y sus notas fueron muy malas el primer semestre. De hecho, Psicología fue el único curso que aprobó de un total de seis cursos en su lista. Su plan de ejercer la medicina ya no era una opción y tuvo que decidirse por un nuevo curso de acción.

Eran tiempos difíciles. Rikki estaba sorprendido. Una vez más había fracasado —casi tan dramáticamente como cuando reprobó su curso completo hacía un par de años. Pero esta vez lo único que lo salvaba era que ninguno de sus amigos de la infancia lo sabía. La vida era una lucha constante, pero Rikki se había acostumbrado a luchar académicamente desde la época en que era un niño pequeño. Por supuesto, él se preguntaba: «¿Por qué este destino? ¿Había deseado que esto sucediera?» Recordó que Alma Vieja una vez había insinuado que trabajaría como terapeuta, pero Rikki había supuesto que sería en el contexto de ser un doctor en medicina.

> *Tu trabajo va a llenar gran parte de tu vida y la única forma de estar realmente satisfecho con él es hacer lo que creas que es un gran trabajo. Y la única manera de hacer un trabajo genial es amar lo que haces. Si no lo has encontrado, sigue buscando.*
>
> Steve Jobs

Después de recuperarse durante un par de semanas, decidió aceptar su destino y llegar a ser «mejor» en vez de estar «resentido» como Alma Vieja le había aconsejado una vez. Rikki tuvo que fijar una nueva meta a largo plazo. La psicología parecía ser la opción más razonable, dadas las circunstancias, así que decidió hacerse psicólogo.

Rikki encontró poco a poco el equilibrio y, con su nueva determinación, sus notas comenzaron a subir. Le gustaba la psicología. La meta a largo plazo le dio un propósito a su trabajo, satisfacción en el momento y significado en retrospectiva mientras estaba decidido a lograr su meta. La universidad le sentó bien. Se destacó y completó un título tras otro —una licenciatura, una maestría y un internado en psicología clínica.

Pronto habían pasado ocho años desde que Rikki se había ido de Islandia. Estos años habían estado ocupados y él había pasado muchas horas en la biblioteca leyendo libros atentamente los fines de semana y hasta altas horas de la madrugada. Durante este tiempo, Rikki había seguido manteniendo sus pensamientos amorosos para sí mismo y se mantuvo en el armario, por temor a la discriminación. El último obstáculo era ser aceptado en un programa de doctorado. ¡Después de eso, pensaba que sería seguro salir del armario!

A esas alturas, Rikki se había hartado de vivir en Canadá y deseaba una vez más irse a otra parte. Esta vez, su elección fue Inglaterra. Hizo su solicitud para la Universidad de York y, quién lo iba a decir, fue aceptado. La meta de hacerse psicólogo estaba a la vista y todo lo que tenía que hacer era investigar y aplicarse a fondo para completar su título. Ahora, por fin, se sentía seguro para salir del armario.

Su nuevo profesor en York, su profesor durante su internado y el profesor de sus estudios de maestría se habían conocido el uno al otro a principios de los años treinta, cuando estudiaron psicología en la misma universidad en Londres. Pero todos habían perdido el contacto y no se habían comunicado desde entonces. Ellos no eran conscientes de la conexión que había ocurrido a través de la trayectoria académica de Rikki hasta que él se las señaló. Cuando se dio cuenta de la conexión, Rikki pensó para sí mismo que este era un ejemplo de «buen» destino. Se maravilló de la orientación que había recibido y estaba a punto de recibir de parte de estos tres amigos universitarios desde hace mucho tiempo. Ahora sabía que no existía tal cosa como coincidencia verdadera. La única explicación podría consistir en que su presencia en su vida estaba predestinada. ¿Se había puesto en contacto con ellos antes de nacer? ¿Estaban estratégicamente predestinados a aparecer en su camino para apoyarlo en su viaje por la universidad? Decidió preguntarle a Alma Vieja sobre eso en algún momento.

SALIR DEL ARMARIO Y LA SEXUALIDAD

Rikki finalmente se atrevió a salir del armario. Esto fue un alivio. Desde la edad de siete años no recordaba un solo día que no estuviera embobado románticamente con alguien. Algunos de estos encaprichamientos amorosos duraron algunos meses y otros un año o dos, pero todos desgarraron su fibra sensible y le causaron interminables horas de angustia. Sus sentimientos amorosos siempre se centraban en un amigo heterosexual con quien, como Rikki comenzó a darse cuenta, nunca se cubrirían sus necesidades. El amor de Rikki por algunos de sus amigos era devuelto mediante la intimidad en la amistad y muy ocasionalmente en situaciones sexuales, cuando estaban lo suficientemente ebrios después de una larga noche de juerga, pero nunca románticamente. En retrospectiva, él entendía que estas amistades habían sido salvadas ya que antes no era posible ninguna posibilidad de amor verdadero y nunca tuvo que enfrentar abiertamente su orientación sexual. Había estado a salvo en el armario.

Ahora, después de superar el último obstáculo académico, se relajó. Era seguro enamorarse, ser él mismo y ser gay sin miedo a poner en peligro su meta más preciada de hacerse psicólogo. No pasó mucho tiempo antes de que notara a Kelvin en la cafetería de la escuela. Kelvin era nueve años menor que él, estaba en su primer año en la universidad y era muy guapo. Su cabello castaño oscuro y ondulado, sus ojos seductores y su perfil imponente le recordaban a Rikki el busto que tenía en su apartamento del dios griego Apolo. (Sin embargo, Rikki después se dio cuenta de que este juicio estaba influido en gran parte por el velo de su encaprichamiento amoroso). Rikki no sabía si Kelvin era gay, ni Kelvin sabía de la orientación sexual de Rikki.

Unos días más tarde, mientras Kelvin estaba ocupado jugando en una máquina de pinball en el pasillo fuera de la cafetería de la escuela, Rikki aprovechó la oportunidad para presentarse.

Rikki, indeciso y con una sonrisa, comenzó: «Hola. ¿Cómo estás?» Kelvin respondió: «Bastante bien».

Rikki, teniendo cuidado de no extender su mano en el saludo para no interrumpir el juego de pinball de Kelvin, dijo: «Yo soy Rikki».

Kelvin devolvió la sonrisa. «Yo soy Kevin».

Rikki, tras unos segundos incómodos de silencio, comentó: «Parece que eres bueno en este juego».

Kelvin dijo: «Sí, hasta ahora tengo la puntuación más alta en esta máquina».

Rikki, notando que Kelvin estaba empezando a perder su concentración así como el juego, dijo discretamente: «Reunámonos en el bar cuando termines. Te compraré una cerveza».

Kelvin contestó: «Estupendo. Nos vemos en unos minutos».

Rikki caminó hacia el bar que estaba situado más arriba en el pasillo, a poca distancia de la cafetería. Pidió un par de jarras de cerveza y se sentó, sintiéndose tanto entusiasmado como ansioso. Los pensamientos le invadían la mente. Tenía que pensar rápido. «¿De qué hablarían?» Justo en el momento en que Kelvin entraba, unos minutos más tarde, Rikki notó una diana que colgaba en la pared en la parte de atrás del bar y dijo, mientras se dirigía a Kelvin con una sonrisa: «¿Te apetece una partida de dardos?»

Rikki no sabía cómo jugar el juego y rápidamente descubrió que Kelvin tampoco sabía.

Kelvin, indeciso, estuvo de acuerdo. «Sí, eso sería genial».

Pasaron la próxima hora jugando, no solo una, sino dos partidas de dardos. Kelvin, que era de Somerset en el suroeste de Inglaterra, hablaba con el acento y el dialecto locales. Diría cosas como «Ooh arr», lo que significaba «ah, sí». Cuando Rikki lograba lanzar un dardo en algún lugar alrededor de la diana, Kelvin diría: «proper job», lo que significaba «¡bien hecho!». Un par de jarras de cerveza más tarde y después de una buena chinwag (i. e. conversación), Rikki pensó que era hora de llegar a conocer a Kelvin más íntimamente y dijo: "¿Te apetecería venir a la ciudad y tomarte una jarra de cerveza mañana por la noche?"

Kelvin contestó: «Ooh arr, me encantaría».

Rikki continuó: «Dado que vivo en la ciudad, ¿por qué no pasas por mi casa y caminamos desde allí?»

Kelvin preguntó: «Where's it to?» (Esto significaba «¿dónde queda?»

Después de que Rikki le proporcionó la dirección y le dio instrucciones de cómo llegar al lugar, Kelvin decidió que iría a la ciudad en bicicleta desde su residencia y dejaría su bicicleta en el apartamento de Rikki mientras se tomaban unas cervezas.

Kelvin llegó la siguiente noche y se fueron a un bar al otro lado de la calle. Había más de trescientos sesenta y cinco bares en la pequeña ciudad de York en aquel entonces —uno para cada día del año— así que encontrar un cuchitril para beber no era un problema. Como Rikki no sabía si Kelvin era gay, lo llevó a un par de bares antes de terminar la noche en el Yorkshire Arms, el único bar gay en la ciudad. Mientras se sentaban allí, Rikki preguntó en un tono muy bajo: «¿Notas algo extraño en la clientela de este bar?»

Kelvin, habiendo notado inmediatamente cuando entraron que era un establecimiento gay, dijo con una sonrisa burlona: «Ooh arr. Aquí hay un montón de poofters». (Lo que significaba, por supuesto, un montón de gays y lesbianas).

Hasta entonces, ni Rikki ni Kelvin habían revelado que él era gay. Se gustaban y ninguno de los dos quería echar a perder la relación en caso de que el otro fuera heterosexual. Y así siguieron una intrigante noche de charla y risas, mientras ambos se las arreglaban para evitar hablar sobre el «elefante en la habitación». Tras el aviso de que el bar se cerraría pronto y una porción de pescado frito y papas fritas envuelta en papel de periódico y rociada con vinagre de arroz y una ración de puré de guisantes, se dirigieron de regreso al apartamento. Rikki invitó a Kelvin a entrar para tomar una copa antes de acostarse. Después de algunas copas alrededor de la mesa de la cocina, confesaron sus secretos. Una cosa los llevó a otra, y Kelvin pasó la noche. Como podría haberse previsto, durante los días sucesivos se dio rienda suelta a un torbellino de emociones ya que los años reprimidos de amor no correspondido salieron a borbotones para nunca ser suprimidos otra vez.

Kelvin había hecho planes para una semana de vacaciones con sus amigos en Marruecos antes de encontrarse con Rikki y, como ya se habían comprado los pasajes, no podía echarse atrás. Así que Rikki decidió que esta sería una buena oportunidad para ir a dar un recorrido en bicicleta en Escocia, lo que había planificado anteriormente. Después de que Kelvin se había ido, Rikki tomó el tren de York a Edimburgo y entonces cambió de trenes para la pequeña ciudad de Thurso, situada en la costa norte de Escocia. Luego salió en su bicicleta para dar un paseo en bicicleta de cinco días que lo llevó a lo largo de la costa norte y al sur por la costa oeste, hacia Glasgow.

Este debía ser un viaje agradable, pero un nuevo sentimiento se había alojado en el corazón de Rikki. Estaba enamorado y las punzadas del amor pesaban mucho. Este sentimiento de pena era nuevo, era una sorpresa, y no era agradable en absoluto. Era doloroso estar separado de Kelvin. Rikki estaba distraído y no podía pensar en otra cosa. Por primera vez comprendió cuánto le había afectado cerrarle la puerta al romance durante tantos años. El miedo a ser descubierto y excluido le había robado esta vertiginosa embriaguez de felicidad que se siente al estar enamorado. Sin embargo, este sentimiento no era totalmente nuevo. Había experimentado sentimientos similares en el pasado con respecto a algunos de sus amigos —pero debido a que ninguno de ellos le había correspondido, nunca se permitió enamorarse perdidamente de ellos. Ahora se había enamorado perdidamente y la intensidad era diez veces más fuerte, diez veces más maravillosa —y diez veces más dolorosa.

Mientras Rikki subía en bicicleta a través de los puertos de montaña y bajaba por los hermosos valles, hablaba consigo mismo en voz alta: «Nunca me di cuenta de que estar enamorado puede causar esa sensación de libertad. Nadie podría haberme descrito esto antes de que tuviera el valor para salir del armario. Supongo que es como un animal enjaulado que nunca se le ha permitido correr libremente, no lo extraña hasta después de haber experimentado la euforia». Rikki continuó este monólogo de vez en cuando durante el viaje, diciendo cosas como: «Espero que cada gay y lesbiana tenga esta experiencia en algún momento. Todos los gays y lesbianas han sido privados de esta sensación por los fanáticos homofóbicos. Nunca jamás seré obligado a estar en el armario otra vez. Me siento estupendamente. Por fin estoy libre». Y mientras la bicicleta se alejaba a toda velocidad del páramo y bajaba por una ladera suave hacia su lugar de acampada final en la ciudad de Ullapool, él cantó el himno: «Canta si estás contento de ser gay, canta si eres feliz así... ¡Oye!... Canta si estás contento de ser gay, canta si eres feliz así».[53]

Un poco después Rikki escribió en su diario:

> Cuando yo era pequeño, pensaba que era normal. Que estaba bien ser quien soy. Tenía preferencias y aversiones, como todos los demás. Era libre. Siempre había una persona "especial" por quien estuviera embobado. Ese era mi secreto. Me apenaba decirlo y me avergonzaba que alguien lo notara. Sabía que era normal. Mis amigos eran lo mismo. Todos estuviéramos terriblemente apenados si alguien nos molestara con chistes acerca de nuestro amigo "especial" con quien fantaseábamos, así que por lo general nadie lo hacía.
>
> Un día, no sé exactamente cuándo, me quedé estupefacto. ¡De repente me di cuenta de que era diferente! Para aquel entonces había interiorizado los valores y la moral de mi cultura, y sabía lo que era correcto y lo que no, lo que era normal y lo que era anormal. Sabía que era justamente igual a los demás, en el sentido normal, pero era extraño de una manera específica. Nunca me he sentido atraído sexualmente por el sexo opuesto, solo por el mío. ¡Esto estaba mal! ¿Qué debía hacer? ¡Era una vergüenza! Moriría si alguien lo supiera alguna vez. Sería ridiculizado y despreciado por mis amigos y familia. Traté de evitar tener esos sentimientos amorosos, pero pronto descubrí que no podía hacerlo. Pero podría mantenerlos en secreto.

Mientras tanto se celebraba, se comentaba y se admiraba el amor de todos los demás. ¡Dondequiera que miraras,

---

53 Tom Robinson. Grabado por: *The Tom Robinson Band*, RU. 1978.

hombres y mujeres se abrazaban, besaban, bailaban, se sentaban juntos, tenían relaciones sexuales, se casaban, tenían hijos; nunca eran dos hombres, nunca eran dos mujeres! Querías ser aceptado, así que fingías. Empezaste a vivir en la mentira. Les mentiste especialmente a aquellos que más amabas —tu familia y tus amigos más íntimos. Dolió. Las atracciones románticas no encontraban ninguna expresión y, si lo hacían, no eran correspondidas. El amor fue aplastado y puesto patas arriba o al revés, con ira hacia los demás o uno mismo.

Para algunas personas, cuando llega a ser extremo, se convierte en acoso homofóbico o el suicidio. Sin embargo, la mayoría de las veces resulta en la intimidación o la depresión, y casi siempre en la homofobia interiorizada y el aislamiento amoroso.

Con el tiempo, la mayoría de nosotros podemos aceptar nuestra naturaleza interna y encontrar la fuerza para vivir abiertamente. Nos dimos cuenta de que no estábamos solos.

Mi primera celebración del Día del Orgullo Gay fue como una dosis de adrenalina, una afirmación de existencia, una introducción a una tribu y fuerza en la comunidad y, sobre todo, autoaceptación. Mi alma abrió sus pétalos ese día, floreció y encontró el poder dentro. Decidí vivir sin tener que sentir remordimientos. Se levantó un peso invisible que había reprimido mi alma durante muchos años y por fin era libre, una vez más, como había sido en mi juventud antes de que todo esto empezara. Me sentía único e irreemplazable.

Al regresar a York, Rikki se reunió con Kelvin y disfrutaron de la experiencia de amarse mutuamente por primera vez. La insensibilidad emocional que había creado durante muchos años debido a haber ocultado sus atracciones románticas, empezó a disiparse como una presa abierta que poco a poco expone sentimientos tiernos y vulnerables, reprimidos desde la pubertad temprana. Era 1981, el año en el que el príncipe Charles y la princesa Diana se casaron en la Catedral de San Pablo.

En los próximos meses estaba el asunto de salir del armario ante la familia y amigos, incluyendo su madre, su padre y sus hermanos y hermana. Su madre, quien se había separado de su padre y se había mudado a Canadá poco después de que Rikki se había ido para la universidad, se tomó bien la noticia y solo le preocupaba que fuera hostigado o golpeado por matones. Sus hermanos y hermana también tomaron la noticia con calma. Sin embargo, a Rikki le preocupaba que su padre, quien se había vuelto a casar y todavía vivía en Islandia, se pudiera tomar la noticia un poco mal.

El verano siguiente, Rikki decidió que era hora de decirle a su padre y que debería presentarle a Kelvin. Habían pasado varios años desde que había estado en casa y desde que se había reunido con Alma Vieja en Heather Hill, y deseaba tener otra reunión. Había muchas preguntas sobre la vida que deseaba explorar, sobre todo la cuestión de la orientación sexual y por qué Alma Vieja no había estado dispuesto a aconsejarlo en ese sentido cuando se reunieron la última vez.

Ese verano, Rikki y Kelvin tomaron el tren expreso desde York hasta Edimburgo y de allí a la ciudad de Thurso, lugar que Rikki había visitado en su viaje en bicicleta. Un ferry los llevó desde allí en un viaje de dos días por las Islas Feroe a la costa oriental de Islandia. Desde allí, pidieron aventón por el norte y llegaron a la granja de Lakjamot unos días después. Habían pasado muchos años desde que Rikki había visitado la granja por última vez pero, como de costumbre, fue acogido con los brazos abiertos y se le dio la bienvenida.

Después de un abundante almuerzo, Rikki le explicó a Siggi que deseaba visitar a Alma Vieja en Heather Hill, ya que habían pasado diez años desde la última vez que se reunieron. Siggi contestó en broma: «No he visto mucha actividad en las laderas de Heather Hill desde la última vez que estuviste aquí, aparte de algunas ovejas que pastan allí de vez en cuando».

Rikki preguntó a cambio: «¿Las ovejas parecen estar espiritualmente inspiradas?» Siggi se rió entre dientes. «No, ¡pero qué buena "pierna de cordero" hacen!».

Esa tarde Siggi tenía planes para ensillar un caballo e inspeccionar algunas cercas para ovejas que necesitaba reparar y se ofreció para llevar a Kelvin con él en el paseo, mientras Rikki emprendía su camino hacia Heather Hill para hablar con Alma Vieja.

En esta ocasión, Rikki decidió acercarse a la colina rocosa ya que su caballo Trust se había acogotado hacía algún tiempo debido a su vejez. Se dirigió hacia la gran cama de roca y, como antes, caminó en círculos —tres veces en el sentido contrario a las agujas del reloj y tres veces en el sentido de las agujas del reloj— y luego se paró frente a Heather Hill, pensando esta vez en un pensamiento amoroso sobre Alma Vieja, a quien había llegado a admirar con el paso de los años. La puerta se abrió en la colina y Alma Vieja lo invitó a su despacho privado, como había hecho en ocasiones anteriores.

Después de intercambiar cumplidos y saber de los viajes de Rikki, Alma Vieja sabía que había algo que estaba molestando a Rikki y dijo: «La última vez que nos reunimos no pude aconsejarte sobre la manera en que deberías lidiar con tu orientación sexual».

Rikki contestó: «Gracias, pero en cierto modo ya he trabajado en eso sin tu ayuda. Ha sido el problema más importante en mi vida».

Rikki estaba sorprendido por el tono de su voz mientras espetaba estas palabras, pero Alma Vieja sabía exactamente cuán frustrado y herido había estado en muchas ocasiones a través de los años sobre este asunto.

«Sí, lo sé. Lo has hecho bien solo».

«Podría haber utilizado tu ayuda».

«Sí, pero habías indicado específicamente que no querías mi ayuda».

«¿Qué estás diciendo?»

«Habías pedido específicamente que no debería ayudarte y planteaste que te las arreglarías sobre ese asunto y que no debería ofrecerte ningún comentario que facilitara tu viaje».

«¿Lo hice?»

«Sí, hablamos de esto antes de tu nacimiento, y por eso no te ofrecí ningún consejo específico. Lo siento, pero tenía las manos atadas».

Rikki, pasmado, dijo: «¿Nos conocíamos antes de mi nacimiento?»

«Sí, por supuesto. ¿Recuerdas lo que dije cuando nos reunimos la última vez? Estableciste todos los aspectos importantes de tu vida antes de nacer, incluyendo conocer a las personas que tendrán un gran impacto en ti. Aunque yo no sea exactamente una persona, soy una de ellas y también lo es, por ejemplo, tu novio Kelvin».

«Ah, ya entiendo».

«La última vez que nos reunimos no pude hablarte sobre tu orientación sexual, pero ahora puedo. Hay mucho más en esto de lo que sabes. Como acabo de decir, hay ciertos eventos predestinados que colocaste en tu camino antes de nacer. Uno de estos fue crear las condiciones que te motivarían a irte de Islandia y asistir a la universidad en el extranjero. Si te hubiera hecho sentir mejor con respecto a lo que estabas pasando cuando nos reunimos la última vez, habría cambiado tu trayectoria y no te hubieras marchado de Islandia. Además, ahora sabes que a finales de los setenta y en los últimos dos años, una enfermedad llamada SIDA ha comenzado a diezmar la comunidad gay. Pero debido a que estabas en el armario, no te arriesgaste a salir a la comunidad gay para tener encuentros sexuales y te salvaste de esta infección que ya ha matado a tantos. Si te hubiera apoyado como una persona gay y te hubiera afirmado en cuanto a tu orientación sexual, habrías salido del armario y contraído el virus del VIH antes de que se supiera cómo se transmite. Y ahora estuvieras infectado con el virus del VIH».

«Oh… ya veo. Creo que tienes razón».

«Ahora puedes entender mejor por qué una vida está estructurada de la manera en que está. Hay múltiples factores en juego, implicando las vidas de un montón de personas con quienes estás en contacto y cuyas vidas se afectan por tu presencia única. Si no te hubieras marchado de Islandia y ahora estuvieras infectado con el virus, ninguna de las personas que has conocido en los últimos diez años habría tenido la oportunidad de ser influenciada por lo que ha proporcionado tu presencia en sus vidas. Por supuesto, habrías conocido a otras personas aquí en Islandia, pero tu vida habría sido truncada y no fuera ni mucho menos tan satisfactoria y espiritualmente inspirada como lo es ahora. Es por eso que al planear esta vida pediste que no te ofreciera ningún consuelo en cuanto a las dificultades que tuvieras con respecto a tu orientación sexual».

«Gracias. ¡Creo que puede que hayas salvado mi vida o puede que me haya salvado a mí mismo antes de que yo naciera! Ahora veo cómo este tipo de cosas solo se puede entender en retrospectiva».

«Sí, desde tu punto de vista limitado. Pero desde mi posición ventajosa, al estar fuera de la dimensión de tiempo, puedo ver lo que probablemente será tu futuro, dependiendo de las decisiones que tomes. Y las consecuencias de las decisiones importantes, como marcharte de Islandia y no salir del armario hasta ahora, me resultan bastante fáciles de ver. Pero más adelante te hablaré más sobre ello».

Rikki se sintió avergonzado. «Lamento mi arrebato en tono indignado y enojado».

«¡No hay problema! Estaba bien consciente de cómo te sentías antes de que vinieras hoy. Déjame hablarte un poco sobre la selección del sexo y la orientación sexual, temas que no discutimos hace diez años».

«Está bien».

«Una vez comentaste que cuando aparezco ante ti me veo andrógino. Tienes razón. Soy un alma superior y todas las almas superiores son andróginas. No puedes notar si parezco más hombre o más mujer; ni tampoco puedes notar si me identifico como hombre o mujer. La razón de esto es que en la Dimensión Espiritual no hay necesidad de recurrir a estas precisiones con respecto al sexo. Sin embargo, la procreación es necesaria en la Tierra y el cuerpo masculino y el cuerpo femenino han evolucionado para satisfacer las necesidades de la propagación de la especie. Para ti, como un alma, por supuesto que el hecho de encarnar en un cuerpo masculino frente a un cuerpo femenino es una experiencia muy diferente. Y debido a la interesante dinámica social que existe entre los sexos hay experiencias adicionales dependiendo de lo que has escogido ser, en lo que respecta a tu identidad.

»De este modo, durante la gestación, una de las primeras cosas que haces es definir el sexo del cuerpo. También eliges si te vas a identificar como hombre o mujer. La mayoría de las almas eligen alinear su identidad con el sexo del cuerpo —una identidad masculina en el cuerpo masculino o una identidad femenina en el cuerpo femenino. Pero no todas las almas eligen esta alineación exacta, y hay varias variaciones. En el extremo opuesto del espectro tienes una identidad femenina en un cuerpo masculino o una identidad masculina en un cuerpo femenino. Este tipo de arreglo, lo que causa que la persona sea transexual, prevé algunas oportunidades únicas en términos de experiencia durante la encarnación. También son posibles las manipulaciones del cuerpo físico durante la gestación que tienen que ver con el sexo. Por ejemplo, el alma puede desear feminizar y cambiar la apariencia del cuerpo masculino agregando un cromosoma X adicional al par normal de XY, causando que el cuerpo sea lo que se denomina "intersexual". Así que como puedes ver, son posibles numerosas permutaciones».

«Ya veo. Nunca me di cuenta...»

«Después de elegir tu sexo y tu identidad, eliges tu orientación amorosa —ya sea ser heterosexual u homosexual. Tu sexo, tu identidad y tu orientación amorosa sientan la base para los tipos más fundamentales de experiencias que puedes anticipar durante tu vida.

Tú determinas tu sexo, tu identidad masculina o femenina y tu orientación sexual.

»En esta vida escogiste tener un cuerpo masculino, identificarte como hombre y ser atraído románticamente por el mismo sexo».

«Sí.

»¿Por qué la denominas orientación "amorosa" en vez de orientación "sexual"?»

«Lo hice a propósito. Referirse a una orientación "sexual" en vez de una orientación "amorosa" es una denominación impropia común que enreda las cosas. Cuando usas el término "sexual", hay una referencia implícita que el sexo es el factor determinante principal de la orientación —pero no lo es. Es la fantasía romántica y la atracción amorosa por el sexo opuesto —o por el mismo sexo— lo que determina la orientación de una persona, no el acto de tener relaciones sexuales. Es lo que piensas, no lo que haces, lo que te hace homosexual o heterosexual».

«Está bien, ya entiendo».

«Por supuesto, las relaciones sexuales se llevan a cabo en numerosas situaciones, pero es más gratificante para los individuos implicados cuando se usan como un vehículo para la expresión del amor. Pero, como sabes, a menudo ese no es el caso. Las personas tienen relaciones sexuales por varios motivos, incluyendo las obligaciones sociales, el deseo de tener hijos, el deseo de complacerse a sí mismas fisiológicamente, el deseo de complacer a una pareja o un cónyuge o, en el caso del homosexual que está en el armario, por miedo a ser descubierto y excluido. A menos que haya un vínculo amoroso genuino, la satisfacción siempre estará limitada en estas circunstancias para ambas parejas.

»Ahora bien, volvamos a la selección. La mayoría de las almas deciden no hacer un problema de su orientación sexual con la que tengan que luchar durante sus vidas y eligen alinear sus cuerpos físicos con su identidad masculina o femenina y ser heterosexuales. También hay algunas que deciden ser bisexuales, lo que les permite flotar entre hombres y mujeres como objetos de deseo amoroso.

»Tú has elegido ser homosexual, lo que hace que no cuadres con las normas sociales imperantes en la mayoría de las comunidades, tal como existen hoy en día en la Tierra. En algunos países podrías acabar en la cárcel o afrontar la ejecución».

Rikki se preguntó en voz alta: «¿Por qué elegí un camino tan difícil?»

«Tiene que ver con el deseo de tu alma de experimentar sentimientos específicos, como hemos hablado anteriormente. Planear tu vida antes de nacer es un asunto serio, y pasaste mucho tiempo considerando las decisiones que tomaste.

»Ahora bien, en lo que respecta a mi consejo específico para ti, es importante que aceptes tu orientación sexual. Elegiste ser homosexual. Lo hiciste por dos motivos: Uno de tus motivos tuvo que ver con tu vida pasada más reciente que terminó durante la Segunda Guerra Mundial como un judío en Polonia, lo que te mencioné la última vez que nos reunimos. Durante esa vida estuviste casado y tenías dos hijos, todos los cuales murieron durante un bombardeo aéreo. Sobreviviste al bombardeo y fuiste asesinado más tarde, pero nunca superaste la pena de perder a tu familia. Esta vez decidiste que la idea de tener hijos evocaría demasiados recuerdos pasados de pérdida y, además, deseaste centrarte en otros asuntos. Tu elección de ser homosexual de hecho te mantuvo alejado de tener hijos y de volver a experimentar esos recuerdos íntimos de pérdida».

«Sí, ahora eso me parece bastante lógico».

«También elegiste ser gay con el fin de tener una profundidad de compresión para el necesario trabajo psicoterapéutico que te queda por delante en lo que respecta a trabajar con víctimas de la epidemia del SIDA. El SIDA pronto matará a miles de hombres gays y continuará matando a millones de personas alrededor del mundo durante algunas décadas venideras».

«¡Oh… esa es una noticia terrible!»

«Es un evento que está predestinado a nivel social. Tú determinas tu propio destino, como te dije antes. Pero hay mucho más que está sucediendo en el mundo. Tus metas a largo plazo también se deben idear dentro de los límites de los procesos de evolución que se llevan a cabo a nivel social. Si hay un conflicto, entonces tu meta no se realizará o se modificará para que encaje dentro de la armonía general de eventos que se despliega que están destinados a tener lugar, a medida que todas las sociedades y todas las almas dentro de ellas evolucionan espiritualmente. El SIDA, aunque es devastador, creará oportunidades dentro de las culturas para evolucionar de numerosas maneras, no solo en términos de moral y compasión, sino también en términos de ciencia».

El resentimiento de Rikki hacia Alma Vieja ya se había disipado. Sentía una sensación de calma y paz al escuchar el apoyo que había recibido con respecto a su orientación sexual. También se dio cuenta de que no hubiera sentido el resentimiento hacia Alma Vieja sobre este asunto si hubiera seguido las enseñanzas de Alma Vieja en primer lugar y aceptado su destino —aceptando que no recibió la información que deseaba acerca de su sexualidad y confiando en que se suponía que aprendiera algo de esa experiencia. Ahora se sentía agradecido, en retrospectiva, ya que se le dio sentido a este evento. Estaba agradecido por haber permanecido en el armario, y pensó para sí mismo: «A pesar de todos mis problemas hasta la fecha, no cambiaría nada. Me gusta ser quien soy, en lo que me he convertido».

Alma Vieja, leyendo sus pensamientos, dijo: «Sí, lo has hecho bien hasta ahora. Ahora recuerda aceptar el destino, es un camino más fácil de seguir».

«Ahora lo entiendo. Gracias. Pero antes que se me olvide, quería preguntarte acerca de mis profesores supervisores. ¿Conocí a los tres antes de nacer?»

«Sí, los conocías. No son parte de tu círculo íntimo de amigos, pero estuvieron de acuerdo en ayudarte si llamaras a sus puertas».

CAPÍTULO 7

LOS ESTADOS EMOCIONALES DE LA MENTE Y SU EFECTO EN TU REALIDAD

Alma Vieja continuaba ahora: «Ahora que hemos explorado el tema de la selección del sexo y la sexualidad, me gustaría continuar el tema de la emoción que mencioné muy brevemente la última vez que nos reunimos».

Alma Vieja se puso de pie y se acercó a una de sus estanterías. Sacó un libro, Los estados emocionales de la mente, y dijo: «La última vez que nos reunimos mencioné cómo las emociones juegan un importante papel en la creación de la realidad. Ahora me gustaría decirte con mayor profundidad cómo esto funciona desde tu punto de vista personal —cómo tu interpretación de tus propias emociones crea tu experiencia. El contenido de este libro te ayudará a comprender tus propias dificultades con el amor, así como con varios otros estados emocionales».

Rikki asintió y dijo: «Sí, eso sería útil».

Alma Vieja comenzó a leer pasajes del libro, tomándose el tiempo para discutir cada pasaje con el fin de asegurar que Rikki entendiera a fondo el contenido.

«Empezaré revisando algunos de lo que mencioné antes, mientras agrego algunos detalles importantes sobre la marcha.

»Como he mencionado antes, todas las almas superiores y las almas son formas de pensamiento sumamente inteligentes. Su emoción principal es el amor. La oportunidad de experimentar emociones, aparte de la serena experiencia relacionada con el amor, está limitada dentro de la Dimensión Espiritual y ese es el motivo principal por el que las almas superiores intentan proyectar las almas en la Tierra para una encarnación. Durante la encarnación, las almas, a modo de tener cuerpos físicos, tienen la oportunidad de experimentar los aspectos negativos de las emociones que no son una parte normal de la vida en la Dimensión Espiritual.

»El amor, el cual es una expresión básica de la naturaleza del alma, es fundamental para todos los tipos de emociones. Se experimenta en formas enredadas en la Tierra, tanto mediante la alegría y el amor por los demás, incluyendo el amor por los animales y las otras formas de vida. El amor también se experimenta en "dolor emocional". La intensidad y profundidad de estas emociones dolorosas no se observan completamente hasta que el objeto del amor de alguien deja de existir, por ejemplo, debido a la muerte o porque se marcha, como en la ruptura de una relación.

> La emoción principal del alma es el amor, y el amor es el elemento fundamental de toda emoción.

»Como he mencionado anteriormente, durante tu encarnación te metes en las circunstancias que producen emoción y entonces, a medida que te dejas llevar lentamente hacia adelante en la vida, asimilas todo el aprendizaje potencial de estos encuentros. El sentido de estos encuentros no te resulta obvio en el momento de los trastornos emocionales, pero es dado en retrospectiva, es decir, después de que has aprendido lo que deseabas de esa experiencia emocional en particular. En algunos casos verás el sentido en los eventos poco después de que ocurran, mientras que otras veces no te resultará obvio hasta después de muchos años —justo hasta tu lecho de muerte o incluso después de tu muerte física, cuando hayas regresado a la Dimensión Espiritual».

«Eso parece mucho tiempo para esperar el sentido o para tener una comprensión que tenga sentido de los momentos difíciles por los que has pasado».

«Sí, pero te sorprenderá lo rápido que pasa una vida. Considera ahora, por ejemplo, cómo acabas de darle sentido al hecho de no apoyarte con respecto a tu orientación sexual cuando nos reunimos la última vez: En este caso han pasado diez años. Sin embargo, por lo general la retrospectiva por la cual se le da sentido a un evento no toma tanto tiempo, pero en algunos casos se tarda mucho más».

Alma Vieja continuó: «Ahora veamos brevemente los estados emocionales de amor, temor, ansiedad, ira y depresión. Sé que ya tienes experiencia íntima con algunos de los ejemplos de los que te hablaré, pero te hará bien revisar estos aquí para garantizar la finalización».

«Está bien».

«El amor es la más básica de estas emociones, así que veámoslo primero».

EL AMOR

«Como acabo de mencionar, la expresión del amor es un aspecto fundamental del ser humano. Sin embargo, las personas a menudo se meten en problemas en sus relaciones con los demás cuando se trata de las expectativas que tienen con respecto al amor que esperan recibir de ellos. Esto es algo que ciertamente ya has experimentado en numerosas ocasiones, cuando intentaste seducir a hombres en el pasado. Aquí hay algunos conceptos básicos sobre algunos aspectos del amor que deberías entender.

»Es importante que sepas que el amor es "unidireccional". Desde todo punto de vista, el amor que sientes por otra persona solo fluye de ti hacia quien está destinado. Esa persona puede sentir tu amor y bañarse en su esencia. Pero tu amor no se refleja de vuelta a la otra persona. Sin embargo, la otra persona puede sentirse de manera similar hacia ti y dirigir su amor hacia ti, permitiéndote bañarte en una emoción similar, pero no es "tu" amor lo que se refleja. Por lo tanto recuerda no molestarte cuando alguien que ames no te corresponda. Es una suposición errónea que el amor se reflejará de vuelta, dado que el amor es unidireccional».

«Ah, supongo que eso explica algunas cosas».

Alma Vieja sonrió con complicidad y continuó: «También es importante que entiendas que el amor es "incondicional". Es decir, nunca deberías esperar algo a cambio por amar a alguien o ser amable con esa persona. El amor y la bondad son regalos que deben ser dados libremente. Esperar que estos actos o sentimientos debieran ser devueltos es una suposición errónea, dado que el amor y la bondad son incondicionales. Así que para reiterar este principio: Necesitas entender que un acto de amor o un acto de bondad que le ofrezcas a alguien no es dado libremente si esperas algo de esa persona a cambio. Esta expectativa retorcida es bastante común y con frecuencia lleva a confusión por parte del beneficiario y desilusión por parte del donante. Si esperas algo a cambio por tu amor o por un acto de bondad, ya sea solicitado o no, entonces expresa tus expectativas, por ejemplo: "Estaré esperando algo a cambio de tu parte" o "¡Ahora me debes una!" En este caso le estás haciendo un favor a alguien y aunque puede estar motivado por tu amor o buenos sentimientos hacia esa persona, tu favor es un aparte de estos sentimientos y es condicional; no es un acto directo de amor o bondad, es un favor. También, en este tipo de caso no esperes que el beneficiario podrá adivinar tus pensamientos y que te devolverá el favor no solicitado, como tú podrías haber hecho por él. Puede que a él no se le ocurra hacerlo y no tienes el derecho de sentirte molesto con él por eso. En este caso, el lema "pide y se te dará" se aplica acertadamente».

Olvida el daño que cualquiera te haya hecho, y olvida el bien que les has hecho a los demás.
Sathya Sai Baba

Rikki lo entendió muy bien e hizo mención de su amigo Bjorn a Alma Vieja, comentando: «Bjorn tiene una relación muy disfuncional con su madre. A menudo pasa por mi apartamento y se queda durante mucho tiempo. Creo que el amor de su madre por él es un buen ejemplo de lo que claramente no es incondicional. Hay hilos atados a cada gesto cariñoso que ella le hace, todos los cuales son no solicitados y no deseados. Ella se queja y dice cosas como: "Después de todo lo que he hecho por ti, ¿esto es todo lo que recibo a cambio?", "irrespetuoso", "¡cabrón!". Bjorn es producto de una relación de una noche que su madre tuvo con un hombre quien no quiso tener nada que ver con ella después, pero ella siguió viviendo con él durante un par de años en una relación abusiva».

«Sí, este es un buen ejemplo. Sin embargo, más adelante haré comentarios sobre el abuso. Déjame continuar con algunos aspectos básicos del amor.

«El amor no se puede exigir. No le puedes exigir a otra persona que te ame y tampoco puedes obligarte a amar a alguien que no amas, por mucho que lo intentes. Tu amor por los demás y el de ellos por ti "es" o "no es". No hay mucho que puedas hacer para cambiar eso.

»Otra expresión retorcida común del amor que ocurre en las relaciones es la de los celos. Los celos son el miedo a perder el afecto amoroso de alguien que amas por otra persona. Puede provocar un dolor emocional extremo. Es un sentimiento de terror total y se caracteriza por un deseo insaciable de impedir que un amante aleje sus afectos amorosos y los enfoque en otra persona. La persona celosa, en un intento por recuperar el afecto de la persona que se ha alejado, puede recurrir a los intentos de dominar o mostrar posesión sobre su cónyuge. Sin embargo, en este momento de la relación se ha establecido el miedo y el amor deja de encontrar su expresión natural; la relación se vuelve carente de amor. Siempre trata de evitar estas emociones retorcidas donde el amor se enreda con los celos y la dominación. Son insidiosos y se desarrollan con frecuencia cuando las relaciones amorosas empiezan a empeorar».

«Creo que he tenido algunos asomos de este sentimiento de celos a lo largo de los años».

«Sí, lo sé».

«También debes entender que el amor es una experiencia subjetiva y su aparición emana de una historia de experiencia personal que es, por supuesto, diferente para cada ser humano. Si tuvieras la oportunidad de entrar en el cuerpo de tu amante y experimentar el mundo tal como se ve a través de sus ojos descubrirías, para tu gran asombro, que su amor por ti a menudo se basa en suposiciones completamente diferentes que tu amor por él. Por ejemplo, puede que tu amor, en parte, sea un reflejo de tu necesidad de compañía, mientras que su amor por ti puede reflejar su necesidad de seguridad. Sin embargo, el amor en las relaciones románticas en general es trascendental y se basa en motivaciones que en gran parte son inconscientes para ambas personas».

«Sí, tengo dificultades para definir de manera concreta lo que amo exactamente acerca de Kevin».

«El amor es un asunto complejo.

»Se aplican la necesidad de caer bien y la regla del diez por ciento» —continuó Alma Vieja. «Estrechamente relacionado con el amor está la necesidad de caerle bien a los demás y tener amigos íntimos. Sobre todo a los jóvenes les resulta difícil aceptar esto cuando descubren que no les caen bien a todos».

«Quiero caerle bien a todos, bueno, al menos a la mayoría de las personas».

El amor es: unidireccional, incondicional, no se puede exigir, y es subjetivo.

«No es posible caerle bien a todos y explicaré por qué. Te recuerdo el hecho de que eres único. Actualmente hay varios miles de millones de personas en el planeta y ni uno solo es idéntico a ti. Las diferencias entre las personas son tan vastas que es ilógico esperar que le caigas bien a la mayoría de ellas o, de hecho, que ellas te caigan bien. Te diría que si tienes uno o dos "mejores amigos", entonces eres rico en amistades.

»Una buena regla general a tener en cuenta con respecto a tu deseo de caer bien es lo que yo llamo la regla del diez por ciento. Sugiero que si esperas relacionarte bien con más de una de cada diez personas que conozcas, o si esperas que más del diez por ciento de todas las personas que conozcas quisiera buscarte como amigo, entonces eres iluso».

«De acuerdo. Cuando pienso en ello, me doy cuenta de que lo que estás diciendo es probablemente correcto. De hecho, dudo que "congenie" con más del diez por ciento de las personas que conozco. Pero de todas formas deseo caerles bien a todos».

«Bueno, eso simplemente no sucede. Como promedio, le caerás bien a un diez por ciento, al ochenta por ciento no le importará quién eres y no le caerás bien a un diez por ciento —incluso antes de que abras la boca».

Rikki suspiró. «Sí, supongo que tienes razón. Me siento más o menos igual hacia las otras personas que conozco, si tengo que ser sincero con respecto a ello».

«Sospecho que si le preguntaras a tus amigos y conocidos sobre esto, descubrirías que muchos de ellos sufren de esta falsa ilusión. No es inusual que las personas supongan que les caerán lo suficientemente bien al treinta por ciento o incluso al cincuenta por ciento de las personas que conocen como para querer forjar una amistad con ellas.

Recuerda la regla del diez por ciento
y sé tú mismo sin tener remordimientos.

»Ser iluso de esta manera por lo general no se convierte en un problema para la mayoría de las personas, pero sí sucede así para algunas. Desgraciadamente, para algunas personas el deseo de caer bien se convierte en una obsesión y pierden mucho tiempo y energía en tratar de lograr esta meta inalcanzable. Este interés siempre es contraproducente y adquiere muchas formas. Por ejemplo, una persona en un intento de lograr esta meta puede investigar a alguien que intenta atraer e intentar actuar como si fuera el tipo de persona que prevé que a la otra persona le gustaría que fuera. Al hacerlo, esa persona, por supuesto, sacrifica sus propias necesidades en su desesperación por caer bien. El problema que ocurre consiste en que este interés desesperado se convierte en una forma de ser para algunas personas. En el caso extremo, se olvidan de quiénes son. Olvidan que son únicos. Solo piensan en lo que su pareja necesita, quiere y desea, y pierden la conexión que tienen con lo que necesitan, quieren y desean. Estas personas siempre sufren de baja autoestima y poco a poco, a medida que se olvidan de quiénes son, les resulta cada vez más difícil desprenderse de su necesidad de caer bien por miedo a no caerles bien a nadie o no ser queridos. Adornan una máscara y al hacerlo violan la premisa básica de su existencia —que es ser ellas mismas sin tener remordimientos. Este juego, que es sin conocimiento en su mayor parte, tiene muchos avatares y siempre acaba en pena cuando los individuos implicados se llegan a conocer más íntimamente y descubren que no son compatibles».

«He conocido a algunas personas así. Es casi como si estuvieran en un trance».

«Sí, tienes razón. ¿Recuerdas que hablamos un poco sobre los estados de trance cuando nos reunimos la última vez? Cuanto más fuerte es la emoción, más profundo es el trance. O, en este ejemplo, cuanto más fuerte sea la desesperación de caer bien o ser querido, más ansiosa se siente una persona, preocupándose de ser incapaz de inspirar amor. A una persona le resulta muy difícil dejar este hábito y a veces se convierte en una obsesión».

«En la otra cara de la moneda, con respecto a este tipo de interacción social, cuando una persona es fiel a sí misma y se expresa sin tener remordimientos, sus amigos llegan a conocerla auténticamente. Es auténtica a sí misma y a sus amigos. Sus amigos, en cambio, responden ante ella en consecuencia y la reacción que recibe de los mismos le recuerda a la persona que sabe que es. Esta reacción o eco de las otras personas refuerza su identidad; su sentido de quien es o su sentido de sí misma. Esta confirmación, reflejada desde el mundo exterior, es sumamente importante para la estabilidad psicológica. Cuando una persona lleva una especie de máscara y finge ser alguien diferente, entonces el eco que recibe de los demás no está en consonancia con su identidad interna y por supuesto concluye que sus amigos no la conozcan, lo que de hecho es así. La ausencia de esta confirmación de sí misma desde el mundo exterior hace que una persona se sienta cada vez más aislada. La persona empieza a sentirse sola, incluso cuando está rodeada de amigos. Y si este comportamiento es prolongado, puede comenzar a experimentar ataques de pánico. Por eso siempre debes obedecer el primer principio de tu existencia, el cual, como he dicho antes, es ser tú mismo, sin tener remordimientos».

«Ahora trata de tener en cuenta estos comentarios sobre el "amor" y tu deseo de "caer bien" mientras te encuentres en situaciones que produzcan estos sentimientos y evitarás muchos conflictos innecesarios en tus relaciones con los demás».

El principio más profundo en la naturaleza humana es el anhelo de ser apreciado.
William James

«Está bien, lo haré».

Alma Vieja continuó: «Como dije antes, la feliz experiencia del amor es la única emoción que normalmente experimentas en la Dimensión Espiritual. Los lados negativos del amor que se producen en las relaciones, como los que hemos discutido anteriormente donde experimentas dolor emocional, solo ocurren en el mundo físico. Y como bien sabes, también hay dolor emocional relacionado con muchos otros estados emocionales. Estos incluyen, por ejemplo, el miedo, la ansiedad, la ira, la depresión, la culpa, el odio y el poder. Será útil que entiendas un poco mejor la manera en que interpretas estas emociones cuando las experimentes, ya que tu realidad también se crea mediante ellas. Veamos estas a su vez».

EL MIEDO Y LA ANSIEDAD

«El miedo y la ansiedad son emociones fundamentales. Surgen de fuentes separadas: El miedo es una emoción que se produce cuando una persona percibe una amenaza y emana de la "conciencia básica" inherente dentro del cuerpo físico. Es un mecanismo instintivo de supervivencia y sirve para proteger al cuerpo del daño físico y la experiencia que resulta del dolor físico. Por otra parte, la ansiedad está más relacionada con aspectos "existenciales" de la vida, y emana de la conciencia del alma».

«¿Qué quieres decir?»

«¿Recuerdas la última vez que nos reunimos, cuando te hablé de cómo eres una combinación de dos tipos de conciencia —la "conciencia básica" del cuerpo físico y la conciencia más sofisticada del alma?»

«Sí, lo recuerdo».

«Bien. El miedo emana de la conciencia básica. Es primordial. Todos los animales, incluyendo el animal humano, experimentan el miedo cuando se sienten amenazados y provoca una reacción de "vuelo" o una reacción de "lucha" si el animal es acorralado y no puede huir. Por otra parte, la ansiedad emana de la conciencia del alma y tiene que ver con las inquietudes acerca de vivir en el mundo físico. Básicamente hay dos tipos de ansiedad —la ansiedad común y cotidiana y la ansiedad existencial».

«Está bien, entiendo».

«Déjame hablarte primero sobre el tipo de ansiedad común y cotidiana. Este tipo de ansiedad por lo general se relaciona con situaciones que son imaginarias y temporales o situaciones que se anticipan. La ansiedad de este tipo siempre es una pérdida de energía. No logra nada y por lo general molesta a tus amigos cuando les hablas al respecto, sobre todo cuando no haces ningún intento de resolverla a pesar de sus consejos».

«Conozco a alguien así. Ella se obsesiona y se queja de su ex novio, pero nunca sigue mi consejo sobre lo que pienso que debería hacer para sentirse mejor con respecto a la situación».

«Mi consejo general en estos tipos de situaciones sería —si puedes resolver un problema, entonces actúa y toma las decisiones necesarias para resolverlo. Si no puedes resolverlo, entonces no pienses en ello. Déjalo así».

«Puede que ese sea un buen consejo, pero del dicho al hecho hay un gran trecho. Por ejemplo, no es tan fácil detener la sensación de ansiedad con respecto a una relación que está al borde del naufragio».

«Sí, lo sé. Hay técnicas terapéuticas que ayudarán a que una persona asuma el control en este tipo de situaciones».

«¿Qué me puedes recomendar?»

«Has leído sobre la técnica "de detención del pensamiento" que estoy a punto de describir, pero déjame revisarla para ti de todos modos ya que es muy efectiva si se aplica correctamente. Se centra en ayudar a que una persona se desprenda de un pensamiento ansioso y, por consiguiente, una sensación de ansiedad —dado que el pensamiento siempre precede a un sentimiento. La primera cosa que las personas deben entender es que están a cargo de lo que se permiten pensar. Tú —y nadie más— decides cuáles pensamientos dejas que estén en tu mente. Esta técnica de detención del pensamiento te ayudará a obligar a que un pensamiento no deseado se vaya de tu mente, de manera permanente.

Una técnica de detención del pensamiento ayuda a mitigar los pensamientos obsesivos de ansiedad.

»En primer lugar, identifica claramente el pensamiento obsesivo del que intentas deshacerte. Defínelo y anótalo. Debe ser específico. Por ejemplo, podría ser un ex amante específico que no puedes sacar de tu mente, un evento específico o un incidente que te afecta y que no puedes dejar de pensar en el mismo.

»Después, toma la decisión ejecutiva en tu mente de que estás listo para desprenderte del pensamiento no deseado. Usemos al ex amante en nuestro ejemplo. En este caso debes estar absolutamente seguro de que estás listo para dejar de obsesionarte con él. Una vez que estés seguro de que has tomado esta decisión, continúa con el paso tres.

»Ahora bien, cada vez que el pensamiento no deseado aparezca inesperadamente en tu mente, dite a ti mismo "Para" en un intento de expulsar el pensamiento no deseado. Para ayudarte con esta tarea necesitarás concentrarte en una tarea de distracción, algo que ocupe tu mente para que al mismo tiempo no puedas pensar en el pensamiento no deseado que te estás entrenando para deshacer. Así que, por poner un ejemplo, cuando el pensamiento de tu ex se aparezca inesperadamente en tu mente, di "Para" y entonces dedícate a una de las siguientes tareas de distracción: cuenta hacia atrás de tres en tres, empezando en cien, lo más rápido que puedas; di el alfabeto al revés o di el alfabeto al revés saltándote una letra; o calcula las raíces cuadradas de los números. Cualquier tarea mental funcionará, siempre que te ocupe hasta el punto en que no puedas albergar al mismo tiempo el pensamiento no deseado en tu mente.

»Sigue haciendo la tarea de distracción en tu mente hasta que tengas la sensación de que el pensamiento no deseado ha desaparecido.

»Esto puede tardar unos cuantos minutos cuando lo intentes por primera vez, pero confía en mí, funcionará; el pensamiento no deseado desaparecerá finalmente.

»Una vez que tengas la sensación de que el pensamiento no deseado ha sido expulsado de tu mente, centra tu mente en alguna actividad que sea necesaria que hagas y que ocupe tu mente. Por ejemplo, en tu caso deberías sentarte y trabajar en tus trabajos escolares».

«Esto parece que podría funcionar».

«Sí funcionará. Pero unas palabras de advertencia, antes de terminar. Al principio, durante los primeros días después de que comiences a hacer esta técnica de detención del pensamiento, debes estar muy atento ya que el pensamiento no deseado retornará sigilosamente y estará de repente en tu mente sin que lo hayas notado. Cuando esto suceda, debes decirte inmediatamente a ti mismo "Para" y entonces reanudar tu tarea de distracción hasta que el pensamiento no deseado haya desaparecido otra vez. No te desencantes cuando comiences a usar esta técnica por primera vez, ya que el pensamiento no deseado se puede tardar varios minutos en desaparecer las primeras veces que trates de hacer esto, pero si eres disciplinado y el éxito de esta técnica depende únicamente de que seas muy disciplinado contigo mismo, pronto descubrirás que ese pensamiento no deseado ya no te fastidiará.

»Una recomendación final: En algunos casos, puede que no estés completamente listo para deshacerte del pensamiento no deseado antes de que comiences esta depuración de la mente. Si ese es el caso, entonces sugiero que planifiques en tu agenda un momento, no más de una vez a la semana y no menos de diez minutos cada vez, donde te permitas pensar en el pensamiento no deseado, es decir, tu ex en nuestro ejemplo. Antes de hacer esto, pon un despertador para que suene después de diez minutos. Luego siéntate con bolígrafo y papel y escribe todos los pensamientos y preocupaciones que tienes con respecto a tu ex. Cuando la alarma se apague, dite a ti mismo "Para" y comienza la tarea de distracción hasta que el pensamiento no deseado se haya extinguido. Si cuando la alarma se apague no has terminado de pensar en todos los pensamientos no deseados, entonces haz el mismo proceso la semana siguiente. Recuerda, te estás entrenando para tomar el control de las cosas en las que piensas en vez de tener pensamientos no deseados que te controlen. Esta recomendación final te permitirá tratar con cualquier asunto pendiente que puedas tener con respecto a tu ex, pero en tus propios términos y bajo tu propio control».

«Esto está bueno. Se lo recomendaré a mi amiga la próxima vez que hable de su ex novio. Parece que esto podría funcionar para cualquier persona que esté encaprichada obsesivamente con alguien que no esté interesado o para cualquiera que esté obsesionado con algo».

«Sí, es una buena técnica en general».

Alma Vieja continuó: «Ahora que hemos explorado la ansiedad común y cotidiana, déjame hablarte un poco sobre la ansiedad "existencial". Como la ansiedad común y cotidiana, la ansiedad existencial también tiene que ver con las inquietudes que el alma experimenta durante una encarnación. Pero está más estrechamente relacionada con el propósito y el significado de la vida. La ansiedad existencial puede ocurrir en una variedad de circunstancias. Por ejemplo, esta no es una experiencia inusual para las personas que son muy infelices en sus carreras. Cuando carecen de satisfacción y preocupación con respecto a sus propósitos en la vida, se sienten melancólicas y a menudo empiezan a experimentar ataques de pánico y típicamente se sienten ansiosas y deprimidas, especialmente los domingos, cuando les da terror tener que ir a trabajar el lunes. Otro ejemplo sería un estudiante como tú que reprobó en la escuela. De repente, el futuro es incierto y la ansiedad existencial se afianza».

«Sí, este es el tipo de sensación que experimenté cuando recibí la cartilla de notas diciendo que había reprobado todo mi año en la escuela secundaria y que tendría que repetirlo. Tuve un ataque de pánico. No podía controlar la ansiedad y la vergüenza que sentí en ese momento. Y tuve una experiencia similar después del primer semestre en la universidad, cuando reprobé cada uno de mis cursos excepto el de psicología».

«Sí. Experimentaste breves episodios de ansiedad existencial en esos momentos. Es una emoción muy incómoda, y por lo general motiva a que una persona haga elecciones que llevarán a algunos cambios significativos en la vida. Por poner un ejemplo, en tu caso empezaste inmediatamente a formular una trayectoria diferente en lo que respecta a tu educación, lo que te ha llevado a tu carrera actual. La buena noticia es que en estos tipos de circunstancias, tan pronto como se tome una acción positiva, los síntomas de la ansiedad existencial comienzan a disminuir. En ambas ocasiones, cuando te pasó esto, rápidamente te decidiste por fijar nuevas metas a largo plazo y empezaste a esforzarte por alcanzar los nuevos destinos. Estas metas te permitieron largar tus velas y dirigir tu barco con un propósito hacia una meta que tenías a la vista. De hecho, de esta manera te arrastraste hacia adelante, fuera de una circunstancia que te causaba experimentar el miedo existencial».

«Sí, ahora puedo verlo».

«Sin embargo, hay una forma más grave de ansiedad existencial de lo que has experimentado. Como sabes, tu alma superior sigue existiendo en la Dimensión Espiritual durante tu encarnación, mientras tu alma, tu identidad interna y tu ego externo habitan en y alrededor de tu cuerpo físico. Sin embargo, cuando de vez en cuando una persona experimenta ansiedad extrema o está gravemente traumatizada, el ego externo y la identidad interna dejan de funcionar correctamente; quebrándose y causando una interrupción en la comunicación con el alma. En algunos casos esta interrupción continúa durante muchísimo tiempo. En estas situaciones, una persona puede experimentar el trastorno por estrés postraumático, el cual es una forma severa de ansiedad existencial relacionada con un dolor emocional profundo. Esta condición por lo general requiere intervención psicoterapéutica».

Fija metas a largo plazo para ayudar a mitigar la ansiedad existencial.

«No creo que he experimentado ese tipo de ansiedad existencial».

«No, afortunadamente no lo has experimentado —no en esta vida.

»Ahora continuemos explorando otros tipos de emociones. Como dije antes, el amor, que es una expresión básica de la naturaleza del alma, es un elemento fundamental de toda emoción. El miedo y la ansiedad son emociones primarias, pero a menudo dan lugar a emociones secundarias. La ira, la depresión y la culpa son ejemplos de emociones secundarias. Empecemos revisando la ira».

LA IRA

«La ira es una emoción secundaria que surge del miedo y la ansiedad. Ocurre a menudo cuando una persona se siente amenazada y tiene miedo de algo. El obstáculo más común que da lugar a la ira tiene que ver con la relación de una persona con la dimensión de espacio y tiempo. Es posible que recuerdes que hablé un poco sobre esto durante nuestra última reunión».

«Sí. Hablaste de lo frustrante que les resulta a las almas ajustarse a la dimensión de espacio y tiempo cuando intentan navegar y comunicarse mediante un cuerpo físico».

«Sí, y a menudo se enojan. Los casos comunes que dan lugar a la ira son, por ejemplo, quedarse atascado en el tráfico, esperar por alguien que llega tarde a una cita o no tener el tiempo para completar algo importante. Estos tipos de ejemplos, donde el espacio y el tiempo juegan un papel central en la capacidad de alcanzar una meta, son las causas más frecuentes de frustración e ira».

«Sí, entiendo. Traté de poner en práctica lo que me habías dicho hace unos años, pero todavía me impaciento en estos tipos de situaciones, aunque pasa con menos frecuencia ahora comparado con antes cuando me hablaste sobre esto la primera vez».

«¡Qué bueno! Te vi poner en práctica este concepto en varias ocasiones con tu amigo Alfredo. Los monjes budistas son buenos ejemplos de personas que han dominado este arte, pero no tienes que practicar la meditación ni ser un monje para ser bueno en esto. Pero tienes razón en descubrir que se requiere mucha práctica y conciencia plena continua para que un alma no se frustre y enoje mientras intenta navegar dentro de la dimensión de espacio y tiempo. Hay algo de verdad en el refrán "la paciencia es una virtud", ya que calma este tipo de ira.»Una técnica que podrías intentar es traer la dimensión de tiempo a tu imaginación de alguna manera metafórica que la haga más concreta y menos abstracta».

«¿Cómo haría eso?»

«Piensa de manera creativa. Esto es algo que debes descubrir por ti mismo. Una sugerencia sería imaginarte atascado en una cinta transportadora a medida que te desplaza en el tiempo y no tienes ninguna oportunidad de detener la cinta, moverla hacia atrás o acelerarla. En otras palabras, no puedes deshacer los eventos ni deshacer las acciones que hiciste una vez que ha pasado el tiempo. Tu única opción es tomar nuevas decisiones "en el momento". Si puedes darte cuenta de esta manera que el tiempo es autónomo y que no lo puedes afectar, entonces puede que comiences a apreciar, por ejemplo, cuán irracional es arrepentirte. Todo lo que tienes a tu disposición en cualquier momento es hacer todo lo que puedas dadas las circunstancias en las que te encuentres y eso es todo lo que se puede esperar de cualquier ser humano. Por lo tanto, es importante que hagas un esfuerzo sincero para traer la dimensión de tiempo a tu conocimiento consciente diariamente. Cuando practiques esto, descubrirás cuán fijo e inalterable es el efecto de la dimensión de tiempo y cuán común es que las personas ignoren sus efectos de un día para otro, causando que se sientan frustradas y enojadas».

«Ya entiendo lo que quieres decir. Trataré de hacer eso».

«El destino también está tejido en esta mezcla con el tiempo, así como la armonía de eventos que se despliega en la que fuiste arrojado al nacer. El destino impone que haya eventos inesperados alrededor de cada paso. Algunos de ellos tienen que ver específicamente con tu propio destino personal, pero otros son simplemente partes del curso de obstáculos generales en la vida provocados por la armonía de eventos que se despliega. Te podría ser útil usar la analogía de ti mismo flotando por un río en un bote y no saber la ubicación de las rocas debajo de la superficie que de repente causan que el bote se voltee e interrumpa tu viaje. O puedes imaginarte quedarte quieto, mientras el viento que sopla hacia ti trae consigo eventos imprevistos. Estos eventos, ya sea que estén predestinados específicamente para atraerte o simplemente son una parte del curso de obstáculos generales de la vida, deben ser franqueados. La actitud que llevas a estos obstáculos es lo que crea la ira. Tus intentos de apresurarte más rápido a través del espacio y tiempo que lo que el río fluye, o tu impaciencia con el viento cuando todavía está en calma, solo servirán para hacerte sentir frustrado y enojado. No puedes estar fuera del espacio y tiempo, ni escaparte del mismo; no tienes más remedio que aceptarlo y trabajar dentro de sus límites».

Rikki asintió. «Sí, necesitaré más práctica para conseguir la serenidad perfecta».

> La conciencia plena continua es necesaria mientras se navega dentro de la dimensión de espacio y tiempo.

«Por supuesto, hay muchas otras fuentes de ira. Por ejemplo, la ira podría ocurrir a raíz de la decepción que sientes cuando descubres que alguien te ha mentido o cuando alguien rompe una promesa. En estos casos la ira es causada por la decepción. A un nivel más profundo, esta ira se relaciona a menudo con el sentimiento de no caer bien o de no ser querido. La ira también es común cuando se terminan las relaciones, donde el dolor emocional de perder a un amante provoca temores de abandono y de no ser simpático o de no ser capaz de inspirar amor.

»Otra fuente común de ira son las expectativas retorcidas que algunas personas tienen después de ofrecer favores solicitados o no solicitados a otra persona, cuando suponen erróneamente que son actos de amor y bondad. Hablé de esto anteriormente en el contexto del amor incondicional o la bondad incondicional. Pero déjame darte un poco más de detalles sobre esto ya que también se relaciona con la ira. En algunos casos un donante sigue repartiendo favores, mientras ninguno es devuelto alguna vez. En este caso, la persona poco a poco empieza a sentirse que se están aprovechando de ella y que está sacrificándose para nada. Empieza a sentirse herida, luego enojada. Su ira se acumula y empieza a estar resentida e irritable con los demás. Finalmente explota, a veces con el individuo confiado que está recibiendo sus favores, pero más comúnmente con una persona con quien tiene una relación estrecha o con alguna persona inocente que da la casualidad que está en el lugar incorrecto inoportunamente. O también podría volver esta ira sobre sí misma, hacia adentro, en cuyo caso comienza a sentirse deprimida».

«Creo que conozco a alguien así —mi amiga Cindy. Me resultó difícil darme cuenta de esto al principio, pero ahora que lo has explicado ella encaja perfectamente. Trabaja conmigo en mi trabajo a tiempo parcial en la cafetería durante el año escolar. Ella finge ser feliz, pero puedo notar que está enojada por dentro. Siempre está hablando de cuán buena ha sido con los demás, lo que ha hecho por ellos, lo útil que es y cómo casi nunca recibe ningún reconocimiento a cambio de su ayuda. Supongo que debo tener cuidado; quizás de repente se desahogará conmigo».

«Sí, puede que lo haga. Parece que ella incuba su ira y se acumula».

«La ira a veces provoca más sentimientos extremos, como la venganza. Mencioné la venganza la última vez que nos reunimos, cuando te aconsejé de cuán importante es aceptar el destino para no ser vengativo. Cuando una persona está obsesionada con la venganza, ha perdido la conexión de amor que existe entre su propia alma y las almas de los demás. Erróneamente espera encontrar la paz como consecuencia de vengarse. Los dichos familiares "la venganza no remedia las ofensas" y "la violencia engendra violencia" se han desarrollado a partir del descubrimiento de que el sufrimiento humano no se cura mediante la venganza. El motivo de esto es que todas las almas tienen en común la emoción fundamental del amor y, a un nivel espiritual más alto, todas están conectadas. Es como si todas fueran los dedos de la misma mano; si se causa dolor en un dedo, la mano entera lo siente. Este es el motivo por el cual la venganza nunca calma el dolor emocional; a nivel espiritual simplemente estás hiriéndote de nuevo».

> La venganza nunca calma el dolor emocional.

«Ya veo. A medida que los ejemplos se amontonan, ahora entiendo mejor lo que quisiste decir cuando dijiste que debería aceptar el destino. Esa idea parece surgir una y otra vez en diferentes contextos».

«Bien, estás haciendo las conexiones».

«¿Pero qué pasa con las personas que hablan de la necesidad de venganza en forma de justicia para encontrar un desenlace satisfactorio a un evento trágico que alguien cometió contra ellas?»

«No hay nada malo en la búsqueda de un desenlace satisfactorio mediante el proceso de la justicia. Sin embargo, si esa persona requiere la muerte de otro ser humano con el fin de encontrar justicia, entonces el desenlace satisfactorio demostrará ser difícil de conseguir ya que la muerte de alguien nunca justifica la muerte de otro. El desenlace satisfactorio se trata de curar la pena, no de ojo por ojo.

Acepta afectuosamente tu destino. Tu reto es aprender de la experiencia emocional que se crea en la pena y, con el tiempo, superar esa experiencia».

«Sí, estoy de acuerdo, pero aceptar el destino no es la primera cosa en la que piensan la mayoría de las personas cuando por ejemplo, un miembro de su familia ha sido asesinado».

«Lo sé. Esta es una lección espiritual muy difícil. Pero como todo el destino, es orquestada por ti mismo para tener la oportunidad de aprender sobre tu naturaleza interna.

»Ahora déjame hablarte un poco sobre la depresión. La depresión también es una emoción secundaria, pero a diferencia de la ira que expresa las consecuencias del miedo y la ansiedad hacia fuera, la depresión expresa miedo y ansiedad por dentro».

LA DEPRESIÓN

«Como sabes, la depresión está acompañada de sentimientos de desesperanza, pesimismo, fatalidad inminente, desesperación y, en casos extremos, sentimientos de suicidio. En la persona severamente deprimida, el ego externo ha dejado de funcionar y la identidad interna está hecha un desastre. Se pierde la conexión con el mundo físico y la persona se desconecta de la vida: Su sentido de pertenencia se corta, junto con su anhelo de existencia; ha perdido la conexión emocional con la vida a su alrededor y se siente insensible emocionalmente. No siente alegría y no puede identificarse con la alegría que ve en los demás; no siente ninguna compasión. De hecho, está desconectada de la vida. Ha caído debajo del horizonte desde el cual se sienten las emociones. Puede que sepa que hay un horizonte en algún lugar lejano, pero no puede llegar allí por su propia cuenta. Sin embargo, cuando la depresión comienza a desaparecer, los destellos del horizonte comienzan a aparecer —primero esporádicamente y luego con una frecuencia cada vez mayor».

Rikki escuchaba pensativamente.

«Como sabes, los eventos en la vida que hacen que una persona se sienta deprimida son numerosos y sentidos, pero es una experiencia que el alma ha elegido tener con el fin de aprender sobre su naturaleza interna. ¿Por qué? —te preguntas. La respuesta radica en el concepto de contraste del que hablamos la última vez que nos reunimos. No puedes apreciar el grado de alegría y la experiencia de la dicha a menos que puedas contrastar estos estados de humor elevados con sus contrarios, como la depresión. Metafóricamente, no puedes apreciar la belleza estimulante de pararte en la cima de una montaña a menos que hayas trabajado duro en el valle. No sabes lo bien que se siente un día soleado a menos que hayas experimentado la sensación sombría de un día nublado. Y la lista es interminable. Para juzgar una experiencia, debes poder contrastarla con algo contrario. Obviamente no es una experiencia agradable estar deprimido, pero es una emoción que debes experimentar para conocer lo contrario».

«¿Estás diciendo que la depresión es inevitable y que tengo que experimentar el hecho de estar deprimido alguna vez en mi vida?»

«Es una parte normal de la vida experimentar los altibajos a medida que franqueas los eventos predestinados que aparecen en tu camino. Sin embargo, no es necesario que experimentes depresión clínica en cada vida, ya que es posible que hayas tenido suficiente experiencia con la depresión en otras vidas que has tenido en el pasado, en cuyo caso puede que no haya necesidad de experimentarla nuevamente esta vez. También es posible que tengas planes para estar deprimido clínicamente en una vida futura».

«Está bien, eso es un alivio —creo».

«En cuanto a experimentar ambas caras de la moneda, puede que también recuerdes que la última vez que nos reunimos mencioné un concepto similar con respecto a enfrentar el reto divino. En ese caso, a veces una persona se ve obligada a, o elige experimentar quien no es para tener un mejor entendimiento de quien es. Por supuesto, ese dilema a menudo provoca sentimientos de depresión, ya que la persona se puede deshacer y desplomarse emocionalmente cuando se encuentre realizando actos que son la antítesis de lo que entiende que es».

«Sí, puedo ver cómo eso sucedería».

«Al igual que con todos los encuentros que provocan emociones, te metes en una circunstancia que produce ese estado emocional dentro de ti. Una vez que la emoción se sienta lo suficientemente, empiezas a dejarte llevar lentamente, asimilando todo el aprendizaje potencial de ese encuentro. Sin embargo, en algunos casos de depresión, sobre todo cuando el estado depresivo ha sido profundo, tu ego externo necesitará un empujón o un tirón para superar la inercia y empezar a funcionar otra vez. Siempre existe el peligro de habituarse a la depresión durante un período de tiempo tan largo que se convierte en un estilo de vida o un hábito miserable».

Rikki se preguntó: «¿Quieres decir que una persona sigue estando deprimida cuando las circunstancias que dieron lugar a la depresión han pasado desde hace mucho tiempo?»

«Sí. Las personas a veces se quedan atrapadas. Algunos individuos descubren, una vez que están deprimidos, que hay ganancias secundarias al estar deprimido. La emoción entonces se instala por un largo plazo y el estado de ánimo depresivo puede convertirse en un aspecto de su personalidad. Si alguna vez notas que esto está sucediendo, entonces intenta imaginarte en la cima de una montaña y verte luchando por subir la ladera desde abajo. Pregúntate: "¿Cuál es el mejor consejo que me puedo dar a mí mismo para levantarme y salir de este lío en el que estoy?" ¡Recuerda, tú creaste los eventos que dieron lugar a tu estado depresivo; y debes salir del mismo a menos que, por supuesto, quieras permanecer! Tienes libre albedrío y la decisión siempre es tuya. La mayoría de las personas se benefician de la psicoterapia y a veces también de la ayuda psicofarmacológica cuando se encuentran en esta circunstancia para reiniciar su ego externo y superar la inercia causada por la depresión».

«Acabas de decir: "Creaste la depresión, ahora sal de ella". ¿Eso no le parecería un poco duro a una persona que se siente deprimida?»

«Sí, podría ser, pero a veces las palabras ayudarán a una persona para quien la depresión se ha convertido en un hábito; la ayudan a superar la inercia y a empezar a considerar otras opciones. Puede que recuerdes lo que dije la última vez que nos reunimos sobre las emociones que se entretejen con los estados de trance. Una persona deprimida también está en un trance, y el trance juega un papel fundamental en el sustento de su depresión. Una patada en el trasero podría hacerla salir del trance».

Rikki dijo con vacilación: «Ya veo... no creo que alguna vez haya estado deprimido de la manera en que acabas de describirlo».

«No, pero de vez en cuando has experimentado algunos de los síntomas de la depresión».

Rikki, reflexionando sobre su pasado, recordó: «Siempre me tomó algún tiempo recuperarme de mis encaprichamientos amorosos».

«Sí. Los encaprichamientos amorosos son un buen ejemplo. El trance es muy frecuente cuando estás encaprichado».

Una persona deprimida también está en un trance.

«Sí, sentí como si estuviera en un trance».

«Estuviste un poco deprimido durante aquellos tiempos, como muchos jóvenes cuando lidian con las emociones tumultuosas que sienten las primeras veces que experimentan el amor no correspondido.

«Uno de los problemas con la depresión es que el alma de la persona crónicamente deprimida tiene una capacidad muy limitada para expresarse en el mundo físico, debido al hecho de que el ego externo ha fallado y ya no asimila la información. Por lo tanto, la comunicación del alma con el mundo físico está bloqueada. Cuando esta condición persiste durante mucho tiempo, el alma y, por consiguiente, el alma superior, ya no pueden experimentar nuevos aprendizajes de la encarnación. Por lo tanto, el propósito para la vida es anulado. La respuesta definitiva a tal condición puede ser el deseo del ego externo de autodestruirse, posiblemente a través del suicidio, ya que siente que se ha vuelto inútil. El ego razona incorrectamente junto con la identidad interna cuya comunicación con el alma también se ha dañado debido a la depresión, que se han vuelto inútiles y obsoletos».

---

*Aunque el mundo está lleno de sufrimiento,
también está lleno de la superación del mismo.*
Helen Keller

«Eso no parece bien».

«El problema es con el ego externo que está dañado, pero nunca se daña de manera irreparable. Puede que el ego externo de la persona suicida no quiera admitirlo, pero siempre tiene muchas opciones cuando se trata de elegir entre la vida y la muerte. Con el suicidio, te privas de la oportunidad de aprender algo más de la experiencia emocional de estar deprimido y de la recuperación eventual de la depresión. Tú, de hecho, "repruebas" la vida. Y es un desperdicio en los casos en que el cuerpo está físicamente saludable de otra manera. Esto puede parecer insensible ya que sé que hay veces en que el dolor emocional es aparentemente insoportable y la persona deprimida no puede aceptar ni por un momento que ha elegido sentirse de esta manera. Pero ten en cuenta que tu alma nunca te pondrá en una situación que sepa que en última instancia no puedes manejar. Siempre hay un camino a seguir. Nunca hay una noche tan oscura que la luz no aparezca al día siguiente».

> En el suicidio, repruebas la vida.

«Es posible que en algunos casos de depresión prolongada haya otros motivos en juego. Recuerda, el alma provocó las circunstancias que llevaron a la depresión y puede que desee prolongar la depresión para, por ejemplo, ofrecerles a la familia y los cuidadores de la persona deprimida la experiencia de cuidar de alguien que está crónicamente deprimido. Sin embargo, es posible que el sentido definitivo, los motivos por los que el estado de ánimo de una persona se niega a cambiar, no sea conocido por ella o sus cuidadores hasta después de su muerte».

Rikki, reflexionando sobre lo que Alma Vieja había dicho acerca de la depresión, comentó: «La madre de mi amigo Bjorn trató de matarse hace un par de años. Ella tomó una sobredosis de píldoras. Pero él decidió faltar a la escuela ese mismo día y llegó a casa inesperadamente para encontrarla inconsciente en el sofá de la sala de estar, y llamó la ambulancia. Supongo que se sorprendió cuando se dio cuenta de que su hora de morir no había llegado».

«Tienes razón, la muerte nunca es un accidente, pero la mayoría de las personas no tienen la información de antemano en cuanto a cuándo morirán. Sin embargo, hay muchos factores complejos a tener en cuenta en las circunstancias de la madre de tu amigo. Para empezar, ella tiene una historia a la que no desea enfrentarse. Sin embargo, la experiencia de haber sobrevivido al borde de la muerte le ofreció una nueva perspectiva de la vida y la voluntad de hacerle frente a algunos de sus demonios. La vida de Bjorn también se cambió para siempre como consecuencia de haber descubierto que su madre había elegido morir en lugar de verlo crecer. Sin embargo, haber salvado a su madre del borde de la muerte también hizo que él volviera a valorar su relación con ella —lo que tenía que hacer. ¡Como puedes ver, la vida es un asunto complejo! No hay respuestas sencillas».

«Sí, entiendo eso».

Alma Vieja dijo ahora: «Hoy hemos tratado mucha información y hay más que me gustaría discutir antes de que terminemos el día de hoy. Sin embargo, tengo que ocuparme de un par de asuntos y regresaré en unos momentos. Mientras tanto, tómate un momento para disfrutar de esta vista panorámica de la Dimensión Espiritual desde mi ventana».

Alma Vieja se desapareció en ese momento, mientras Rikki se puso de pie y caminó hacia la ventana y miró fijamente hacia afuera. Lo que fue especialmente notable en esta ocasión era la sensación de amor y paz ambiental que parecía bañar a este universo. Como en ocasiones anteriores, Rikki vio a miles de almas que aparecían como esferas pulsantes. Algunas estaban cerca y otras a lo lejos.

CAPÍTULO 8

Alma Vieja regresó momentáneamente y reanudó la conversación donde la había dejado, y dijo: «Hay tres estados emocionales adicionales de los que me gustaría hablarte que, en algunos sentidos, combinan aspectos de las emociones del amor, el miedo, la ansiedad, la ira y la depresión que acabamos de revisar. Estos son los estados de ánimo que se producen cuando una persona tiene sentimientos de culpa, una necesidad desesperada de poder y el sentimiento de odio.

Empecemos primero con algunas palabras sobre la culpa».

LA CULPA

Alma Vieja continuó: «La culpa es un estado de ánimo afectivo en el que uno experimenta conflicto emocional por haber hecho algo que uno cree que no debería haber hecho (o a la inversa, por no haber hecho algo que uno cree que debería haber hecho). Por lo general la culpa persiste y no desaparece fácilmente. Básicamente hay dos tipos de culpa de los que debes ser consciente. Existe la culpa verdadera y la culpa falsa. Un ejemplo de culpa verdadera podría producirse, por ejemplo, después de un crimen premeditado, donde una persona sabía de antemano que el acto que estaba a punto de cometer estaba mal pero así y todo lo llevó a cabo. Después, la persona sufre culpa verdadera y puede que en algún momento quiera expiar su acción, con la esperanza de que pueda ser perdonada. Por otro lado, la culpa falsa es un sentimiento que surge como consecuencia de una creencia fundamental falsa relacionada por lo general con la dimensión de espacio y tiempo».

Rikki intervino: «Una vez más el dilema de espacio y tiempo complica las cosas».

«Es el obstáculo más común al que se tienen que enfrentar las almas.

»Un ejemplo de esto sería la acusación común: "Deberías saber que eso no se hace" —cuando, de hecho, no podías haberlo sabido de antemano. O una denuncia de algo que era imposible que hubieras sabido de antemano. Al igual que con la aparición de la ira de la que hablamos anteriormente, la culpa falsa está relacionada directamente con el hecho de que una persona no es lo suficientemente consciente del hecho que está atrapada en la dimensión de espacio y tiempo y por lo tanto no puede saber lo que pasará después. Por poner un ejemplo, puede que te acuses a ti mismo y digas: "Si hubiera sabido que eso pasaría, entonces no lo habría hecho" o "Si hubiera estado allí a tiempo, entonces esto no habría pasado". La lista es interminable.

»Por supuesto, es ilógico y absurdo culparse a uno mismo en casos como estos, pero tu sociedad te condiciona a hacerlo sugiriendo que "deberías haber sabido lo que pasaría". Por supuesto, si lo hubieras sabido, entonces habrías actuado de manera diferente. Las personas habitualmente hacen estos tipos de acusaciones, a pesar de saber que es imposible que alguien sepa lo que pasará después. En estas circunstancias, te pido que: recuerdes el hecho de que nadie en la Tierra sabe lo que va a pasar después y reconozcas que tu única responsabilidad es hacer lo mejor que puedas, en cada circunstancia. También deberías tener en cuenta que tu "mejor" actuación variará dependiendo de las circunstancias en las que te encuentres. Por ejemplo, puede que estés cansado, fatigado, distraído, absorto en los pensamientos o ausente de otra manera en diferentes momentos, lo que causará que tu nivel de rendimiento varíe. Hacer todo lo que puedas es todo lo que te puedes pedir, y de hecho lo que puedes pedirle a cualquier otra persona. Es todo lo que cualquiera puede hacer. Al final del día, mientras te quedes dormido, simplemente recuerda que hiciste lo mejor que pudiste dadas las circunstancias. Luego déjalo así. (Por supuesto, si tenías la intención de meter la pata y tuviste éxito, entonces no tienes sentimientos de culpa o sufres culpa verdadera. Pero definitivamente no sufrirías de culpa falsa). Recuerda, sufrir de culpa falsa es un error de comprensión que se basa en una creencia fundamental falsa sobre la dimensión de espacio y tiempo».

Cuando tengas sentimientos de culpa, recuerda determinar:
¿Estás sufriendo culpa verdadera o culpa falsa?

«Esto sin duda alguna suena familiar. Sobre todo me recuerda un incidente que me pasó hace muchos años mientras estaba en la escuela. El instructor había pasado algún tiempo enseñándonos cómo realizar cálculos en la regla de cálculo. Yo era bastante bueno en ello —hasta que me pidió que subiera y le demostrara mi habilidad a la clase. Me puse nervioso al estar parado delante de mis compañeros, me confundí y olvidé en el momento cómo hacerlo. El maestro estaba furioso y gritó: "¿Por qué eres tan estúpido? Sabes cómo hacer esto". Me sentía muy humillado y terriblemente culpable mientras regresaba aturdido a mi asiento. Hice lo mejor que pude, pero los nervios me vencieron. Me sentí culpable después. ¿Supongo que fue culpa falsa?»

«Sí, este es un buen ejemplo, y estoy seguro de que puedes pensar en muchos más que han pasado desde entonces.

»Otro interés común que a menudo conduce a la culpa falsa es el esforzarse por ser "perfecto". Una vez más, esto se basa en una creencia fundamental falsa sobre la dimensión de espacio y tiempo. En tu cultura, la directiva para tratar de ser perfecto se les inculca a los niños mediante padres y maestros bienintencionados que intentan motivarte. Por lo tanto, tú supones, de forma natural, que la "perfección" es algo que es alcanzable. Sin embargo, descubres que nunca tendrás éxito en alcanzar la perfección. Te sientes mal cuando no logras tus propias expectativas y culpable por no desempeñarte al nivel exigido que te fijaron tus mayores. Con el paso del tiempo, los fracasos repetidos comienzan a socavar tu confianza, y tienes dudas de tus esfuerzos, a medida que descubres que la perfección verdadera es difícil de conseguir.

»Es importante que entiendas que la perfección no existe como tal. La idea se basa en una creencia fundamental falsa. Nunca puedes esperar ser perfecto, ya que la perfección significa un estado de cumplimiento más allá del cual no hay crecimiento futuro y no existe tal estado. Lo que puedes considerar perfecto en un momento no será perfecto en el próximo. Tus propios juicios y los juicios de las otras personas, junto con todo lo demás en el mundo físico, cambia de un momento a otro, a todos los niveles, mientras todo el universo aspira y espira lentamente a medida que se refleja en la armonía de eventos que se despliega cuando nacen y desaparecen. No te preocupes por la perfección; es inalcanzable. La idea de que puedes alcanzar la perfección o que puedes ser perfecto es una creencia fundamental falsa. Nunca se puede alcanzar. Déjalo así».

> *Una persona feliz no es una persona en determinadas circunstancias; sino una persona con determinadas actitudes.*
>
> Hugh Downs

«Sé que nunca puedo ser perfecto, ¿pero debo ser tan imperfecto?»

«Cuanto más te examines —tu cuerpo, tus desempeños o tu recuerdo— más te juzgarás por carecer de algo. Esta es una verdad universal. Es posible que recuerdes que la última vez que nos encontramos te dije que no te juzgaras».

«Sí... me hablaste sobre existir sin tener remordimientos por mi existencia».

> Siempre haz lo mejor que puedas y recuerda que la perfección no existe.

«Sí, tu atención no debe centrarse en ti. Deberías centrarte lejos de ti y en el mundo físico a tu alrededor. Haz que tus ojos se centren en lo que estás haciendo en el mundo, no en tu ombligo. Se supone que el cuerpo y la mente funcionen sin que tu atención consciente se centre en ellos. En la escuela has aprendido sobre el sistema nervioso autónomo del cuerpo y sabes, por ejemplo, que tu corazón late sin que tengas que pensar en ello. Tu digestión se lleva a cabo sin la necesidad de que tu atención consciente esté centrada en ello. Sin embargo, si empiezas a centrar tu atención en estos procesos autónomos, los traes al conocimiento consciente y dejan de funcionar tan eficazmente.

»Lo mismo ocurre para el autojuicio. En tu sociedad, los jóvenes casi siempre se juzgan a sí mismos por carecer de algo de una u otra manera. No te juzgues. Deja que los demás se formulen sus opiniones de ti. Todo lo que se te pide que hagas es mirar al mundo a través de tus ojos —alejado de tu cuerpo— y ser tú mismo sin tener remordimientos. Centrar tu atención en ti mismo y obsesionarte con lo bien que estás haciéndolo mentalmente o lo bien que tu cuerpo está funcionando físicamente solo sirve para interrumpir un proceso que se supone que sea automático. Un buen ejemplo de esto está en el acto del desempeño sexual; cuanto más te centres en cómo está funcionando tu pene, funcionará menos bien. Puede que se ponga flácido o puede que no alcances el orgasmo. Céntrate lejos de tu cuerpo y en el objeto que deseas, y tu cuerpo cuidará de sí mismo y funcionará de maravilla».[54]

«Eso me gusta. Dejaré el ombliguismo».

Alma Vieja continuó: «Ahora algunas palabras sobre el poder a través de la dominación».

EL PODER

«Aunque la necesidad del poder a través de la dominación no es una emoción en sí, la mencionaré aquí, ya que es un estado de ánimo que tiene que ver con el miedo a perder el cariño y el amor de los demás.

»El poder a través de la dominación es especialmente común en las relaciones amorosas y también en las relaciones en el lugar de trabajo de una persona. En todos los casos, es un acto motivado por el miedo a no ser amado o no caer bien, o el miedo a no ser deseado o abandonado. Pero el poder a través de la dominación siempre tiene exactamente el efecto contrario a lo que se pretendía. Enajena tanto

---

54 Para obtener más información sobre este concepto terapéutico de la «desreflexión», véase Viktor E. Frankl. *The Will to Meaning: Foundations and Applications of Logotherapy*. New York: Penguin Books, 1969.

al dominador como a la persona que domina, ya que los sentimientos de amor y bondad se bloquean y no pueden encontrar su expresión. Cuando esto sucede, el dominador poco a poco comienza a experimentar ansiedad existencial, a lo que responde ejerciendo más poder en la relación con la esperanza de que será amado otra vez, pero esto nunca funciona».

«Mi amigo Bjorn me dijo una vez que su madre fue maltratada físicamente por su padre. Él la dominó mediante la intimidación y la agresión durante un par de años, hasta que un día ella tuvo el valor de marcharse. ¿Supongo que esa situación encaja con lo que estás describiendo?»

«Sí, ese es un buen ejemplo: la violencia doméstica y lo que se ha calificado de "síndrome de la mujer maltratada". La confianza y la autoestima de la mujer maltratada están tan mermadas que a menudo no tienen el valor para marcharse, aun cuando la puerta está abierta para que se vayan.

»El poder a través de la dominación es un proceso insidioso, y ocurre a todos los niveles de la sociedad —desde el dictador hasta abajo en el dormitorio».

«He leído sobre el abuso de poder que ocurre en muchos países alrededor del mundo».

«Sí, pero ten cuidado de no confundir el poder a través de la dominación con el liderazgo, el estatus o el honor, los cuales son atributos conferidos a una persona por sus compañeros. Sin embargo, lo que sucede a menudo en términos de liderazgo, es que el liderazgo se retuerce con la búsqueda del poder. Esto es más típico en el ruedo político, cuando un líder se vuelve temeroso de que su designación sea revocada. A medida que aumenta su miedo, comienza a ejercer el poder a través de la dominación sobre sus súbditos. Por lo general, esto ocurre en el contexto de creer que está en competencia con sus opositores por una autoridad moral suprema en algunas cuestiones en particular. Pero tal como ocurre en las relaciones personales, a nivel social, el poder a través de la dominación siempre tiene el efecto contrario de lo que se pretende. El amor y la bondad que los súbditos tenían por su líder se bloquean y no encuentran expresión y el líder se siente cada vez más enajenado y rechazado. La ansiedad existencial se comienza a arraigar y el líder se convierte poco a poco en un dictador, ya que responde ejerciendo cada vez más poder con la esperanza de que otra vez experimentará el amor que una vez recibió de sus súbditos, pero nunca funciona. La búsqueda del poder a través de la dominación es una expresión de la ansiedad existencial y supone erróneamente que el amor puede ser exigido».

«Eso me parece bastante lógico. Veo que a menudo las personas empiezan a odiar a sus líderes a medida que se vuelven cada vez más dictatoriales».

«Sí, eso es lo que sucede generalmente. Sin embargo, el odio es una emoción un poco más complicada».

EL ODIO

«La fuente de la emoción en el odio es un poco más complicada de lo que hemos hablado sobre las otras emociones hasta ahora. Como es el caso con todas las emociones negativas, las raíces del odio siempre pueden atribuirse a un miedo subyacente; en algunos casos, simplemente es la proyección de un miedo intenso o de una aversión. En otros casos, se incorpora a otras emociones negativas que ya han surgido en una situación, tales como los celos o la ira, y tiene el efecto de aumentar esas emociones.

»Sin embargo, hay un conflicto psicológico interno complejo relacionado con el odio, el cual tendré que contarte antes de que puedas entender a fondo la dinámica de esta emoción».

«¿A qué tipo de conflicto psicológico interno te refieres?»

«Déjame explicarte mediante estos ejemplos. Es posible que en una ocasión odies un aspecto tuyo, el cual no hayas llegado a aceptar, y cuando ves esa cualidad en otra persona la odias y puede que te sientas obligado a hacerla sufrir. Siempre odias a quienes frustran las emociones que odias dentro de ti. La intimidación, la homofobia y el acoso homofóbico son buenos ejemplos de este tipo de odio interiorizado cuando se proyecta en los demás. En una situación diferente, puede que la fuente de tu odio hacia alguien o hacia una situación que ha evolucionado sea la proyección de un ideal que has interiorizado, como la bondad o la imparcialidad por tu prójimo. Cuando ves que abusan de este ideal, es posible que sientas odio hacia los perpetradores. En otra circunstancia, puede que sientas odio en la situación hipotética de un amor no correspondido, cuando alguien se ha entrometido entre tú y tu amante y amenaza con llevárselo. En este caso, el odio se incorpora a la emoción de los celos que también ha surgido en la situación».

«Ya entiendo... aquí se implica un conflicto interno».

«Otra característica interesante del odio es que siempre implica una sensación dolorosa de separación del amor, o de un ideal interiorizado con el que te has identificado afectuosamente. Por ejemplo, una separación dolorosa del amor se evidencia cuando un niño podría gritarle a sus padres "¡Los odio!" Lo que pasa aquí es que (a) el niño idealiza a sus padres y (b) espera que sus padres lo idealicen. Espera ver un reflejo de su amor idealizado por sus padres en el comportamiento de sus padres hacia él. Cuando este reflejo no ocurre (porque, como acabo de explicar antes, el amor es unidireccional), se arraiga una ira o miedo profundo. Entonces lo que el niño les dice realmente a sus padres en esta declaración es "Los quiero. ¿Por qué son tan malos conmigo?", o "¿Qué se interpone entre nosotros y el amor que siento por ustedes?" Entonces, de manera extraña, la emoción de odio es una búsqueda del amor. Comunica una separación que existe en relación con lo que se espera, y es una expresión de un deseo de comunicación. En este ejemplo, es una declaración del niño que está desconcertado por no experimentar el reflejo del amor idealizado que siente por sus padres».

La emoción de odio siempre implica una sensación dolorosa de separación del amor.

«Ya veo. Entiendo este ejemplo de odio que el niño siente. También entiendo el ejemplo de sentir odio hacia alguien o hacia una circunstancia que se ha desarrollado cuando un ideal que he interiorizado es abusado por otros. ¿Pero qué pasa con el ejemplo que diste sobre la intimidación y la homofobia? ¿De qué manera eso es una separación dolorosa del amor?»

«En ese caso, hay un conflicto interno que causa dolor. Como sabes ahora, la esencia del alma es el amor, y cuando el ego externo mediante su experiencia dentro del mundo físico llega a la conclusión de que debería odiar un aspecto de su identidad interna, se desarrolla una lucha dolorosa interiorizada y un deseo de la separación del amor, el cual es la esencia del alma. (También hay una experiencia de ira interna que se relaciona con esto). Luego este dolor e ira se proyectan externamente en una persona que les recuerda su propia lucha interna».

«Ya entiendo».

«El odio por sí solo no conduce a la violencia; es más bien una búsqueda del entendimiento».

"He visto a un par de mis amigos enamorados por un momento y entonces, poco tiempo después, uno de ellos se vuelve loco de celos del otro y dice que lo odia. ¡El odio los atormenta!»

Ves en la otra persona un reflejo de ti mismo
—un reflejo que te gusta en el caso del amor, y
un reflejo que odias en el caso del odio.

«El que odia siempre se siente atraído por el objeto de su odio mediante un vínculo psicológico profundo, de forma similar a cuando un amante se siente atraído por su ser querido».

«¿Qué quieres decir con eso?»

«El amor y el odio son asuntos que se originan en un aspecto de sí mismo que se proyecta en otra persona. Ves en la otra persona un reflejo de ti mismo —un reflejo que te gusta en el caso del amor, y un reflejo que odias en el caso del odio.

«El odio pretende motivarte a recuperar lo que percibes que has perdido, o dar lugar a una comunicación que te acerque a una determinación. El odio no es un rechazo al amor, sino un intento de recuperarlo y un reconocimiento doloroso de las circunstancias que te separan del mismo».

«¿Es entonces la intención detrás del odio para resolver cualquier problema que tengas con quien odies, ya sea tu propio odio interiorizado, tus sentimientos de odio hacia alguien, una circunstancia cuando abusan de tu ideal o el odio que sientes hacia alguien que amenaza con separarte de alguien a quien amas, como en el caso de los celos?»

> El odio no es un rechazo al amor, sino un intento de recuperarlo, y un reconocimiento doloroso de las circunstancias que te separan del mismo.

«Sí. Esa es la intención definitiva y, de hecho, tu intención espiritual. Pero como bien sabes, ese proceso a menudo no se lleva a cabo y el odio a veces provocará la muerte de otros».

«¿Eso no sería un ejemplo de cuando una persona ha fallado el reto divino, es decir, después de que ha experimentado la emoción negativa que trató de experimentar en primer lugar?»

«Así es».

Rikki se tomó unos momentos para procesar lo que Alma Vieja le había enseñado sobre el odio y luego hizo una pregunta diferente: «¿Hay una relación entre la edad de una persona y el tipo de odio que siente hacia los demás?»

«No hay reglas absolutas, pero por lo general la experiencia del odio es fugaz en el niño pequeño y disminuye rápidamente a favor del amor a medida que el niño descubre que el amor que siente hacia sus padres no se refleja de vuelta y que el amor que los padres sienten por él no tiene una relación directa con el amor que él siente hacia ellos. A medida que el niño poco a poco comienza a darse cuenta de esto, él comienza a desarrollar una autonomía emocional.

»En la adolescencia y la adultez temprana, cuando las personas están en plena lucha con asuntos que conciernen a su propósito en la vida, el odio puede adquirir una cualidad más duradera. Por ejemplo, esto puede ocurrir en respuesta a una amenaza percibida para el progreso en la escuela o en el lugar de trabajo, o una amenaza a la normalidad y la aceptación dentro de un grupo de compañeros donde la persona puede ser intimidada. Sin embargo, el odio casi nunca ocurre tarde en la vida, pero cuando ocurre por lo general se centra en asuntos más amplios que tienen que ver con la humanidad».

> *El hombre debe desarrollar para todo conflicto humano un método que rechace toda venganza, agresión o represalia. Y el principio de este método es el amor.*
>
> Martin Luther King, Jr.

«¿Entonces qué consejo tienes para las personas que se sienten agobiadas por el odio?»

«Al igual que con todas las emociones negativas, tu objetivo es alcanzar la experiencia emocional. Sin embargo, una vez que hayas logrado esa emoción y experimentes sus reveses, tu reto es desprenderte de la misma sin lastimarte a ti mismo o a los demás.

»El camino para superar el odio es admitirlo y reconocerlo, en vez de enterrarlo o pretender que no existe. Al pretender que no existe, tiene la mala costumbre de escurrirse cuando menos lo esperas. Por ejemplo, puede que te descubras siendo atípicamente malo con los demás o puedes volver esa maldad hacia ti y volverte autodestructivo. Sin embargo, es importante que entiendas que el odio no es una emoción estancada y, tan pronto como empieces a descubrir las creencias que la producen, serás conducido automáticamente más allá de esa emoción a medida que tu búsqueda te lleve rápidamente a las arenas movedizas del miedo, las cuales siempre están detrás del odio. Y, al igual que con todas las emociones negativas, lo que es aterrador es el miedo a no ser amado o el miedo a no ser adorable, y en última instancia el miedo a perder el contacto con su propia esencia del amor».

«Una vez oí a alguien decir que la línea que separa el amor del odio es muy sutil».

«Una vez que se establece el amor entre dos personas nunca se apaga, pero las circunstancias en la vida a veces bloquean su expresión y entonces el amor se puede convertir rápidamente en odio. La emoción del odio se incorpora a los conflictos y, como dije antes, pretende motivarte a recuperar lo que percibes que has perdido, o dar lugar a una comunicación que te acerque a una determinación».

A estas alturas, Rikki estaba absorto en los pensamientos, ya que el entendimiento del fenómeno del odio era complicado. Mientras pensaba en lo que Alma Vieja había dicho, de repente se le ocurrió que Alma Vieja había dicho algo anteriormente que no cuadraba bien. Había hecho el comentario de que el amor no se refleja. Rikki recordaba claramente que Alma Vieja dijo que el amor es unidireccional y que el amor que sientes de otra persona no es el reflejo de tu amor. Sin embargo, Alma Vieja acababa de decir al hablar del odio que ves un reflejo que odias de ti mismo en la otra persona, y en el amor ves un reflejo de ti mismo en la persona que amas. Rikki pensó para sí mismo: «¿Cómo es posible eso si el amor no se refleja? No debo estar entendiendo algo aquí».

Como siempre, Alma Vieja captó los pensamientos de Rikki y dijo: «Puedo ver con lo que estás lidiando ahora. El amor es un proceso complejo de verdad. Los humanos se han esforzado por comprenderlo desde el principio de la civilización. Este proceso es mucho más complejo que lo que expliqué inicialmente y nunca lo entenderás a fondo».

«¿A qué se debe eso?»

«La razón de ello es que la esencia de tu alma es el amor y no puedes salir de ti mismo para estudiarlo. Estás familiarizado con la metáfora "el dedo del elefante no puede comprender el elefante entero". Aquí se da una situación similar en lo que respecta a que tratas de entender el amor. Pero te puedo describir un par de procesos generales que tienen lugar en la formación del amor; estos disminuirán tu confusión y ayudarán a explicar lo que quise decir cuando dije que el amor no se refleja».

LA APARICIÓN DEL AMOR

Alma Vieja hizo una pausa por un momento y luego dijo: «Déjame dar un paso atrás y tratar de explicarte en pocas palabras cómo ocurre esto.

»Tienes razón al recordar que dije que el amor es unidireccional y que no se refleja. Pero también recordarás que introduje mi explicación con las palabras: "desde todo punto de vista". El desarrollo del amor que se describe en esa oración es, de hecho, más complicado cuando miras más allá de la superficie, como también es cierto que el amor, en parte, se refleja de vuelta en su fuente».

«¿Qué quieres decir con eso? ¿Cómo sucede eso?»

«Recordarás que el amor es la esencia de todas las almas y que todas las almas se unen al amor a nivel espiritual. Tu ego externo no está plenamente consciente de esto, pero tu alma detecta esta conexión muy vívidamente en todo momento. Cuando te sientes atraído amorosamente por otra persona, la conexión que sientes con esa persona está en el despertar del amor que ocurre entre sus almas.

»El primer paso en este proceso es la identificación de un aspecto dentro de ti mismo que idealizas y amas. Una vez que hayas hecho esta identificación, proyectas esa cualidad en la otra persona. El receptor capta tu proyección, y si lo considera aceptable, entonces un despertar y una oleada de idealizaciones similares surgen dentro de él y se proyectan hacia ti. Estas proyecciones, las cuales se excluyen mutuamente, se reflejan de vuelta en su fuente como si fuera un espejo. Estas proyecciones vibran y aumentan mientras ambas almas se bañan en la esencia de sus propios reflejos de una idealización que aman. Sin embargo, durante este periodo también ocurre un segundo desarrollo, un fenómeno del amor que tiene su propia autonomía pero que todavía es un aspecto integral de las proyecciones de ambos individuos. En aras de una mejor analogía, puede que te sea útil visualizar una "burbuja de amor" que se ha formado y se levita por encima de ambos individuos, en la cual también se absorbe la intención amorosa que los individuos proyectan entre sí. Esta burbuja de amor los une y los hace sentir conectados en el amor del uno por el otro. Es por eso que cuando estás enamorado te sientes mejor, más alegre, más fuerte y potenciado en todos los sentidos. Te sientes como si la fuerza de tu alma se ha duplicado, y es porque se ha duplicado; tu amor une a tus almas en este nuevo nacimiento; una burbuja de amor del amor.

»La fuente del amor que entonces sientes es doble: Por una parte, es con este fenómeno o nacimiento del amor que la burbuja de amor se une a ti. En este caso, ya que tu amor fluye hacia la burbuja de amor, es unidireccional y no se refleja. Sin embargo, por otra parte, la fuente del amor que sientes también está en la identificación de una cualidad idealizada dentro de ti que has identificado y proyectado en la otra persona, y de la que estás enamorado. Los psicólogos llaman a este segundo aspecto "identificación proyectiva"».

«Identificación proyectiva. ¿Qué es eso exactamente?»

«Es un proceso con el que de hecho estás muy familiarizado, pero desde un ángulo emocional negativo. Por ejemplo, con frecuencia te descubrirás cuestionando el motivo de otra persona después de una interacción con la misma. Puede que pienses para ti mismo: "Parecía que estaba molesto conmigo cuando dijo eso", o "Me pregunto qué quiso decir cuando hizo ese comentario". Entonces comienzas a inquietarte por ello, y puede que te molestes y te enojes con el pobre hombre. Puede que te sientas enojado con él. Todo esto lo evocas en tu propia mente y lo proyectas hacia la otra persona suponiendo que está molesta contigo sin ningún otro aporte de su parte. Por supuesto, en el 99% de los casos te das cuenta más tarde de que te equivocaste y que tu imaginación te venció. Este es un ejemplo de "identificación proyectiva". En este caso has proyectado tus propios pensamientos sobre otra persona, culpándola y atribuyéndole erróneamente la fuente de tu preocupación, o ira, como si emanara de esa persona en vez de ti mismo. De hecho te has molestado con tus propios pensamientos.

»¿Me entiendes?»

«Sí. Este tipo de proyección sin duda me es familiar. A menudo me encuentro haciendo esto».

Alma Vieja respondió con una sonrisa: «¡Lo sé!

»Sucede exactamente la misma cosa cuando sientes amor por otra persona, pero en ese caso la emoción es positiva y agradable a la vista. Proyectas tus propios pensamientos de afecto y te enamoras de esa persona cuando estos mismos pensamientos se reflejan de vuelta a ti, como si fuera un espejo. Por supuesto, estos pensamientos te son familiares, ya que te pertenecen y te identificas con la idealización del amor que representan para ti. Este es un ejemplo de la identificación proyectiva que ocurre cuando te enamoras».

«¿Estás diciendo que cuando amo a alguien, simplemente estoy amando una proyección de mí mismo?»

«Sí, en parte, es lo que haces. Tu sentimiento de amor es una combinación de esta "identificación proyectiva" y la burbuja de amor que describí anteriormente, lo que se convierte en una parte de la conciencia de tu alma.

»Un aspecto de este proceso ya te es bastante familiar —el tipo de amor que experimentas mediante esta identificación proyectiva es sinónimo de lo que conoces como encaprichamiento amoroso. El encaprichamiento amoroso es una pasión extravagante temporal que te deja sintiéndote tonto en retrospectiva. En los casos en que descubres que tu identificación proyectiva no es compatible con el carácter del individuo sobre quien te proyectas, la proyección comienza a desvanecerse junto con el encaprichamiento amoroso, en cuyo caso no se absorbe ninguna esencia adicional del amor en la burbuja de amor que ha comenzado a desarrollarse. Sin embargo, cuando encuentras la confirmación de tu identificación proyectiva en el carácter de la persona sobre quien te proyectas, entonces tu encaprichamiento amoroso continúa, aunque de forma menos extravagante con el tiempo, y la esencia del amor sigue fluyendo hacia la burbuja de amor y la unión en el amor entre tus almas se establece más».

«Esto explica los muchos encaprichamientos amorosos que he tenido. Al principio me enamoro perdidamente del hombre, pero entonces cuando llego a conocerlo, descubro que no es lo que creí que era».

«Sí... exactamente.

»Así que para resumir, tu conexión amorosa se arraiga primero en la identificación proyectiva y luego se arraiga en un cuerpo autónomo de amor que se desarrolla como consecuencia de tus proyecciones mutuas, es decir, la burbuja de amor. Es por eso que las personas hacen comentarios como "hay un amor entre nosotros" o "una vez nos tuvimos un amor". La fuente del amor a la que se refieren es la burbuja de amor que se desarrolló entre ellos. Tiene una existencia separada y sin embargo es integral para ambos individuos quienes lo alimentan amando las proyecciones durante la relación. Una vez que se establece, esta burbuja de amor no se puede destruir.

Sin embargo, las circunstancias negativas en las relaciones pueden más tarde impedir su expresión».

Rikki consideró esto y luego dijo: «Creo que eso me hace sentir mejor. Aunque es un poco humillante darse cuenta de que una gran parte del amor que siento por mi amante es simplemente una "identificación proyectiva".

»¿Es que entonces nadie me ama realmente por mis propias cualidades únicas?»

«Sí, lo hacen, pero solo si también idealizan esas cualidades específicas Puede que no posean necesariamente esas cualidades, pero las idealizan y se identifican con ellas.

»Sin embargo, nunca sabrás exactamente qué cualidades ven en ti. Todo lo que sabes es que te sientes amado, el cual es un sentimiento que extraes de esa burbuja de amor. Pero nunca puedes comprender o entender a fondo los motivos exactos por los que eres amado».

«¿Entonces es cierto el refrán popular de que no puedes amar a alguien si no te amas a ti mismo?»

«Así es. Cuando no puedes encontrar dentro de ti un aspecto que puedas idealizar y amar, entonces no tienes esa cualidad para proyectar y, por consiguiente, no tienes ninguna identificación proyectiva de la cual enamorarte. Además, cuando no puedes encontrar dentro de ti un aspecto que idealices y ames, no tienes ningún anclaje con el que identificarte cuando alguien te muestre amor. Cuando no encuentras esa idealización dentro, no puedes confiar en el juicio de otra persona cuando dice que te ama. Supondrás automáticamente que no sabe de lo que está hablando y que sus proposiciones de amor son falsas, y que su juicio se debe basar en una premisa falsa, por tanto lo rechazas.

»Sin embargo, cuando puedes identificarte con un aspecto que idealizas y amas dentro de ti, sientes la proyección de amor de la otra persona y al instante identificas un sentimiento similar dentro de ti. Cuando se produce este despertar, sientes el amor dentro de tu ser y te recuerda que eres amado espiritualmente, y en ese momento proyectas la fuente de este sentimiento sobre el objeto de tus ojos».

«¡Vaya! Esto es interesante. Nunca pensé en los detalles de lo que ocurre entre bastidores cuando me enamoro».

«La mayoría de las personas no piensan en ello. Es un aspecto de tu naturaleza que está por debajo de tu conocimiento consciente y se desarrolla naturalmente sin tener que prestarle atención a ello. Sin embargo, se presentan problemas en casos donde la conexión entre el ego externo y la identidad interna se daña, lo que provoca que la conexión con tu intuición se corte o dañe.

»Más adelante podemos discutir estos temas con mayor profundidad, pero hoy debo limitar nuestra discusión a estos breves comentarios que he hecho sobre el tema del amor».

Alma Vieja hizo una pausa: «Hoy hemos hablado de diferentes emociones y el efecto que tienen en la formación de tu realidad.

»Pero antes de concluir, me gustaría compilar algo de lo que he dicho acerca de cómo el alma aprende sobre su naturaleza interna y agregar un par de puntos sobre el proceso de cómo ocurre este aprendizaje interno».

EL APRENDIZAJE SOBRE TU NATURALEZA INTERNA

Alma Vieja continuó: «En numerosas ocasiones he mencionado que las almas crean las circunstancias que causan la oportunidad para crear emociones. Esto, a su vez, les brinda la oportunidad de descubrir algo sobre su naturaleza interna y evolucionar espiritualmente. En ese sentido, hablé sobre varios temas: Cómo las almas se preparan y crean el terreno para una próxima encarnación; cómo el alma determina su propio destino antes y durante la encarnación; y cómo, en numerosas circunstancias, el "libre albedrío" es un arma de doble filo donde puedes decidir ser quien no eres, verte obligado a ser quien no eres, o decidir dañarte a ti mismo y a las otras personas cercanas para descubrir quién eres. También hablé sobre cómo se lleva a cabo el aprendizaje sobre tu naturaleza interna mediante la experiencia del amor, el miedo, la ansiedad, la ira, la depresión, la culpa, el poder y el odio.

»Pero hay un proceso adicional mediante el cual se lleva a cabo el "aprendizaje interno" que no te he descrito aún».

«¿Qué es eso?»

«Déjame darte primero un poco de información sobre cómo se almacenan los "recuerdos emocionales". Como acabo de decir, tú creas las circunstancias que producen las situaciones a partir de las cuales creas tus emociones. Una vez que se crean las emociones, las almacenas en tu mente como recuerdos emocionales, junto con los pensamientos asociados que las producen y el período de tiempo en el que se produjeron. Pero la catalogación, o el agrupamiento, de los diferentes recuerdos emocionales se produce, ante todo, según la conexión entre sí. Una catalogación secundaria ocurre según el pensamiento específico que genera la emoción específica y una catalogación terciaria se hace de acuerdo con el tiempo en que ocurrió el evento emocional. Así que lo que acabas teniendo son agrupamientos de emociones similares que se almacenan por "conexión emocional", o por analogía, en los "cajones específicos de tu cómoda". Por poner un ejemplo, todas las experiencias emocionales que tratan con la traición se almacenan en un cajón. Otro cajón contendrá todas las experiencias emocionales de abandono y un tercer cajón contendrá el abuso, un cuarto cajón contendrá el miedo a la oscuridad, y así sucesivamente».

«Está bien, entiendo».

«También hay una difusión entre los cajones. Por poner un ejemplo, los recuerdos de traición traídos a la memoria de un cajón desencadenarán recuerdos de abandono relacionados en un cajón diferente y así sucesivamente.

»Debido a la manera en que se lleva a cabo la catalogación de estas emociones, resulta muy difícil buscar entre tus cajones un pensamiento específico que produzca una emoción específica, y es prácticamente imposible saber el período de tiempo histórico exacto en que se produjo por primera vez una emoción relacionada con un tipo de evento en particular».

Rikki asintió: «Está bien, entiendo».

«Ahora bien, esta es la parte importante de la explicación a la que quiero llegar.

»Lo que sucede de vez en cuando es que los pensamientos y las emociones asociadas que generas en tu mente te conmueven, y te resultan muy desagradables. No puedes entender cómo una "buena" persona como tú podría tener pensamientos tan despreciables, y te odias por tenerlos.

»Cuando esto ocurre, tu impulso es encerrarlos y no tratar con ellos. Sin embargo, lo que deberías saber es que estos tipos de experiencias son normales. Todas las personas los tienen de vez en cuando. Tu "ego externo" y tu "identidad interna" son inmensamente creativos y hacen que pienses en todo tipo de cosas, incluyendo lo indecible. Es normal que maquilles, barajes y analices cada situación que encuentres desde todos los ángulos posibles, como parte de tu experiencia interna y aprendizaje interno. Así que, por ejemplo, cuando lees sobre una agresión sexual en el periódico, puede que tu imaginación te lleve a pensar en cómo se sentiría ser la víctima herida, cómo se sentiría ser el perpetrador, cómo se sentiría ser un familiar cercano, etc. Si no puedes resolver tus sentimientos sobre la situación en tu vida consciente, sigues trabajando en ellos a través de tus sueños y pesadillas, hasta que llegas a un entendimiento pacífico.

»Pero, de vez en cuando, cuando estos pensamientos y emociones son simplemente demasiados para manejarlos, te resistes a pensar en ellos por completo y los encierras bien en el fondo de un cajón donde esperas que nunca vean la luz del día. El problema es que, con el tiempo, el cajón se llena justo hasta el borde. Y cuando eso sucede, las cosas que te has negado a mirar te comienzan a agobiar, ya que esos pensamientos y emociones piden a gritos ser escuchados. En casos extremos, aparecen en la forma de lo que podría describirse como "episodios de comportamiento extremadamente atípico", y por lo general recordarás estos episodios muy bien después. Y en otros casos muy raros, estos pensamientos y emociones rechazados se expresan a través de una personalidad múltiple, donde otra personalidad distinta se forma a partir de estas cuestiones emocionales pendientes».[55]

«Eso sería preocupante».

«Sí, lo sería. Pero afortunadamente casi nunca sucede. Lo que deberías saber es que la clasificación mediante estos pensamientos y emociones no deseados es una de las principales vías para aprender sobre tu naturaleza interna. Ellos, junto con los pensamientos y emociones socialmente aceptables que aceptas, definen quien eres, independientemente de si te guste o no. Son una parte vital de ti y es por eso que son prácticamente imposibles de ignorar durante toda

---

[55] Como lectura adicional sobre este tema, véase Adam Crabtree. *Multiple Man: Explorations in Possession and Multiple Personality*. Toronto: Somerville House, 1997.

una vida. A medida que piden a gritos ser escuchados y entendidos, hacen que te desencadenes por acontecimientos aparentemente inocuos que ocurren en tu vida cotidiana. Cuando eso sucede, todas las emociones contenidas en el mismo cajón afloran a la superficie al mismo tiempo, y te descubres reaccionando de manera exagerada en una situación. Por eso es importante que de vez en cuando te tomes tu tiempo y ordenes tus cajones —lidies con lo que te preocupe. Cuanto más puedas hacer esto durante el curso de tu vida, más contento estarás».

«¿Estás diciendo que todos deberían ir a terapia?»

«La mayoría de los individuos se beneficiarían de tener la oportunidad de hablar con un profesional en algún momento durante sus vidas. Pero puede que ese no sea su destino. Puede que hayan decidido que enfrentarse a sus emociones no deseadas durante toda su vida les proporcionará una experiencia de aprendizaje más interesante, aunque más difícil, mediante la cual encontrarán finalmente el sentido como consecuencia de su sufrimiento, ya sea en su lecho de muerte o después de su muerte. Es por eso que, por supuesto, tampoco puedes forzar a alguien a recibir terapia. Tienen que estar preparados para ello y lo deben querer. Y también debe ser algo que predestinaron para sí mismos».

«Supongo que de ahí es de donde proviene el refrán: "Puedes llevar un caballo al agua, pero no puedes hacer que beba"».

«Sí. Debes desear cambiar antes de que cualquier cambio sea posible».

«Me pregunto... qué tipos de cuestiones pendientes tengo en mi cómoda de cajones».

«Una cuestión, que ahora está resuelta, se produjo cuando te diste cuenta de que eras gay. Por supuesto, como he dicho antes, fue tu decisión ser gay, pero la parte importante de tu aprendizaje interno fue la manera en que encaraste este reto. ¿Cómo llegarías a aceptar tu naturaleza interna en el contexto del prejuicio imperante que existía en tu país? Al principio no quisiste ser diferente de esta manera y se necesitaron algunos años para que lo aceptaras. Afortunadamente, nunca experimentaste autodesprecio o repugnancia por tus sentimientos. Tenías libre albedrío y aceptaste estas atracciones homosexuales como un aspecto de tu naturaleza, pero con la salvedad de no decirle a nadie y poner coto a tus sentimientos amorosos hasta que consideraras que era seguro salir del armario. El punto crítico que quiero dejar claro aquí es que siempre hay una opción. Estableciste esta situación como un reto para ti mismo y así es cómo respondiste».

«Sí... eso es correcto».

«Por supuesto, no hay dos situaciones que sean exactamente las mismas, y otros toman decisiones diferentes basadas en una variedad de factores. Para algunos, el descubrimiento de sus atracciones homosexuales provoca sentimientos de repugnancia y autocrítica —y en algunos casos, lleva a la autodestrucción. Estos individuos no pueden hacer frente al reto que fijaron para sí mismos y desvían sus sentimientos negativos sobre sí mismos. Desgraciadamente, los intentos de suicidio y los suicidios entre los adolescentes son comunes en estas circunstancias».

«Yo tuve suerte. Nunca tuve ganas de suicidarme».

«No, las circunstancias que predestinaste relacionadas con esta cuestión eran menos desesperadas de las que muchos han fijado para sí. Por ejemplo, tenías amigos íntimos, te habías acostumbrado a ser diferente debido a tu tartamudez y dislexia, no eras afeminado, no fuiste señalado por tus compañeros y despreciado y no creciste en un hogar religioso opresivo o con padres que creías que te repudiarían si supieran de tu homosexualidad.

»Mientras algunos vuelven sus sentimientos de disgusto hacia sí, otros los vuelven hacia el exterior, en forma de odio hacia los homosexuales como discutí antes. Algunos de estos individuos están plenamente conscientes de sus atracciones homosexuales, mientras que otros no. En su desesperación, atormentan a los demás por lo que no pueden aceptar en sí mismos. Es una situación triste, ya que no han encontrado su propio reto. Algunos de estos individuos son acosadores homofóbicos. Odian cualquier aspecto de su propia naturaleza, lo cual proyectan e identifican en los demás».

«Sí, conozco a alguien que me confesó que fue un "acosador homofóbico" antes de que pudiera llegar a aceptar que era gay. Él se sentía muy mal por lo que había hecho».

«Sí... como mencioné antes, a veces una persona se debe causar mucho dolor a sí misma y a los demás antes de que se pueda llevar a cabo el aprendizaje interno.

»Una situación similar sucede con otros tipos de intimidación. Los adolescentes son sobre todo vulnerables a este tipo de tormentos de los demás porque tienen una necesidad mayor de aceptación por parte de sus compañeros y aún no han desarrollado un sentido suficiente de independencia. En estos casos, los intimidadores ven en la otra persona una vulnerabilidad a la que ellos mismos no han podido hacerle frente. Su odio proviene de su propia incapacidad para tratar con lo que consideran ser los mismos defectos en el carácter de sus víctimas».

«Sé que la intimidación ocurría a veces en la escuela cuando yo era joven. Nunca me pasó a mí, pero una vez intimidé a alguien que apenas conocía. Era un chico un año mayor que yo que vivía al final de nuestra calle. Mis amigos y yo, por motivos que no recuerdo, decidimos que él era un intimidador y, como represalia, fuimos a su casa en un par de ocasiones y gritamos afuera: "Karl es un intimidador, Karl es un intimidador". Años más tarde, me encontré con él y me dijo lo atormentado y aislado que lo habíamos hecho sentir durante este tiempo de su juventud. Todavía me siento fatal por lo que le hicimos».

«Es bueno que te arrepientas. En aquel momento te resultaba difícil aceptar aspectos de tu propio carácter y los proyectaste sobre él. Como he dicho, a veces tienes que ser quien no eres para descubrir quién eres. A medida que consideras esta situación en retrospectiva, también puedes ver cómo ocurre el aprendizaje interno, ya que tu alma se desgarra para que se pueda curar por su propia esencia, el poder del amor. Esto ya ha ocurrido y es mediante este amor que te arrepientes ahora.[56]

«Las formas más leves de emoción que se derivan de estos tipos de cuestiones pendientes suceden con frecuencia en la vida cotidiana y puedes identificarlas fácilmente. Siempre se relacionan con una reacción instintiva a algo que acaba de suceder y te sorprendes con tu propia reacción, la cual es simplemente un poco demasiado extrema. Podría ser cualquier cosa —incluso algo muy insignificante a primera vista, tal como la ropa o la forma de hablar de alguien. Pero esto provoca recuerdos emocionales relacionados pendientes que han sido metidos en tu cajón y todos salen a la superficie al mismo tiempo, causando tu reacción».

«Sí, a veces tengo una reacción así. Es complicado. Por lo general no puedo entender por qué tengo esas reacciones».

«Sí, lo sé. Experimentas una emoción, pero los recuerdos y los pensamientos que se relacionan con esa emoción, los cuales podrían ayudarte a entender por qué la experimentas, no están fácilmente disponibles. Y el período de tiempo en el que podrían haberse originado es aún más difícil de distinguir. Si estás particularmente preocupado por estos tipos de reacciones emocionales, entonces algunos viajes a

---

[56] Véase la conferencia de Oreon «*El intimidador, el intimidado y el perdón*» en el Apéndice A para obtener más información sobre este tema.

la consulta del terapeuta te darían la oportunidad de darle un vistazo a tu cómoda y abrir el cajón que contiene los recuerdos emocionales asociados pendientes.

»Sin embargo, no confundas este tipo de reacción visceral con tener una opinión firme y válida sobre algo. Eso es normal y es una parte de quien eres; tu singularidad, con todas sus imperfecciones, por la cual no debes tener remordimientos. Sin embargo, es saludable cuestionar tus propias opiniones y comportamientos cuando no están conforme al más alto ideal de quien crees que eres. Sin embargo, en el otro extremo, demasiado ombliguismo o autorreflexión es poco saludable. Te pone neurótico a medida que comienzas a cuestionar cada movimiento que haces y dejas de apartar la mirada de tu cuerpo al mundo exterior con ambos ojos».

No te centres en tu ombligo, sino en el mundo que te rodea.

«¿Qué quieres decir "con ambos ojos"?»

«Cuando un ojo está mirando tu ombligo, analizando cada reacción tuya, y el otro está investigando el mundo a tu alrededor, estás distraído y cuestionas lo que estás haciendo. Si esto sigue así, ambos ojos pueden ser atraídos por tu ombligo y tu relación con el mundo exterior se interrumpe, momento en el que has violado la premisa más básica de tu existencia, la cual es ser tú mismo sin tener remordimientos y empujarte hacia el mundo».

«Ya veo. Todo se relaciona. También me advertiste sobre los peligros del ombliguismo cuando anteriormente hablaste acerca de la perfección».

«Sí. Es fácil perder de vista la importancia de mirar hacia el mundo que te rodea cuando te quedas atascado con los matices de la vida».

A estas alturas, Rikki había recibido mucha información y necesitaba asimilarla. Alma Vieja estaba consciente de ello y, disponiéndose a terminar la charla, dijo: «Bueno, eso es todo lo que tengo para ti, por ahora. Hoy hemos tratado mucha información. ¿Tienes alguna pregunta que te gustaría hacerme?»

Rikki, reflexionando sobre todo lo que Alma Vieja le había dicho, comentó: «Parece que tienes una gran vista de todo lo que está pasando en este mundo. ¿Cómo sucede eso?»

EL GRAN TEATRO

Alma Vieja dijo: «Es uno de mis pasatiempos. Siempre me fascina ver el teatro dramático de la vida en la Tierra. Para mí, es como cuando te sientas y ves una telenovela en la televisión. Aquí en la Dimensión Espiritual yo enciendo mi televisor y veo tu mundo físico. Puedo sintonizar y ver cómo tu vida —y la de cualquier otra persona— se desarrolla en una gran telenovela como si estuviera viendo a través de tus ojos, con tu única opinión en el mundo. Luego puedo cambiar los canales y ver las perspectivas únicas de tus amigos, mientras ven la vida a través de sus propios ojos, y así sucesivamente para cada individuo. Además de cambiar mi atención de un individuo a otro —como si giraras el dial de una radio para sintonizar las diferentes estaciones que se transmiten simultáneamente— yo también puedo "sintonizar" los canales que me permiten ver aspectos de la armonía que se despliega, mientras con el transcurso del tiempo coloca los eventos a intervalos. De esta manera, puedo ver telenovelas enteras a medida que se desarrollan entre los miembros de una familia en particular, entre parientes y amigos, familias extendidas, y hasta los dramas que se desarrollan entre los grupos étnicos, las culturas, los países y todo el mundo. Verás, hay una gran armonía que se despliega entre todos estos niveles y entre todos los eventos que ocurren a cada nivel. Puedo ver todas estas capas de acontecimientos a medida que se unen para formar el río de la vida mientras se desarrolla en la Tierra.

»Por supuesto, al estar fuera de la dimensión de espacio y tiempo, también puedo "avanzar rápido" y ver lo que probablemente pasará en el futuro —y puedo "rebobinar" y puedo ver cómo los acontecimientos en el pasado se han superpuesto unos sobre otros para formar la historia que ha tenido lugar en la Tierra. No puedo saber tu futuro exacto, pero puedo ver en términos generales, saber los límites del mundo físico y tu libre albedrío dentro del mismo, cómo se desarrollará tu vida, dependiendo de las decisiones que tomes. Las decisiones de poca importancia que tomes durante tu día no alterarán tu vida, pero las posibles trayectorias que tu vida tomará en base a las decisiones importantes y las metas a largo plazo que fijas son más interesantes para mí, y me tomo el tiempo para verlas, sobre todo en lo que a ti se refiere. Y a medida que tu drama teatral llega a su fin al final de tu vida, regresarás a casa en la Dimensión Espiritual y te sentarás aquí donde estoy sentado y verás los dramas de la vida que se desarrollan como hago ahora, hasta que un día decidas saltar otra vez en uno de estos dramas para aprender algo nuevo sobre tu naturaleza interna durante el curso de otra vida».

«Eso es genial. Tiene mucho sentido cuando lo explicas de esta manera».

Alma Vieja se puso de pie: «Ahora tienes la información básica que necesitarás para prosperar en la vida. En los próximos meses y de hecho en los próximos años, integrarás esta información más minuciosamente poco a poco a medida que encuentres circunstancias cotidianas que demostrarán por qué es importante que tengas en cuenta estos conceptos básicos».

Rikki se puso de pie, le dio las gracias a Alma Vieja y se volvió para marcharse. Como en ocasiones anteriores, sintió como si fuera absorbido a través de una porta de regreso a la dimensión de la Tierra. El tiempo no había pasado como ocurrió en las ocasiones anteriores. Su reloj de pulsera mostraba la misma hora que marcaba cuando había entrado en la colina. Rikki se sentó y observó el paisaje, echándole un vistazo al Shrub Valley River y a algunas montañas a lo lejos en el horizonte. El aire estaba extrañamente en calma. La tierra estaba llena de energía y actividad. Una suave brisa lo rozó y disfrutó de los soplos de aire fresco llenos de los olores de brezo y flores árticas. Se podía oír a los pájaros gorjeando entre el brezo, mientras que los otros revoloteaban. La experiencia era impresionante, y Rikki se sentía privilegiado de estar vivo mientras comenzaba su camino de vuelta a la granja.

En su camino hacia la granja, Rikki se dio cuenta de que, mediante sus reuniones con Alma Vieja, ahora tenía un marco teórico casi completo de los procesos que tienen lugar para que un alma tenga una vida en la Tierra. Había mucho en qué pensar. La lección de hoy sobre la emoción se sumó a lo que había aprendido anteriormente y facilitó un asomo a la naturaleza de las emociones y la mejor manera de hacerle frente a las mismas cuando se producen.

Pensó para sí mismo: «La vista elevada de Alma Vieja del universo y de nosotros los mortales que vivimos aquí abajo en la Tierra es otra cosa. Esperaré con ansia sentarme junto a él algún día. Por otra parte, probablemente querré volver aquí abajo y vivir otra vida. Me encanta estar aquí. Es bueno saber que puedo volver tantas veces como quiera. ¡Supongo que no hace falta lograr todo en esta vida!»

Cuando Rikki llegó a la granja, Kelvin y Siggi ya habían regresado de una tarde dedicada a reparar algunas cercas para ovejas. Cuando se sentaron para el té de la tarde, todos los oídos estaban dirigidos a Rikki para tener noticias de Alma Vieja.

Kelvin, cansado y adolorido por haber pasado un par de horas a caballo por primera vez, comentó: «Mis piernas no están acostumbradas a ser estiradas así. No creo que alguna vez volveré a caminar».

Siggi le dijo en broma: «Te traeré la carretilla para cuando te levantes de la mesa».

Kelvin preguntó: «¿Qué pasó en Heather Hill? ¿Viste a Alma Vieja?»

Rikki, sintiéndose un poco agobiado después de un intenso día, sonrió tímidamente y dijo: «Hablamos de muchas cosas, y aprendí mucho, pero tendré que consultarlo con la almohada antes de que esté listo para decirles al respecto».

Rikki permaneció bastante callado durante todo el té de la tarde. Un poco más tarde ese mismo día, Rikki y Kelvin emprendieron su camino hacia Reikiavik, donde el padre de Rikki los recibió con los brazos abiertos. Unos meses antes a su padre le había contado un pajarito que Rikki era gay, y al principio le había resultado difícil aceptarlo, pero después de discutir el asunto con su esposa, quien estaba familiarizada con el estilo de vida homosexual, él pudo aceptar la situación.

Un par de semanas después, Rikki y Kelvin regresaron a Inglaterra, donde continuaron sus estudios en la universidad. Rikki, en su tiempo libre, trabajaba en un hospital psiquiátrico local donde adiestraba a los internos en psiquiatría en las técnicas de la psicoterapia de grupo. Eran buenos tiempos. Pasaban muchas noches en bares locales bebiendo jarras de cerveza y conversando con compañeros de estudios. Las porciones calientes de pescado frito y papas fritas, envueltas en papel de periódico, rociadas con vinagre de arroz y acompañadas de una ración de puré de guisantes, pasaron a ser lo normal en el camino a casa desde el bar. Rikki estaba enamorado y vivía con un novio por primera vez en su vida.

La ciudad de York está cargada de cultura, y la parte más antigua es fortificada por un muro de piedra romano que rodea la mayor parte del casco histórico. Las observaciones de fantasmas en los edificios antiguos son comunes y una vez un trabajador que estaba haciendo reparaciones vio toda una legión romana caminando por las paredes del sótano de la catedral de York. Existen numerosos pasajes a lo largo de los antiguos caminos de adoquines que están poco iluminados. Ese otoño, durante el año siguiente a la muerte de John Lennon, las alumnas que caminaban solas en las primeras horas de la tarde por las calles arboladas comenzaron a ser golpeadas en la cabeza por alguien que se acercaba sigilosamente por detrás y las arrastraba hacia los arbustos. El miedo se apoderó del campus de la universidad y las alumnas comenzaron a usar cascos de bicicleta en su camino a casa. Peter Sutcliffe, conocido como el Destripador de Yorkshire, fue detenido un par de meses más tarde, en enero de 1981, y declarado culpable de haber matado a trece mujeres y haber atacado y abandonado a otras siete, dándolas por muertas. Sin embargo, el miedo entre las alumnas continuó, ya que existía la creencia generalizada de que el Destripador de Yorkshire tenía un cómplice que nunca fue capturado.

Rikki a menudo reflexionaba sobre lo que Alma Vieja había dicho de que no hay muertes accidentales. ¿John Lennon, así como estas mujeres, eligieron ser asesinados? Era difícil llegar a entender este aspecto del existencialismo espiritual de Alma Vieja. La suposición era lógica desde un punto de vista espiritual, en el contexto de lo que Alma Vieja había dicho sobre las almas que necesitan crear experiencias emocionales para aprender sobre sus naturalezas internas. Sin embargo, desde aquí abajo, en el mundo físico, era incomprensible aceptar que alguien desearía tal final. Sin duda deben haber otras formas menos violentas de crear las experiencias emocionales necesarias para que un alma evolucione. Por otra parte, los asesinatos se han llevado a cabo a lo largo del tiempo, y en las guerras se asesina a un gran número de personas de formas igualmente brutales.

Rikki y Kelvin estaban hechos el uno para el otro y su relación estuvo bien durante los primeros años. Completaron sus títulos; Rikki comenzó a trabajar como psicólogo en los servicios penitenciarios, mientras Kelvin prosiguió un título de posgrado como dietista. Sin embargo, los estudios de Kelvin requerían frecuentes separaciones debido a las colocaciones en prácticas para los estudiantes y estudios que lo llevaban a numerosas zonas de Inglaterra semana tras semana. Estas separaciones se marcaban por la pena, las lágrimas y las separaciones dolorosas en la estación de ferrocarril, las cuales creaban tirantez en su relación. Kelvin, con el tiempo, se cansó de sus estudios y, después de completar su título, decidió retirarse de esa profesión.

El césped parecía más verde al otro lado de la charca y, como Rikki había sacado la ciudadanía canadiense antes de marcharse para Inglaterra, tenía la oportunidad de volver a Canadá. Ellos decidieron mudarse. Sin embargo, esta decisión requirió otra sentida separación, agravada por el hecho de que Kelvin tenía que quedarse con su padre, quien estaba muriendo de cáncer. La separación duró todo un año y, aparte de las conversaciones telefónicas, Rikki no pudo estar presente para Kelvin durante estos tristes momentos. La tensión en la relación comenzó a causar algunas fracturas en su intimidad. Ellos aceptaron tener una relación abierta durante esta separación, aunque ninguno de los dos se aprovechaban con frecuencia de esta disposición.

Finalmente Kelvin llegó a Canadá, tras la muerte de su padre y después de obtener la condición de inmigrante. Intentaron seriamente formar un hogar —una nueva casa y tres perros pasaron a formar parte de la familia. Pero la relación no sobrevivió estos trastornos. Un par de años más tarde, después de infructuosos intentos por cerrar el estado abierto de la relación, la confianza rota y los celos sexuales comenzaron a enconarse a medida que la llama del amor se fue atenuando poco a poco y finalmente se apagó. La relación había durado ocho años. Fue un romance de cuento de hadas que fue víctima de la sensación de monotonía y aburrimiento tras estar siete años con la misma pareja. Sin embargo, después de una breve separación, Rikki y Kelvin se volvieron a encontrar y comenzaron una amistad de toda la vida.

A menudo Rikki pensaba en Alma Vieja —y en la orientación que le había proporcionado. La filosofía espiritual de una existencia dual —una en la Tierra y otra dentro de la Dimensión Espiritual— parecía ampliar el alcance de la vida. La muerte era simplemente el fin de un viaje que diseñaste para aprender sobre tu propia naturaleza interna y evolucionar espiritualmente.

Saber que uno ha entrado voluntariosamente en la vida para aprender algo sobre uno mismo le da un propósito a la vida. Tu existencia no fue un evento aleatorio y no te colocaron en la Tierra contra tu voluntad. De hecho, tú previste, estudiaste y te preparaste para esta oportunidad. Tener la posición ventajosa de estar fuera de esta dimensión y la capacidad de ver el flujo de la vida en la Tierra te permitió hacer algunos planes generales acerca de cómo se desarrollaría tu vida antes de emprender el viaje. Una vez que partiste, tuviste el libre albedrío para luchar por lo que deseabas, dentro de los límites de esas fronteras que habías fijado. Y pudiste hacer correcciones del curso sobre la marcha y colocar eventos predestinados en tu camino que asegurarían que cumplieras tus metas. Tu única responsabilidad era empujar tu singularidad hacia el mundo y no tener remordimientos por tu existencia. Todo lo demás fluiría desde ahí.

Alma Vieja le había dado a Rikki algunas ideas generales sobre cómo sucedió todo esto y cómo experimentamos el mundo físico mientras lo investigamos por medio de nuestros cuerpos físicos, y cómo creamos nuestras experiencias a través de una interacción fluida de la singularidad de nuestra alma, los estados de trance, las emociones, las metas, el libre albedrío, el destino y las creencias fundamentales, que juntos forman nuestra experiencia a lo largo de nuestras vidas.

Este marco espiritual y existencial de la existencia humana se convirtió en la plataforma para el enfoque psicoterapéutico de Rikki, mientras trabajó durante varios años en instituciones relacionadas con la salud y más tarde con víctimas de la epidemia del SIDA, como Alma Vieja había previsto. Se destacó en su consulta privada, donde se especializó en las técnicas de la terapia de regresión a vidas pasadas e intervidas, como Alma Vieja también había previsto que haría.

PARTE III

CAPÍTULO 9

RUMBO AL MAL

Varios años han pasado desde la última conversación de Rikki con Alma Vieja y en la primavera de 1993, Rikki regresó a Islandia después de haber vivido en el extranjero durante veinte años. Fue la realización de un deseo; una especie de picor que se había intensificado con el paso de los años —una sensación de tirón por volver a su lugar de nacimiento de flores árticas, glaciares y el sol de medianoche. Hubo motivos para marcharse en el otoño de 1972, pero ahora había llegado el momento para tantear el terreno otra vez y satisfacer los deseos nostálgicos que flotaban dentro de sus sentidos como una brisa fresca que le hacía señas para que se acercara a su lugar de nacimiento.

Tras su último encuentro con Alma Vieja y después de escuchar su comentario de que ninguna muerte era un accidente, a Rikki le resultaba difícil entender este concepto. Había hecho que Rikki se preguntara sobre el lado oscuro de la vida, cuando las personas mueren en formas horribles y violentas. De las conversaciones que había tenido con Alma Vieja, Rikki entendió que el encuentro con la muerte nunca era un accidente, como visto desde la posición ventajosa del alma desde el interior de la Dimensión Espiritual, pero encontrar una muerte horrible y violenta desde nuestro punto de vista aquí abajo en la Tierra parecía completamente inhumano. A él le parecía que el motivo que llevaba a un ser humano a cometer un crimen de este tipo era inhumano y totalmente antinatural para un alma cuya esencia era el amor. A menudo se preguntaba cómo podría suceder eso, y reflexionaba: «¿Estos son los trabajos del mal?»

Con el paso de los años, Rikki estaba cada vez más intrigado sobre la naturaleza del mal y el propósito que cumple en términos de aprender sobre las emociones negativas, lo cual Alma Vieja había dicho que era el motivo principal para tener una vida en la Tierra en primer lugar.

Aunque era el año 1993, Rikki todavía podía recordar con bastante claridad una mañana fría y despejada de invierno trece años antes mientras estaba en Inglaterra. Fue en el otoño de 1980, el 9 de diciembre para ser exactos. Estaba sentado en una cafetería de la Universidad de York desayunando, cuando el reportero de la radio anunció: «... John Lennon está muerto. Anoche le dispararon en los peldaños de la puerta de su edificio de apartamentos en Manhattan y murió en la ambulancia en el camino al hospital». En ese momento Rikki pensó: «¡Dios mío... ¿cómo pudo pasar esto?! Todo lo que John Lennon quería era paz en la Tierra. ¿Qué significa esto? ¿Fue simplemente un acto perverso cometido por un ser humano desquiciado o hay una fuerza del mal independiente, una conciencia malvada que obligó al asesino a cometer este acto espantoso?» Estos tipos de preguntas sobre la naturaleza del mal habían persistido en la mente de Rikki a lo largo de los años, mientras otros eventos aparentemente perversos seguían ocurriendo en el mundo.

A medida que pasaba el tiempo, Rikki comenzó a sentir una necesidad cada vez mayor de estudiar este tema más en serio. Siendo el psicólogo orientado hacia la ciencia que era ahora, lo primero que se le ocurrió fue abordar este tema desde un punto de vista de investigación. Y, mientras pensaba sobre esto, el primer obstáculo sería llegar a una definición práctica, cómo definir el mal —si eso fuera posible. Y el segundo obstáculo sería definir lo que constituye un acto perverso. Después, trataría de entender las circunstancias que llevan a los seres humanos a cometer acciones perversas.

La definición

Después de hacer algunas investigaciones preliminares en la biblioteca, el consenso parecía sugerir que el mal podría describirse mejor como "absoluto", ya que no parecía posible que alguien fuera tan solo un poco malvado, o casi malvado, o que algún evento fuera casi perverso. Sin embargo, mientras pensaba más en ello, también le parecía que un acto que no fuera "perverso" no era necesariamente "bueno". Por lo tanto debe haber gradientes. Por ejemplo, un acto puede ser "bueno", "muy bueno" o "extremadamente bueno" —donde un acto "extremadamente bueno" sería sinónimo de un acto "virtuoso". Y, de forma similar, un acto podría ser "malo", "muy malo" o "extremadamente malo" —donde un acto "extremadamente malo" sería sinónimo de un acto "perverso". Viéndolo de esta manera, parecía haber un continuo con lo absoluto del "mal" en un extremo y lo absoluto de la "virtud" en el otro. La opinión relativa en cuanto al grado en que un acto se consideraría ser "bueno" o "malo" entonces podría caer en cualquier parte del continuo, además de los extremos finales, donde un acto "extremadamente malo" sería perverso y un acto "extremadamente bueno" sería una virtud.

Ahora, habiendo conceptualizado un continuo con la virtud en un extremo y el mal en el otro, hacía falta que los puntos finales fueran definidos con más precisión. La investigación bibliotecaria de Rikki reveló que históricamente el concepto de virtud había sido abordado por muchos filósofos remontándose a Platón y Aristóteles, al igual que lo fue el concepto del mal, pero en menor grado. El mal parecía haberse convertido más bien en una obsesión más tarde en la historia, sobre todo en las religiones monoteístas del judaísmo, el cristianismo y el islam.

Las investigaciones también revelaron que el concepto del mal se había relacionado con una amplia gama de fenómenos, incluyendo numerosos actos de la naturaleza, así como con actos realizados específicamente a manos de los seres humanos. Así que para limitar el alcance de su estudio, Rikki decidió que para sus propósitos limitaría el mal solamente a los actos cometidos por los seres humanos que estuvieran relacionados con la maldad deliberada y la profunda inmoralidad (i. e. el extremo opuesto de la virtud).

Entonces esta definición del mal excluyó lo que las personas habían conocido tales como males "naturales", es decir (a) desastres climáticos como terremotos, inundaciones, maremotos, tornados, erupciones volcánicas, sequías, avalanchas, rayos, meteoros que caen del cielo, etc. y (b) los actos de la naturaleza que tienen que ver con la supervivencia de una especie o un organismo tales como la violencia cuando los animales matan a su presa para alimentarse, los organismos celulares que causan la muerte de sus huéspedes en la enfermedad (como en el caso del SIDA) y disfunciones debido a aberraciones genéticas que causan enfermedades humanas específicas (tales como la anemia de células falciformes, el síndrome de Down, la enfermedad de Alzheimer, etc.).

También decidió que por el momento dejaría a un lado la cuestión en cuanto a la presencia de una fuerza del mal independiente, o una conciencia exterior, que obliga a los seres humanos a cometer actos perversos.

> *Es la propia mente del hombre, no su enemigo o adversario lo que le atrae a los malos caminos.*
>
> Buda

Teniendo en mente estas consideraciones, la definición del mal ahora se había limitado a los actos que eran cometidos específicamente por humanos y que se relacionaban con la maldad deliberada y la inmoralidad. Provisionalmente, entonces estos incluían (a) los actos que matan a los seres humanos tales como asesinato y homicidios sancionados (p. ej., ejecuciones estatales y homicidios en una zona de guerra), (b) los actos de discriminación y humillación diseñados para disminuir el bienestar psicológico de las personas (p. ej., la intimidación) y (c) los actos maliciosos que causan dolor o sufrimiento (p. ej., la tortura, la violencia doméstica y el abuso sexual). Después de llegar a esta definición limitada, Rikki había logrado limitar su ponderación específicamente a eventos y actos humanos.

Ejemplos de actos perversos

Mientras Rikki buscaba lo que le parecía eventos perversos en el mundo, su atención fue atraída primero por el ruedo político. Específicamente por los conflictos mortíferos que suceden cuando los políticos o los jefes de las naciones no pueden resolver sus diferencias. En estos casos parecía que la estrategia predominante era declarar la guerra y luego mandar a jóvenes soldados a luchar, hasta que se hubiera matado a un número suficiente ya sea para derrotar al oponente, proponer un compromiso o retirarse del campo de batalla. Rikki se preguntó: «¿Estos son los actos del mal? Y, si es así, ¿a quién culpar —los políticos, los soldados o los ciudadanos de los países que apoyan el envío de ellos a la guerra?»

Por otra parte, Rikki siguió especulando: «¿Quizás se puede alegar el argumento en el sentido de que las naciones deben purgar el mal del planeta de vez en cuando, por medio del conflicto mortífero, para que prevalezca el bien común? ¿O en otras palabras, a veces una nación debe instar a sus ciudadanos a cometer actos perversos, tales como matar a los otros, para conservar lo que se cree que es bueno, decente y virtuoso?»

Estas eran las preguntas fundamentales. Mientras Rikki seguía pensando en estos temas, pensó para sí mismo: «¡Gracias a Dios que la Guerra Fría terminó, y con ella la preocupación de una inminente guerra nuclear, o un desastre nuclear!» (El Muro de Berlín había sido derribado hace poco más de tres años y cientos de misiles nucleares que habían sido preparados para hacer explotar a la Unión Soviética y las naciones aliadas ahora iban a ser desarmados). Él tenía en cuenta el hecho de que los Estados Unidos había sido el único país que alguna vez desplegó armas nucleares. Hicieron esto durante los últimos días de la Segunda Guerra Mundial cuando lanzaron una bomba sobre Hiroshima y otra sobre Nagasaki, en un intento de ponerle fin a la guerra. En las mentes de algunos, esto fue como represalia contra los soldados japoneses —la mayoría de los cuales estaban bajo el efecto de la droga recién desarrollada, la metanfetamina, (cuyo nombre callejero es "metanfetamina cristalina"), que se desarrolló en Japón en aquel momento para impulsar el valor de sus pilotos, ya que lanzaban ataques aéreos suicidas tipo kamikazes sobre los buques navales estadounidenses en Pearl Harbor, matando aproximadamente a 2,400 estadounidenses del personal de servicio. Las bombas que los estadounidenses lanzaron sobre las ciudades de Hiroshima y Nagasaki mataron cerca de 200,000 civiles japoneses. «Estos fueron actos de guerra. —Rikki pensó. Ambos actos eran perversos, ya que a fin de cuentas el objetivo siempre es matar. ¡Pero la respuesta estadounidense de la destrucción nuclear de dos grandes ciudades parecía una maldad deliberada y profundamente inmoral! ¿Pero es justo culpar?»

Entonces pensó: «¿Tal vez debería culpar a los físicos que desarrollaron la bomba atómica? Ellos sabían que estaba destinada a ser un arma. Por otra parte, en aquel momento hubo una carrera armamentística entre los estadounidenses y los alemanes para desarrollar la bomba atómica. ¡Si los estadounidenses no hubieran ganado la carrera, los alemanes la hubieran ganado y Hitler no habría dudado en usarla! Pero ahora que lo pienso, los estadounidenses tampoco habrían dudado en usarla». Rikki estaba muy ocupado. Obviamente había mucho en qué pensar y mucho que se tenía que considerar en términos de descifrar lo que calificaba como mal en este caso.

Sin embargo, esto no era todo, había más —mucho más. Cuando la guerra se acercaba a su final, la noticia de que los alemanes habían tratado de exterminar toda la población judía, así como los homosexuales y cualquier retrasado mental o discapacitado físico, empezó a filtrarse fuera de Europa. El mundo civilizado estaba estupefacto con incredulidad y horror. El genocidio, con el único objetivo de eliminar a un pueblo sin buscar ninguna ganancia política en particular, había surgido por primera vez en la historia de la humanidad como una nueva forma del mal. Mientras Rikki consideraba esto, pensó para sí mismo: «Yo fui una víctima de este genocidio, al igual que mi familia en mi vida pasada como judío polaco. ¿Qué demonios podría haber motivado a los nazis para cometer tales actos perversos?»

Hannah Arendt, quien escribió sobre el genocidio judío en sus libros,[57] argumentó que la Alemania nazi había representado un nuevo tipo de mal «radical». Ella fue testigo del juicio a Adolf Eichmann que tuvo lugar en Jerusalén después de la guerra. Él era un oficial nazi de alto rango que había seguido enviando a los judíos

---

57 *The Origins of Totalitarianism*. Cleveland: World Publishing Company, 1951, y *Eichmann in Jerusalem: A Report on the Banality of Evil*. New York: Penguin Books, 1963.

a los campos de concentración incluso después de que su superior, Heinrich Himmler, le había ordenado no hacerlo durante los últimos días de la guerra. En el juicio, cuando a Eichmann le preguntaron por qué hizo esto, él respondió que era su deber, es decir, su deber moral hacer lo que era correcto y, probablemente, lo que creía que era virtuoso.

Hannah Arendt concluyó que los nazis habían experimentado no solo un colapso moral sino también una inversión moral: una inversión moral donde el acto moral —un acto virtuoso— se había vuelto contra sí mismo. Matar a judíos y homosexuales se había convertido en un acto de virtud, y el deber de todo «buen» ciudadano. Ella concluyó que los nazis se habían sumido en una forma descabellada de estupor moral, de la cual surgió una nueva forma del mal hasta la fecha desconocida en el siglo XX.

(Las investigaciones de Rikki revelaron que otros genocidios habían tenido lugar en la historia moderna, tanto antes como después de la Segunda Guerra Mundial, pero esos genocidios habían sido motivados aparentemente por la política, aunque igualmente malos. Por ejemplo, el genocidio armenio en Turquía entre 1915 y 1918 tuvo 1,5 millones de armenios asesinados de manera sistemática aparentemente por reclamos de tierras durante la expansión de la frontera turca hacia el este. ¡Otros genocidios importantes incluyeron la Revolución Cultural China a finales de los años cincuenta y sesenta que mató a 30 millones de personas y Pol Pot y los Jemeres Rojos de Camboya de mediados a finales de los años setenta que mataron a 2 millones de camboyanos, representando dos tercios de la población!)

Los hombres nunca hacen el mal tal completa y animosamente como cuando lo hacen por convicción religiosa.

Blaise Pascal

Rikki se preguntó: «¿Cómo fue posible esto? ¿Cómo tal cantidad de personas pudo ser movilizada para abrazar esta moralidad invertida? Judíos y alemanes, muchos de los cuales eran homosexuales, discapacitados físicos y retrasados mental, habían convivido en Alemania hasta entonces». Pero mientras pensaba en esto, se dio cuenta de que la inversión moral seguía siendo una forma común del mal. Aunque el exterminio de los judíos había parado después de la guerra, el exterminio de los homosexuales siguió siendo una política en muchos países alrededor del mundo. Otro ejemplo de inversión moral había sido la esterilización de las personas con retraso del desarrollo —una política llevada a cabo en Estados Unidos y Canadá hasta principios de los años setenta. Desgraciadamente, Rikki concluyó: «¡La inversión moral parece ser una forma común del mal y está bastante viva hasta el día de hoy!»

> ¡La inversión moral es una forma común del mal, y está bastante viva hoy en día!

Y por último, más recientemente, al trabajar con víctimas de la epidemia del SIDA, el problema del mal había llamado la atención de Rikki por los fanáticos religiosos que afirmaban que Dios trajo el SIDA al mundo para castigar a los homosexuales por su comportamiento antinatural. Afortunadamente esa actitud ya había disminuido, pero había persistido en los años ochenta entre algunos grupos, a pesar del hecho de que la mayoría de las personas en el mundo que estaban infectadas con el virus del VIH eran heterosexuales, y a pesar del hecho de que las investigaciones demostraron que el virus que causa el SIDA tuvo sus orígenes en los monos que habían sido recolectados para producir carne en las selvas de África.

Mi propio encuentro con el mal

Mientras Rikki pensaba en estos temas, se le ocurrió: «¿Quizás soy malvado? ¿Acaso estoy siendo hipócrita? He matado animales. Cuando tenía diecisiete años en la granja, sacrifiqué a un becerro. ¡Creí que mi deber como obrero agrícola era ayudar con la provisión de alimentos de esta manera, pero no tuve que hacerlo! El granjero se hubiera encargado de esta tarea por sí mismo, pero me ofrecí como voluntario. ¡En aquel momento quería ser valiente y parecer fuerte… pero no lo era! Siempre he lamentado haber hecho esto. ¿Eso estuvo mal?» Rikki seguía reflexionando sobre estos pensamientos. Hubo otro incidente, esta vez a la edad de nueve años. Un gato salvaje que había establecido su residencia en el sótano abandonado de la casa de al lado tenía una camada de gatitos. Los gatos habían comido algo podrido y todos estaban enfermos con diarrea, lo que causó una pestilencia terrible. En aquel entonces, la práctica común para matar a un gato en Islandia era ponerlo en una bolsa de arpillera junto con una piedra y tirarlo al río. Después de hablar con algunos de sus amigos acerca de esta solución del problema, Rikki decidió ser el líder y llevar a cabo la acción que hizo con un poco de ayuda de sus amigos. «Sin duda este fue un acto perverso —pensó para sí mismo. Pero en el contexto de la cultura que existía en Islandia en aquel momento, casi nunca se mantenían a los gatos como mascotas de casa. También era ilegal tener un perro como mascota dentro de los límites de la ciudad y la policía les disparaba a los perros en cuanto los veía. La actitud hacia estos animales era que se debían mantener en el granero: los gatos para cazar ratones y los perros para llevar en manada a las ovejas. ¿Entonces fui malvado por ahogar a esos pobres animales?»

Rikki siguió pensando: «En la granja me enseñaron que era misericordioso decapitar a las aves que se encontraban aleteando después de que sus alas se habían roto, por lo general tras haber volado hacia un alambre de la electricidad. Esto le ponía fin rápidamente a su sufrimiento. Yo lo hice algunas veces. ¿Eso estuvo mal?

Marqué a los corderos causando que sus orejitas sangraran. ¿Eso estuvo mal? Maté a los peces después de pescarlos dándoles un golpe rápido en la cabeza y cortando sus branquias. ¿Eso estuvo mal? Mientras trabajaba en la granja, ayudé y sujeté a las ovejas mientras les disparaban en el matadero. ¿Eso estuvo mal? Hice experimentos con ratones y ratas durante mis años de estudio en la universidad, causándoles una muerte segura en la mayoría de los casos. ¿Eso estuvo mal?

¡Ahora me molesta matar una mosca! ¿Qué ha pasado? ¿A qué se debe eso? En aquel entonces, no consideraba estos actos como perversos. No los disfruté, pero era mi deber, mi función. Ahora no estoy seguro de eso. ¿Fue "moralidad invertida"?»

Mientras pensaba en estos incidentes pasados, se le ocurrió: «El contexto ha cambiado. Ahora compro la carne en la carnicería local donde convenientemente se han matado a los animales para mi consumo. Llevo a los animales enfermos al veterinario quien los sacrifica si no se pueden salvar. Ahora evito todas estas situaciones. Lo consideraría inmoral si hoy en día tuviera que llevar a cabo estas acciones; en cambio, decido dejarles estas tareas violentas a los demás». Mientras Rikki pensaba en estos casos, se hacía evidente que lo que se considera mal cambia con el tiempo y varía, dependiendo del contexto.

Rikki continuaba este hilo de pensamiento: «Para ser honesto conmigo mismo, el único acto realmente perverso que creo que he cometido alguna vez fue a la edad de ocho años, mientras tenía una de mis rabietas. Con un par de tijeras, hice un pequeño corte en las cortinas que mi madre había cosido con tanto orgullo y que estaban colgando en la ventana de la sala de estar. Las cortinas eran hermosas y sabía que la haría sufrir si las dañaba. Mamá lloró al ver lo que había hecho, pero no me regañó. En ese momento me sentí profundamente arrepentido y verdaderamente culpable. ¡En mi mente, yo había sido malo, malísimo!»

Muchos años más tarde, poco antes de que ella muriera, Rikki le preguntó a su madre si recordaba este incidente. Ella se tomó un momento para recordar y respondió: «No, mi amor. Recuerdo las cortinas. ¿Hiciste un hoyo en ellas?» Él estaba pasmado y pensó para sí mismo: «Ella no recuerda este incidente. Mi madre no puede recordar mi acto trascendental del mal. ¿Ahora qué significa eso?»

Rikki sabía que ese día había aprendido algo acerca del remordimiento y la culpa y se preguntó: «¿Fue "prácticamente necesario" que cometiera este acto tan malo para experimentar la emoción negativa o el sentimiento de remordimiento?»

¿El mal es necesario?

Una vez Alma Vieja dijo que el «contraste» es la base para tener una experiencia, y había discutido el concepto en numerosas ocasiones. Sin embargo, la pregunta que ahora Rikki se hacía al respecto era el grado de contraste que es necesario para que uno pueda experimentar emociones negativas lo suficientemente para aprender lo que se necesita. Mientras pensaba en el continuo que había construido con la virtud en un extremo y el mal en el otro, le parecía que la virtud era un punto final «prácticamente necesario», pero, pensó: «¿Entonces también es "prácticamente necesario" para que exista el mal? ¿Es posible experimentar la virtud si uno no la puede contrastar con el mal? ¿Y, de la misma manera, es posible ser generoso si no hay pobreza? ¿Es posible ser valiente si no hay peligro? ¿Es posible mostrar fortaleza si no hay ninguna dificultad? ¿Es posible ser bueno si no hay ninguna maldad? Sin contraste, no puede haber ninguna experiencia. ¿Entonces es "prácticamente necesario" que exista el mal para que exista la virtud? ¿Puede existir la virtud sin el mal?»

Cuanto más Rikki pensaba al respecto, más le parecía que desde un «punto de vista práctico» sin duda alguna tenía que haber dificultades en el mundo para que exista la virtud y para que exista virtud tenía que haber dificultades. «¿Pero las dificultades tienen que llegar al extremo de ser malas? —pensó para sí mismo. ¿Deben existir actos cometidos por los seres humanos que son profundamente inmorales, tales como los asesinatos, los homicidios sancionados, la discriminación y la humillación de las personas diseñadas para disminuir su bienestar psicológico, y actos maliciosos que causan dolor y sufrimiento, los cuales eran las categorías que había señalado como maldad? ¿Estos actos perversos son necesarios para proporcionar el "contraste" para que los seres humanos tengan la oportunidad de experimentar el tipo de emoción negativa relacionada con su paso?»

Debe existir el mal, para que el bien pueda probar su pureza sobre él.

Buda

Estas eran cuestiones evidentemente complicadas que requerían mucho pensamiento, pero también eran fundamentales, no solo en términos de entender la filosofía espiritual y existencial de Alma Vieja, sino también en términos de aceptar su perspectiva filosófica.

Recordó su primera reunión cuando Alma Vieja había dicho que el punto de vista espiritual del que le hablaría podría verse como la historia previa de las religiones o como un hilo conductor que era fundamental para todas las religiones. Y si, como él había dicho, una encarnación se trataba principalmente de experimentar y aprender de las emociones negativas, entonces seguramente debe ser importante comprender la máxima expresión de estas emociones negativas, es decir, cuando se experimentan a raíz de actos que son perversos.

A medida que Rikki pensaba en las religiones y filosofías espirituales con las que se había familiarizado, le parecía que tendían principalmente a animar a las personas a centrarse en las sutilezas de la vida y no en el mal. El judaísmo enseña que Dios ama a todos y enseña a reparar el mundo para que la vida sea buena para todos. El cristianismo enseña que si amas a Dios serás salvado, y que el camino hacia lo divino se podría favorecer si también se amara a su hijo, Jesús. El islam enseña que Alá es Todo Lo Que Es y que el camino hacia su entendimiento se facilitaría mediante la devoción a su mensajero, Mahoma. Del mismo modo, las filosofías espirituales de la Nueva Era parecían ignorar el mal, ordenándote a centrarte en tu felicidad, en el momento o en el ahora, para encontrar la iluminación.

Estas religiones parecían prestar una atención poco entusiasta a la explicación de por qué existe el mal en el mundo, aparte de decir que el mal es causado por una lucha entre el bien y el mal. Y las filosofías espirituales de la Nueva Era parecían tener una sola dimensión, sin ofrecer ninguna explicación tangible para los actos perversos que tienen lugar en el mundo. Por otra parte, se presentaba la perspectiva espiritual y existencial de Alma Vieja, la cual brindaba un marco para la incorporación del mal. Alma Vieja enseña que el hogar natural del alma es una Dimensión Espiritual, un mundo lleno de amor, mientras que la intención principal del alma durante una encarnación era experimentar toda la gama de emociones negativas que, probablemente, incluía el mal. Y después de cada encarnación, el alma regresa a casa en la Dimensión Espiritual provista de la experiencia que ha ganado. Desde este punto de vista, los malos acontecimientos y las emociones dolorosas consiguientes parecen ser una parte necesaria de la vida.

Mientras Rikki consideraba la filosofía de Alma Vieja, se encontró concluyendo, aunque de mala gana: «Supongo que el mal es "prácticamente necesario" para que nosotros experimentemos toda la gama de emociones negativas. ¡Después de todo, solo es el extremo opuesto de la virtud en un continuo, y la vida sin virtud no sería vida en absoluto!» Pensó para sí mismo: «Debo preguntarle a Alma Vieja sobre esto».

¿Cómo se manifiesta el mal?

Tras haber racionalizado que los actos perversos son «prácticamente necesarios», ahora Rikki comenzaba a concentrarse en su última pregunta: ¿Cuáles son las circunstancias que llevan a los seres humanos a cometer actos perversos? ¿Cómo es que una persona llega a bajar deslizándose tan lejos por el precipicio de la virtud?

Había un par de experimentos psicológicos que Rikki había leído en su formación como psicólogo que podrían ofrecer una explicación. Estos experimentos estudiaban la obediencia ciega y la crueldad a los demás:

En 1961, Stanley Milgram, un psicólogo de la Universidad Yale, realizó una serie de experimentos diseñados para destacar el poder de la autoridad. Se contrató a individuos para que administraran una serie de electrochoques de voltaje creciente a víctimas atadas a una silla en otra habitación, fuera de su vista pero si podían escuchar perfectamente. Mientras los sujetos creían que les estaban dando electrochoques cada vez más potentes a las víctimas, una grabadora en la otra habitación reproducía una serie de gritos desesperados mientras un actor golpeaba en una pared, luego se quedaba callado siniestramente a medida que el electrochoque estaba por encima de un cierto nivel. Al final, les ordenaron a los sujetos darle tres electrochoques seguidos de 450 voltios a la víctima que ahora estaba en silencio.

En el primer set de los experimentos de Milgram, el 65 por ciento de los participantes administraron la última serie de electrochoques, aunque muchos se sintieron incómodos al hacerlo. En algún momento, cada participante se detuvo y cuestionó el experimento. Solo uno de los 40 participantes se negó firmemente a administrar electrochoques por encima del nivel de 300 voltios. Estudios posteriores demostraron que aproximadamente dos tercios de todos los participantes infligieron lo que pensaban que eran voltajes fatales bajo las órdenes del experimentador.

Otro profesor de psicología, Philip Zimbardo de la Universidad Stanford, exploró las tendencias de los humanos hacia la brutalidad en el experimento de la cárcel de Stanford. En este caso, 21 estudiantes universitarios considerados psicológicamente estables fueron elegidos para actuar como guardias y prisioneros en una prisión simulada. Los guardias recibieron uniformes, gafas de espejo y porras de madera, destinados a ser usados solamente para indicar que eran guardias. Los prisioneros recibieron batas que no les entallaban correctamente y gorras tejidas, serían llamados por números asignados y llevarían cadenas alrededor de sus tobillos. Todos los participantes entendieron que estaban participando en un experimento.

Los prisioneros fueron «arrestados» en sus casas, luego llevados a la prisión simulada, donde los guardias desempeñaron rápidamente sus papeles a un grado mucho mayor de lo que se esperaba. Desde el primer día, disfrutaron de demostrarles su estatus a los prisioneros y, hacia el final del experimento, aproximadamente un tercio de ellos mostraron tendencias sádicas genuinas; es decir, claramente disfrutaron de infligir dolor y obtuvieron placer de la imposición del dolor en sí.[58]

---

58 Charles Mathewes. Why Evil Exists (course guidebook). Virginia: *The Great Courses*, 2011, page 125. Algunos de los conceptos explorados en este capítulo también se derivan de esta interesante publicación.

CAPÍTULO 10

RUMBO AL MAL (CÓMO SE DESARROLLA)

Como siempre, Alma Vieja era muy consciente de los retos de Rikki en la vida y ahora de sus reflexiones sobre el mal, y decidió que había llegado el momento para proporcionarle algunas ideas sobre este tema. Mientras hacía los preparativos para comunicarle estas ideas a Rikki, se encontró con su viejo amigo Oreon y le preguntó si estaría dispuesto a reunirse y discutir el progreso que estaba teniendo en su guía espiritual de Rikki. Oreon, siendo el mentor de las almas superiores, estaba feliz de ayudar y sugirió que se reunieran en una cafetería tranquila en Reikiavik cerca de donde Rikki vivía actualmente. Para la ocasión, también sugirió que adoptaran formas humanas, en vez de sus apariencias normales de esferas pulsantes.

Un poco más tarde ambos se aparecieron en una tarde soleada en el Café Mokka en el centro de Reikiavik. Ninguno de los clientes podía notar que eran fantasmas, ya que se sentaron discretamente en un rincón soleado del café, cada uno bebiendo una taza de café. Para la ocasión, Alma Vieja había tomado una forma muscular de seis pies de altura que le era familiar de una lejana encarnación como vikingo, mientras que Oreon adoptó un cuerpo de contextura promedio que era más recatado de aspecto. En un esfuerzo por encajar y parecerles normales a los otros clientes en el café, reprimieron su comunicación telepática normal y hablaron en el lenguaje humano ordinario.

Oreon comentó: «Bueno, mi viejo amigo, parece que tu Rikki se sumergió en el estudio antiguo del mal».

Alma Vieja respondió, mientras sorbía ruidosamente su café: «Sí, él ha estado pasando algún tiempo estudiando el tema recientemente».

Oreon notó con cuánta torpeza Alma Vieja sorbía su café y comentó con una sonrisa, mientras bebía con delicadeza de su propia taza, sosteniendo su dedo meñique en el aire: «Veo que nunca antes has bebido café en tazas pequeñas como esta. Suenas como un bárbaro tragando aguamiel de un cuerno».

Alma Vieja se rió y dijo: «Sí, han pasado unos cien años desde que tuve este cuerpo vikingo y nunca antes tuve la costumbre de beber café en una taza. De hecho nunca he bebido café hasta ahora. No me había dado cuenta de que las grandes manos en este cuerpo serían inadecuadas para agarrar tazas pequeñas como esta».

Oreon sonrió y respondió: «Me he acostumbrado a hacer esto a lo largo de los siglos. Siempre organizo mis reuniones de supervisión con las almas superiores en los lugares en la Tierra de sus cargos. Me ha dado la oportunidad de experimentar la cultura contemporánea a lo largo del tiempo y la oportunidad para practicar beber café en tazas pequeñas como estas».

Ahora Alma Vieja y Oreon se fijaban en su reunión, mientras Oreon continuaba: «Me pediste que te aconseje con respecto a tu tutoría de Rikki, pero no creo que te diré algo que ya no sepas, ya que sé que estás familiarizado con las circunstancias que llevan a los seres humanos a realizar actos perversos. Sin embargo, dado que has pedido mi consejo, te sugiero que primero procedas a decirle a Rikki que no hay ninguna fuerza independiente, o una entidad, o una conciencia exterior que sea innatamente malvada y atormente a los seres humanos».

Oreon continuó: «Sin embargo, los actos humanos se pueden considerar perversos, y los que cometen esos actos se consideran malvados de la misma manera. Ya que este es un tema tan enorme, primero comenzaría ofreciéndole a Rikki cierta información básica que le ayudará a entender los antecedentes del mal. Es importante que aprecie el contexto más amplio en el que tienen lugar estos actos antes de que pueda entender a fondo este tema.

»Por ejemplo, podrías comenzar diciéndole un poco más sobre (a) la naturaleza de la conciencia y cómo se vuelve física a medida que se coloca a intervalos en el tiempo por medio de la "armonía que se despliega". Luego sigue con (b) los aspectos fascinantes de los mitos y cómo se les transmite a los ciudadanos de cada cultura mediante las tradiciones, costumbres y creencias. En este momento también podrías contarle sobre los mitos predominantes que actualmente son el principal obstáculo para el progreso de la humanidad. Luego cuéntale sobre (c) los impulsos y la intuición, y lo que sucede cuando estas percepciones que emanan de su naturaleza interna son desconfiadas o bloqueadas. Después de eso deberías decir unas palabras sobre (d) los ideales y el comportamiento fanático. Y luego, finalmente, con esta preparación de fondo, estará en posición para entender el tema actual en cuestión, que es la naturaleza del mal».

Alma Vieja comentó: «Creo que me va a costar trabajo. Este es un buen resumen para empezar con mi protegido».

Alma Vieja y Oreon siguieron hablando toda la tarde en el rincón soleado y tranquilo en el Café Mokka, hasta que estuvieran solos y sus fantasmas se esfumaron.

Rikki había estado trabajando en una clínica de VIH en Canadá durante un par de años cuando decidió que era hora de regresar a Islandia. Después de su llegada, comenzó a trabajar como el director de la organización local del SIDA y también dirigió su propia consulta de psicoterapia.

Durante los fines de semana a menudo viajaba fuera de la ciudad para hacer caminatas turísticas en las montañas. En una de esas ocasiones, después de una ardua subida por la ladera de una montaña, se acostó para descansar. A medida que se hundía en el blando musgo entre las flores árticas con el canto de los pájaros a lo lejos, el sonido del agua que corría a lo largo de un arroyo cercano hizo que se durmiera. Pronto cayó en un sueño clarísimo. Alma Vieja se le apareció en este sueño y le entregó una cápsula que contenía algunos «paquetes de pensamiento» y le dijo: «Esta es una conferencia interactiva sobre el tema del mal. Veo que has estado lidiando con este tema recientemente».

Rikki se sorprendió al ver a Alma Vieja después de tantos años y respondió: «Había planeado venir y hablar contigo en Heather Hill un día de estos. Supongo que adivinaste mis pensamientos y supiste que quería hablar».

Alma Vieja respondió: «Sí, por supuesto. Sabes que siempre estoy cerca, como tu fylgja.

»Más tarde esta noche antes de que te quedes dormido, tómate un momento y estudia el contenido de esta cápsula. Te resultará útil. Después de que lo veas, tendremos la oportunidad de tener una breve charla sobre algunos de los aspectos del mal que has estado considerando».

Rikki dijo: «Creía que tenía que hablar contigo en Heather Hill para conversar directamente contigo».

Alma Vieja sonrió: «Eso no será necesario esta vez. Esta cápsula contiene todas las posibles respuestas a cualquier pregunta que tengas sobre el tema del mal».

Luego Alma Vieja desapareció. Un poco más tarde, Rikki se despertó y emprendió su camino de regreso a la ciudad.

La naturaleza de la conciencia

Más tarde esa noche, antes de quedarse dormido, Rikki abrió la cápsula que Alma Vieja le había dado. En un instante se encontró sentado en un cine holográfico donde podía ver espirales giratorias de las manifestaciones de la energía de la conciencia mientras orquestaban eventos dentro de una dimensión paralela de la conciencia pura y los desviaban hacia el Universo Físico en las alas de —la «armonía que se despliega». Vio cómo se formaba una copia de cada manifestación desde la partícula subatómica más pequeña hasta el organismo biológico más complejo antes de que se materializara en el Universo Físico.

Los detalles eran alucinantes. Entre otras cosas, Rikki ahora veía cómo las vidas eran básicamente preparadas antes del nacimiento —aparte de las modificaciones que surgían al instante en esta dimensión paralela, correspondiente a las decisiones que el alma estaba haciendo en base a tener «libre albedrío» durante la encarnación. Podía ver cómo los individuos elegían sus experiencias y cómo ellos mismos aparecían en el centro del drama de su propia vida, ya sea como el héroe, el villano o la víctima. También vio cómo estas manifestaciones de la energía de la conciencia fluían continuamente hacia el mundo físico y mantenían la cohesión del planeta y todo lo que existe dentro de él.

A medida que Rikki observaba este proceso, le resultaba obvio que todos los organismos dependían de esta carga constante de la conciencia, la cual aparecía como una proyección de la energía, sin la cual no sobrevivirían durante más de unos cuantos minutos. Todo en la Tierra se mantenía automáticamente mediante esta acción continua. Pensó en cómo no se había dado cuenta de, y cómo todo el mundo da por supuesta, la manera en que esta energía de la conciencia mantiene todo el cuerpo, incluyendo la respiración, los mecanismos internos de nutrición y eliminación, la circulación de los fluidos y, a otro nivel, la cooperación entre el funcionamiento de todos los órganos que permiten que todo el cuerpo funcione sin problemas. Se dio cuenta de la enorme planificación que ocurre a todos los niveles en la preparación de la existencia física. No solo al nivel subatómico, el nivel celular y el nivel individual, sino también a niveles sociales y de las sociedades. Había desastres en la gestación, los programas educativos, los dramas religiosos y los festivales de todo tipo que se estaban planeando. Todos estos eventos se estaban creando dentro de esta dimensión paralela, y estaban programados para que fueran llevados como eventos completos hacia el mundo físico en las alas de la «armonía que se despliega».

Al mismo tiempo, a Rikki también le resultaba claro ver que estos eventos solo ocurrirían en el legado de las intenciones, las creencias y los deseos. También había una comunicación y una cooperación entre todos estos eventos, a todos los niveles; un conocimiento consciente desde la caída de una hoja de un árbol hasta el evento social más complejo. Y debido a esto, no había secretos ni encuentros casuales. No se podría aprovechar en detrimento de otro. Todos los eventos eran deseados; ningún nacimiento, ningún accidente y ninguna muerte ocurrían por casualidad. De hecho, los participantes en esta dimensión paralela sabían todo. Todas las decisiones a cada nivel de la existencia eran tomadas conjuntamente, al unísono, y en consideración a todos los niveles de la conciencia.

Esta dimensión paralela funcionaba como un servicio de información infinito que te ponía inmediatamente en contacto con cualquier conocimiento que necesitaras y establecía conexiones entre uno y los demás con la intención amorosa que tenía en cuenta tus mejores propósitos, así como los de todos los otros individuos —incluyendo a los miembros de cada especie y de cada organismo. No se podría imponer un evento sobre otro que no fuera acordado.

Esta dimensión paralela, a la que Alma Vieja se refería como Marco 2, aparecía como una versión invisible de nuestro mundo físico que él denominó Marco 1. Sin embargo, era mucho más que eso, ya que dentro contenía todas las variaciones probables de nuestro universo físico —desde la escala más cósmica hasta el más pequeño de los acontecimientos en cualquier día determinado.

Mientras Rikki hacía una pausa y trataba de comprender esta experiencia, Alma Vieja apareció y sugirió: «Tómate un momento mañana por la noche mientras estés sentado frente a tu televisor e imagínate orquestando lo que ves en la pantalla de tu televisor, como si lo estuvieras haciendo tras bastidores en el Marco 2. Piensa en la programación de todos los detalles físicos, mentales y psicológicos, incluyendo el entorno físico en el que el drama tiene lugar en la televisión. El momento del día, la estación, la música, la iluminación, la narrativa del drama y las emociones que tienen lugar —cada detalle de todo en cada escena en el drama de tu televisión. Entonces imagínate a ti mismo como el personaje central del show que estás viendo y cómo te infundes con la energía emocional de todo lo que ocurre a tu alrededor. Es el tipo de cosa que se construye con todo detalle en el Marco 2, antes de que se vuelve físico en el Marco 1 —tu mundo físico.[59]

»Ahora puedes ver cómo tu mundo físico se mantiene mediante esta infusión continua de la manifestación de la energía de

---

[59] David Bohm (1917-1992), uno de los físicos teóricos más destacados del siglo XX, propuso un concepto muy similar. Se refería a un concepto similar al Marco 1 de Seth como el «orden explicado» y al Marco 2 de Seth como el «orden implicado» y sugirió la presencia de lo que él denominó un «holomovimiento» que desplegaría información del orden implicado hacia el orden explicado, y viceversa.

la conciencia del Marco 2. Esta infusión de la manifestación de la energía mantiene todas las manifestaciones físicas en tu mundo básicamente mediante la creación y luego el reciclaje y la reactivación de los compuestos biogeoquímicos del carbono, el nitrógeno y el oxígeno, así como algunos otros compuestos menos frecuentes. Este proceso de reciclaje biogeoquímico, junto con el flujo continuo de las manifestaciones de la energía de la conciencia del Marco 2, sostiene toda la vida en tu planeta hasta el microbio más pequeño. Esa es la magnitud de las operaciones dentro del Marco 2».

Rikki se estaba recuperando de la experiencia que acababa de tener y respondió: «Estoy empezando a entender lo que quieres decir. ¡Eso es asombroso!»

«Sí, estás en el centro de tu drama, y mediante tus intenciones y creencias determinas todo lo que te pasa durante tu vida».

Rikki se tomó unos momentos para reponerse y luego preguntó: «¿Pero qué pasa con el mal, qué tiene que ver esto con el tema del mal?»

«El fenómeno del mal es complicado. Debes ser consciente de una serie de contribuyentes que llevan a una persona a cometer actos perversos antes de que puedas entender a fondo el fenómeno, y este es uno de esos contribuyentes».

La influencia fascinante de los mitos

Alma Vieja continuó: «Otro contribuyente es el fascinante efecto que se crea como consecuencia de los mitos culturales. Es igualmente importante que entiendas esto».

«Oh... ¿Qué quieres decir con eso?»

«Un mito es una historia tradicional que sirve para explicar una visión del mundo en términos de una historia que es aceptada sin pruebas. Y hay mitos dentro de cada cultura. Estos mitos son conglomerados de tradiciones, costumbres y creencias que reflejan la historia de la cultura, y están incrustados en cada persona que alcanza la mayoría de edad dentro de esa cultura. Como consecuencia, cada individuo dentro de una cultura en particular adquiere una perspectiva cultural específica, la cual por lo general defenderá con una actitud firme durante su vida. El individuo no cuestiona estas tradiciones, costumbres y creencias, y no ve los puntos de vista alternativos que las ponen en duda. Esta mentalidad es lo que constituye un mito cultural. Al individuo se le ha enseñado una visión del mundo que acepta sin pruebas, que no cuestiona. De hecho, está fascinado, al igual que lo está cada individuo de esa cultura bajo el mismo hechizo».

«Ah, ya entiendo».

«Déjame darte un par de ejemplos. Estos tienen que ver con el sexo. En la cultura occidental se considera "normal" que todos se sientan atraídos sexualmente por el sexo opuesto. Y, de la misma manera, se considera desviado que los individuos del mismo sexo se sientan atraídos entre sí. También se supone que sea normal que una pareja joven desee tener hijos, y por el contrario, es desviado si deciden no tener hijos. Si ves un carro de color rosado, automáticamente supones que su dueño debe ser una mujer. Te enseñan que el rosado es femenino. Te enseñan que las hembras prefieren jugar con muñecas, mientras que los varones prefieren jugar con los carros. La lista es interminable en lo que respecta a las cuestiones de género y roles de género. Otro mito que era frecuente cuando eras joven era que los niños zurdos debían aprender a escribir con su mano derecha porque no era "normal" ser zurdo y esto podría provocar "problemas" no especificados. Para alguna gente religiosa, escribir con la mano izquierda era escribir con "la mano del diablo". Por lo tanto, a la mayoría de tus contemporáneos se les obligó a aprender a escribir con su mano derecha, pero tú no fuiste obligado a ello, en parte porque tu madre era estadounidense y no fue criada bajo la influencia de este mito. Estos son algunos ejemplos de mitos culturales que asimilas en tus años formativos, y por lo general no los cuestionas.

»La mayoría de las personas no son conscientes del grado en que los mitos de este tipo influyen y forman su visión de la realidad, y cómo, de forma similar a estar en un trance, estos mitos les impiden ver la realidad (y crear su realidad) que no sea la perspectiva de su propia cultura.

»Puede haber consecuencias insidiosas para este tipo de adoctrinamiento. Pongamos por ejemplo a la religión. Una religión impondrá prácticas morales específicas que no siempre son compartidas por una religión diferente. Por consiguiente, los individuos de las religiones contrarias se verán los unos a los otros con sospecha y desprecio. Los extremistas, sobre todo aquellos en religiones contrarias, tendrán una visión particularmente oscura y temerosa los unos de los otros».

Te enseñaron una visión del mundo que aceptas sin pruebas. ¡Estás fascinado, al igual que lo está cada individuo en tu cultura bajo el mismo hechizo!

«Entiendo. Puedo ver que eso está pasando».

«La mayoría de las personas no son conscientes de la profunda influencia causada por los mitos culturales.

»El mito más predominante, y el que es el principal responsable de la falta de progreso de la humanidad, es el mito que te indica que toda la percepción y todo el conocimiento debe llegar a ti mediante tus sentidos físicos. Este mito excluye y rechaza cualquier información de la que puedas ser consciente que no se puede probar que llega a ti mediante tus sentidos físicos. Un ejemplo sería la intuición que te sugiere que exististe antes del nacimiento y que seguirás existiendo después de tu muerte física. Te enseñaron que este no es el caso, ya que las pruebas de esto no llegan mediante tus sentidos físicos.

»Este es el mito que dificulta tu entendimiento y te bloquea el acceso a la naturaleza más amplia de esos eventos que más te preocupan, tales como tus triunfos y fracasos, tu salud y enfermedad, y la suerte y la desgracia. Todos estos eventos existen en el Marco 2 antes de que se vuelven físicos a petición tuya, y ninguno de ellos se puede ver de manera objetiva mediante tus sentidos físicos antes de que se materialicen en tu mundo físico.

»Este mito que estipula que todo el conocimiento debe llegar mediante tus sentidos físicos y a partir de la realidad objetiva es el pilar de la ciencia. Y aunque se han hecho grandes avances a través de los métodos científicos de investigación, no es acertado decir que no existen otros fenómenos que no se prestan a los métodos de prueba requeridos por este método.

»La ciencia, en su entusiasmo por dar cuenta de todo, ha supuesto desgraciadamente, sin pruebas científicas, que el universo es una creación accidental. Un conglomerado accidental, donde el burbujeo accidental de productos químicos formó un guisado, del cual se creó finalmente el conocimiento. Y que a partir de este guisado, y durante milenios, el hombre moderno se desarrolló con el tiempo mediante un proceso de selección natural.

»Desde este punto de vista, se supone que el hombre es un encuentro accidental que sigue propagándose. La selección natural supone que el hombre es innatamente agresivo, y que luchará por la supervivencia de acuerdo con las leyes de la selección natural. De esta forma la ciencia propone, de manera predeterminada, que no hay un significado o propósito superior a la existencia del hombre y no hay ninguna existencia fuera del mundo físico. Entonces, todo lo que el hombre tiene a su disposición es un intento por obtener cualquier placer o logro que pueda arrancar de su vida finita».

Rikki parecía un poco sorprendido: «No había pensado en la ciencia de esa manera».

«Como seguramente habrás experimentado, hay un gran idealismo propuesto por la visión científica. Se basa en la "razón" y las deducciones sobre el mundo físico —que ya se han percibido— y no hay nada malo en eso. Sin embargo, la ciencia no puede aceptar el conocimiento que viene de "otro lugar" y que no encaja en el patrón de causa y efecto requerido por la ciencia. Por esta razón, no es el único camino hacia "la verdad".

»El problema, como ya habrás podido suponer, es que la visión científica separa al hombre de su naturaleza interna y de cualquier visión de una vida significativa más allá de su existencia objetiva corpórea.

«También hay otros mitos particularmente inútiles, algunos de los cuales son postulados por las religiones. Uno de esos mitos es el del "pecado original" postulado por la Iglesia católica. Nos enseña que todo ser humano nace con la carga del pecado sobre sus hombros, debido al acto deplorable de Adán y Eva de haber comido el fruto prohibido del árbol del conocimiento en el jardín del Edén. Como castigo, Dios los expulsó del jardín y condenó a todos los hombres a perpetuidad para participar en su ofensa contra él. Aquellos que creen este cuento, pasan toda su vida expiando este acto».

«Dudo que alguien se tome esta historia al pie de la letra. ¿No es como una metáfora de lo que le sucederá a quienes se dejan seducir por el mal, en vez de ponerse del lado de lo que es bueno y virtuoso?»

«Así es. Te aconseja que seas bueno, pero al mismo tiempo te indica que debes cuestionar tu naturaleza porque sin saberlo es perversa. Fue la ingenuidad de Eva lo que la hizo arrancar el fruto prohibido del árbol. ¡Ella debía haber tenido más juicio! Así que, como un recordatorio para mantenerte al tanto de tus impulsos perversos, la religión enseña que eres un pecador desde el nacimiento.

»Esta historia, por supuesto, socava tu naturaleza interna, ya que te aconseja a desconfiar de tu intuición, la cual normalmente te diría que tu naturaleza es amorosa y amable y no es perversa y pecaminosa. De esta manera desde temprana edad te enseñan a ser desconfiado y a desconfiar de tu intuición. Estás fascinado y bajo el hechizo de este mito cultural».

«Hmm... ya veo lo que quieres decir». «Cuando añades este mito a los mitos que discutimos relativos a la ciencia, entonces comenzarás a apreciar cómo el hombre se queda aislado de la comunicación que recibe de su alma superior mediante su intuición. Hay un deseo innato de propósito y cumplimiento en cada individuo, y cuando esta vía interna al conocimiento es desconfiada o bloqueada debido a los efectos generalizados de mitos culturales como estos, la persona pierde sentido en la vida y el miedo existencial empieza a aparecer».

Rikki consideró esto y preguntó: «¿Puedes decirme un poco más sobre los impulsos y las intuiciones? Supongo que la desconfianza de estas impresiones está en el quid de lo que acabas de decir».

«Sí, por supuesto. Ese iba a ser mi próximo tema. ¡Debes haber adivinado mis pensamientos!»

Rikki respondió: «Eso es lo que estoy empezando a pensar. Quizás lo hice. ¿Quizás lo hice realmente?»

Los impulsos y la intuición

Alma Vieja continuó: «Hay un flujo constante de comunicación entre tu ego externo y el funcionamiento interno de tu ser, incluyendo los aspectos que están activos en el Marco 2 y tu alma superior. Aquí se encuentra implicada una gran complejidad de la conciencia. Y, como viste antes, también hay un "impulso" continuo de las manifestaciones de la energía que fluye hacia el universo físico desde el Marco 2 que mantiene y sostiene tu cuerpo físico. Estos impulsos instan al movimiento y a la acción a un nivel muy básico, tanto a nivel celular y por todos los niveles de tu cuerpo. Mantienen el funcionamiento armonioso del cuerpo sin requerir tu conocimiento consciente.

»No todos estos impulsos están por debajo de tu conocimiento consciente. Eres consciente de algunos de ellos en forma de "intuiciones". Recordarás que te he mencionado antes que tu alma superior trata guiarte a través de la intuición. Al formular estas intuiciones, el alma superior primero debe prepararlos en el Marco 2, que luego se llevan a tu mundo en las alas de la "armonía que se despliega". Estas intuiciones (junto con los impulsos que están por debajo de tu conocimiento consciente) te proporcionan la capacidad de impresionar al mundo —de actuar eficazmente sobre este y dentro del mismo. La formulación de las intuiciones a menudo implica reunir asociaciones de diversas ideas que existen dentro del Marco 2, las cuales te crean ideas que no hubieran sido posibles solamente con el razonamiento de causa y efecto de tu mente. Para resumir, podría decirse que tus "impulsos" infunden tu vida con una conciencia que le da vida al cuerpo y que tu "intuición" te brinda la voluntad de actuar en el mundo.

»Ahora bien, no cuestionas tus impulsos porque funcionan de forma independiente por debajo de tu conocimiento consciente. Sin embargo, puedes cuestionar tus intuiciones. Y esto es lo que deberías hacer. Sin embargo, al hacerlo, deberías confiar en que estas intuiciones siempre son altruistas de naturaleza, ya que están diseñadas por tu alma superior para servirte. También deberías entender que tu alma superior a menudo te ofrecerá intuiciones diferentes que representan un sinnúmero de futuros probables disponibles a tu disposición. Estas intuiciones están diseñadas para llevarte a tu propia naturaleza verdadera, y debes elegir entre ellas las que consideres más prometedoras en el momento. Estás dotado de "libre albedrío" para este fin. A veces las intuiciones que tu alma superior ha preparado para ti parecerán contradictorias, pero son representaciones de aspectos internos de tu ser y, sin saberlo, en general, forman patrones constructivos hacia la acción que te llevará hacia tu trayectoria más prometedora de cumplimiento y desarrollo».

«Ya veo. ¿Y cuándo se desconfía de estas intuiciones?»

«Entonces el hombre cuestiona su naturaleza interna. Deja de creer la validez de sus intuiciones y comienza a ignorarlas. Se desconecta lentamente de su mente interna y poco a poco comienza a experimentar la desesperación existencial».

«¿Por qué desesperación existencial?»

El motivo de esto es que además de las intuiciones, en cada hombre también existe un deseo innato de sentir que su vida tiene un propósito y un sentido. Este deseo innato se percibe intuitivamente, y hace que el individuo se sienta impulsado a mejorar la calidad de su vida, y la de los demás».

«Ya veo... eso es interesante».

«Incluso si desconfías de tus intuiciones y te desconectas de tu naturaleza interna, de todas maneras sigues sintiendo esta necesidad de un propósito y un sentido en tu vida. Lo que sucede entonces es que comienzas a buscarlo en otra cosa, o en otra persona. Esperas encontrarlo en algún tipo de causa y te ves atraído por organizaciones que responden a tu necesidad, particularmente por las organizaciones que te dirán cómo pensar y cómo deberías vivir tu vida. Por lo general son instituciones políticas, religiosas o científicas, todas las cuales tienen una visión establecida de cómo deberías mirar la vida, y cómo deberías liberarte del sentido y el propósito de tu existencia».

«Estoy empezando a entender lo que quieres decir. ¿Pero estás sugiriendo que las personas deberían ser persuadidas de alejarse de estos tipos de instituciones y organizaciones?»

«No estoy sugiriendo que el hombre elimine la ciencia o que le dé la espalda a las instituciones religiosas y políticas. Estas instituciones son fundamentales para el desarrollo de la cultura y a través de sus organizaciones se han hecho posibles enormes emprendimientos creativos y descubrimientos. Lo que estoy sugiriendo, y todo lo que se requiere, es girar el dial a tan solo una hora más allá del dogma existente propugnado por estas instituciones. Solo una hora más allá del dogma existente. Eso pondrá las cosas en marcha y, con el tiempo, llevará a un mejor equilibrio en la creencia entre los dictados de la ciencia, la religión y la política frente al conocimiento interno».

«Solo una hora más allá del dogma existente. ¡Me gusta eso! Eso debería ser posible, pero dudo que pase en mi vida».

> Todo lo que se requiere es girar el dial a tan solo una hora más allá del dogma existente.

«A veces estas organizaciones tienen líderes carismáticos al frente, quienes están en busca de un "ideal", una perfección que esperan alcanzar. Estos líderes están desesperados porque se han desconectado de su propia intuición, y son conducidos por un miedo existencial para encontrar orden y sentido en sus vidas. Estos líderes obtienen el apoyo de individuos perdidos y asustados similares a ellos que se sienten atraídos por su causa. Y estos individuos, en masa, con su "ideal" compartido, junto con los dirigentes de la institución u organización y en busca de su ideal, comienzan a recurrir a "cualquier medio necesario" para lograr su objetivo. Y, al hacerlo, la puerta se abre para que los actos perversos se lleven a cabo».

«De acuerdo, ahora veo a dónde quieres llegar».

El ideal, el comportamiento fanático y el mal

Alma Vieja continuó: «Déjame explicar esto con un poco más de profundidad para que lo entiendas a fondo.

»Dado que has perdido la conexión con tu intuición, comienzas a experimentar el mundo como inseguro. Y, en vez de tener la confianza para explorar tus propias capacidades de manera creativa, te retiras y sobrecontrolas tu entorno, a medida que tienes cada vez más miedo.

»Al mismo tiempo experimentas una compulsión por reducir este miedo al encontrar propósito y sentido en tu vida. Pero dado que tienes miedo, no experimentas la libertad de pensamiento, y te encuentras cada vez más confortado por un conjunto de reglas definitivas. Tienes miedo de experimentarte como a ti mismo, y de actuar según tus propios deseos. Prefieres no pensar libremente o tomar decisiones por tu cuenta. En cambio te encuentras identificándote con aquellos que te dicen qué pensar —aquellos que te dicen lo que es bueno y lo que es malo.

»Te encuentras atraído por líderes —políticos, científicos o religiosos— que dispondrán de tu vida. Te encuentras tratando de satisfacer tu deseo en instituciones que tienen filosofías y prácticas idealistas. Esperas que el líder de la organización te represente. A su vez, el líder disfruta de tu admiración y absorbe la paranoia que nota que tienes. Se refuerzan el uno al otro, y la marcha hacia su ideal compartido se convierte en una sed inextinguible. Y, al hacerlo, mediante tu participación, sin querer ayudas a mantener el dogma, el sistema o el culto que es característico de la organización de la que fuiste víctima.

> *Los hombres que creen en el bien y en el mal, y que creen que el bien debe ganar, deben observar esos momentos en los que juegan a ser Dios.*
>
> John Irving

«Las personas asustada se afilian a organizaciones que propugnan ideologías con las que se pueden identificar. Y al amparo de ellas, ya sea un grupo político, una turba, un culto o una organización religiosa extremista, se comparte su responsabilidad por cualquier acción en la comodidad de los otros miembros, todos los cuales no confían lo suficientemente en su propia intuición como para actuar de forma independiente. En estas condiciones, y en la desesperación por alcanzar un ideal, la psiquis de la masa adquiere su propio impulso y se hacen las cosas chapuceramente en busca de un ideal colectivo. Y el fin es perseguido por cualquier medio necesario —incluso si esto implica mutilar o matar a los demás.

»En este caso, el idealista asustado, en un intento desesperado por encontrar propósito y sentido, se convierte en un fanático. Se cometen actos de violencia. Los actos perversos se sancionan bajo la responsabilidad compartida del grupo, ya que cualquier medio necesario, incluyendo el asesinato de los demás, es visto como una necesidad en la búsqueda del ideal. En este caso, el ideal de un hombre se convierte en la pesadilla de otro. La moralidad se invierte.

»De hecho, cada idealista que es fanático cree en el fondo de su corazón que le está haciendo algo "bueno" al mundo. Que sus intenciones son virtuosas».

«Ahora entiendo por qué se tardó tanto tiempo para llegar a este resultado. La escalera al mal no es una sencilla».

«Ahora puedes apreciar que hay muchos factores que debes tener en cuenta para entender a fondo el concepto del mal. Estás en lo cierto al proponer al mal como un absoluto —en el extremo opuesto del bien en un continuo. Pero realmente no hay ninguna forma sencilla de definir el mal. Un intento sería reducirlo a una sola declaración, tal como: "Cualquier acto intencional que mate a otro ser humano, por cualquier motivo, por cualquier fin, es malo". Pero incluso esta definición se queda corta, ya que un acto perverso no siempre implica asesinato».

Ahora se producía una discusión general ya que Rikki intentaba entender la naturaleza del mal con mayor profundidad.

Rikki preguntó: «Cuéntame un poco más sobre los ideales y el comportamiento fanático. ¿Estoy en lo cierto al presumir que los campos de concentración de Hitler fueron ejemplos del mal?»

«Sí, con toda seguridad. Pero hubo mucho más que ocurrió en esas circunstancias de lo que parece. Hitler, junto con todos sus idealistas asustados que se habían convertido en fanáticos, creían obsesivamente que el mundo estaba empeorando con cada día que pasaba. La obsesión de Hitler redujo poco a poco su visión hasta el punto en el que solo notaba los eventos en el mundo a su alrededor que confirmaban sus creencias. En su mente, empezó a visualizar desastres y tragedias masivas si no cumplía su propósito y llevaba sentido a su propia vida y a las de sus seguidores, en su servicio a la humanidad. Sin embargo, para él su ideal parecía tan remoto e inalcanzable mediante el diálogo civilizado que cualquier medio necesario, por reprehensible que fuera, pareció justificado con el tiempo».

«Es aterrador cómo se puede desarrollar esa mentalidad».

«Esta mentalidad fanática de vez en cuando está presente en los dirigentes políticos de hoy en día y también en los líderes religiosos. Por lo general se encubre bajo la vestimenta formal de la aceptación convencional, o se puede ocultar bajo las pancartas nacionalistas. Entonces cuando se desata el conflicto, estos líderes mandan a sus soldados a la guerra, o en una cruzada religiosa, para reparar las injusticias del mundo. Sus partidarios aceptan la muerte de los soldados, casi automáticamente. Algunos reciben medallas póstumas por su valentía. Pero casi nunca a nadie se le ocurre que tanto los líderes como sus soldados son, ante todo, las víctimas de los idealistas con creencias miope».

«No creo que la institución militar y las organizaciones religiosas extremistas estarían de acuerdo con ese comentario».

Alma Vieja hizo una pausa y entonces continuó: «Las guerras son básicamente ejemplos de suicidio colectivo, llevados a cabo por la sugerencia en masa, por hombres que no confían en sus intuiciones y que se han convencido de que el mundo es inseguro. Para ellos, los desconocidos que han sido criados con distintos conjuntos de mitos siempre parecen hostiles porque sus puntos de vista opuestos cuestionan sus ideales. Al mismo tiempo, el idealista que se ha convertido en un fanático, y que da por sentado el mito de que la especie humana es agresivamente combativa y solo los más aptos sobrevivirán, se sentirá justificado en la toma de cualquier medio para lograr sus objetivos. El fin siempre justifica los medios para el idealista que es un fanático. Razona que la única opción disponible para él, en lo que respecta a alcanzar su ideal, es superar al enemigo y destruirlo antes de que el enemigo lo destruya a él.

»Sin embargo, la verdad es que cualquiera que crea que es justificado matar para que haya paz no entiende la paz. Los que matan para que haya paz solo se convierten en mejores asesinos».

«Bueno, si los Aliados no se hubieran levantado y hubieran luchado contra los nazis, Hitler habría matado a millones más».

«Soy muy consciente de que la guerra a menudo parece ser el único curso práctico a tomar debido al conjunto de creencias que están, relativamente, en todo el mundo. Hasta que esas creencias cambien, la guerra parecerá tener algún valor práctico —no obstante, un valor que es sumamente engañoso y completamente falso.

«Como dije antes, cuando ya no confías en tu intuición, tu creencia en tu ser espontáneo es saboteada. Y a medida que se reprime el gran poder de las intuiciones, las probabilidades se cierran poco a poco, hasta que te encuentras en un entorno mental cerrado en el que estás impotente. Entonces te puede parecer que tus acciones no surten efecto en el mundo. Siempre parece que tus ideales no llegan a ver la luz. En circunstancias como estas, el deseo del suicidio es a menudo el último recurso que queda. Es la única intuición que te sientes capaz de expresar, ya que todas las otras vías de expresión que podrían utilizarse para cambiar el mundo parecen estar cerradas. Una guerra ofrece un lecho para esa última expresión, y una excusa socialmente aceptable para la muerte. ¡Morir como un soldado en una guerra ofrece la oportunidad de morir con honor!».

«Ya veo. Nunca había pensado en ello de esa manera».

«Las personas mueren por una "causa" solo cuando no han encontrado ninguna causa por la cual vivir. Cuando parece que su mundo está desprovisto de sentido, algunas personas optan por hacer un cierto tipo de declaración mediante las circunstancias conectadas con sus propias muertes. Recuerda, la muerte es simplemente la salida de toda una vida dada de vuelta a la Dimensión Espiritual.

»La importancia de cómo decides morir también varía según el individuo —y de cierta manera, la muerte es tu última oportunidad de hacer una declaración de significado en cualquier vida dada— si sientes la necesidad de hacerlo».

Alma Vieja continuó después de una breve pausa: «Las muertes de algunas personas son tranquilas como un punto al final de una frase. Las muertes de algunos otros son como un signo de exclamación al final de una frase, de modo que más adelante se pueda decir que la muerte de cierta persona cobró casi mayor relevancia en importancia que en la propia vida. John Lennon fue un ejemplo de ello. Aunque había hecho aportes significativos en la vida hacia la paz, su forma de muerte sirve como un signo de exclamación para su mensaje de paz y amor.

»A nivel social, también hay un significado mayor implicado. Por poner un ejemplo, durante la Segunda Guerra Mundial, la muerte de todos los participantes —incluyendo judíos, homosexuales, discapacitados y niños, que fueron experimentados grotescamente en nombre de la ciencia, así como la muerte de los Aliados— todas estas muertes sirvieron como una declaración sobre la inhumanidad del hombre por el hombre. Las repercusiones de este conflicto todavía se siguen sintiendo, ajustadas e integradas en la sociedad en general y en las culturas específicas que estuvieron implicadas».

«Esta es mucha información para asimilar, y un poco de ella es difícil de aceptar.

»Me preocupa que hay muchas personas que desconfían de sus intuiciones y han perdido esta importante conexión con su ser interno».

«La mayoría de las personas no han perdido esta conexión. Afortunadamente, la mayoría de las personas tienen un sano escepticismo acerca de desconfiar de su intuición, a pesar de lo que se les ha enseñado. Y es raro ver una desconfianza completa de este conocimiento interno. Hemos hablado aquí de un pequeño pero suficientemente grande segmento de personas dentro de la mayoría de las culturas que, si les dejases, cometerían actos perversos, por separado o al amparo de una organización, en su desesperación por promover su ideal.

»Por otra parte, también hay grandes hombres y mujeres involucrados en causas que reconocen la importancia de sus propios seres y agregan vitalidad a las causas en las que creen. Y aunque a menudo se unen a instituciones políticas, religiosas o científicas, no sumergen su individualidad en estas instituciones; más bien, afirman su individualidad y se vuelven más ellos mismos. Extienden sus horizontes por méritos propios mediante su valioso trabajo con organizaciones sociales y culturales. Se extienden más allá de los paisajes mentales convencionales y son conducidos por el entusiasmo, la vitalidad, la curiosidad y el amor, y no por el miedo».

«Es bueno saberlo. Estaba empezando a preocuparme. ¿Entonces, solo la víctima experimenta el mal? Porque, a fin de cuentas, lo que defines como mal solamente depende de tu punto de vista».

> A fin de cuentas, lo que defines como mal solamente depende de tu punto de vista.

«Sí, por lo general el perpetrador considera un acto perverso como algo virtuoso. Lo que se considera como malo es fugaz, y varía tanto con el transcurso del tiempo como según la cultura, mientras las actitudes cambian. Por lo tanto, no hay una definición universal inequívoca posible para el mal».

«¿Qué pasa con los actos individuales que son comunes y corrientes en la sociedad, tales como la intimidación, la violencia doméstica, el abuso sexual y la tortura? ¿No son perversos en todos los contextos?»

«En la sociedad occidental, como es hoy en día, estos actos se consideran perversos, o al menos muy malos. Pero hoy en día esta no es una actitud universal en todo el mundo, y estos actos ciertamente no han sido considerados perversos a lo largo de la historia, incluso dentro de la cultura occidental».

«¿Qué pasa con los experimentos de Stanley Milgram, donde los sujetos le administraron electrochoques a los voluntarios con lo que creían que era un nivel letal de electricidad, y el estudio de Philip Zimbardo, donde los estudiantes que actuaron como guardias de prisión disfrutaron de su crueldad hacia los reclusos de la prisión simulada? Estos estudios parecen sugerir que prácticamente cualquier persona puede ser persuadida para cometer actos perversos, dado el entorno adecuado».

«Estos experimentos son ilustrativos de los poderosos efectos del mito de la ciencia. Los alumnos sabían que estaban participando en un experimento científico y no cuestionaron lo que les dijeron. Presumieron, sin pensar en ello críticamente, que ciertos comportamientos eran permitidos en virtud de la inteligencia protectora, el pensamiento lógico y la razón impecable de la ciencia. Los científicos son entrenados para ser impasibles, para estar al margen de su experiencia, para ser objetivos, para separarse de la naturaleza y para ver cualquier característica emocional de su parte con una mirada irónica. El poder de este mito les permite compartimentar su efecto con bastante eficacia donde, por ejemplo, un científico sin una pizca de emoción sacrificará perros en sus experimentos de laboratorio en nombre de la ciencia, mientras que llorará por el perro de su familia cuando muera. De forma similar, durante la Segunda Guerra Mundial, Josef Mengele y su equipo de científicos fueron fácilmente capaces de apagar sus emociones cuando realizaban horribles experimentos con los niños encarcelados, mientras que seguían sintiendo un nivel normal de compasión paterna por sus propios hijos cuando regresaban a casa de un día de trabajo en el laboratorio.

»Las personas normalmente no son conscientes del poderoso efecto de los mitos y, en esta ilustración, del poderoso efecto que tiene el mito de la ciencia en términos de enfriar la experiencia afectiva y la crueldad a la que puede llevar al experimentar con animales y seres humanos».

Rikki contestó pensativamente: «Creo que entiendo cómo sucede esto. Pienso en los actos que cometí, por ejemplo, en mis experimentos con ratas cuando era un estudiante en la universidad. ¿Estos fueron actos perversos?»

«No, no lo fueron. Tus experimentos no fueron maliciosos a propósito ni se consideraban inmorales dentro del establecimiento universitario. Sin embargo, hubo personas que consideraron algunos de los experimentos que hiciste como innecesarios y crueles —mientras que otras no. En cuanto a tus otras reflexiones sobre las maldades que puede que hayas cometido cuando eras un niño, probablemente ya te das cuenta de que, desde tu punto de vista en aquel momento y desde la perspectiva cultural imperante, no fueron perversas».

«Sí, lo sé. Pero ahora me gustaría no haberlas hecho».

«Recuerda lo que te dije una vez: "A veces tienes que ser quien no eres para descubrir quién eres".[60] Mientras que en aquel momento no consideraste que estos actos fueran perversos, ahora, a modo de contraste muchos años más tarde, experimentas una emoción negativa relacionada con ellos y has tomado la decisión de nunca matar o causarle daño a un animal otra vez incluso bajo los auspicios de la ciencia. En retrospectiva ahora ves que tu alma tuvo que desgarrarse para que pudiera curarse a sí misma por su propio poder, el poder del

---

60 Este concepto, el cual he usado en varias ocasiones en este texto, donde dos verdades aparentemente contradictorias existen simultáneamente, es adaptado de *Conversations with God*, en el que a menudo se denomina como «dicotomía divina». Neale Donald Walsch. *Conversations with God: An Uncommon Dialogue. Book 1, 2 & 3*. New York: Penguin Putnam, 1996, 1997, 1998.

amor. Este es un ejemplo de cómo descubres tu naturaleza interna y de cómo has evolucionado como consecuencia de estas experiencias.

«A nivel social, como reflejas en estos actos que cometiste en el pasado, te das cuenta de cuán rápido la moral cambia durante un corto período de tiempo. A menudo, los actos que no se consideraban inmorales hace una década hoy en día se consideran perversos. Un ejemplo se encuentra fácilmente en la eugenesia (i. e. el estudio y la creencia en la posibilidad de mejorar las cualidades de la especie humana a través de la reproducción), la cual a menudo ha salido mal. Estás familiarizado con la reciente política de esterilizar a los retrasados mentales, la cual continuó hasta principios de los años setenta en América del Norte. Hay muchos otros ejemplos, incluyendo los intentos del Tercer Reich por limpiar al pueblo alemán de las predisposiciones genéticas indeseables.

»Además, con respecto a la homosexualidad, sin duda eres consciente de que hay individuos, así como organizaciones políticas y religiosas, que lo ven como algo antinatural. Algunos lo ven como un mal y tratarían de erradicar a todos los homosexuales, o encarcelarlos, si tuvieran la oportunidad».

«Lo sé. Me entristece mucho».

Tras un breve silencio, Rikki dijo: «Por lo que dices, parece ser que la mayoría de las personas nacen en situaciones que están prácticamente garantizadas para enseñarles a desconfiar de sus intuiciones, ya sea por el dogma religioso imperante o el dogma de la ciencia. Y, de ahí, es una pendiente resbaladiza hacia cometer actos perversos con el tiempo».

«Sí, eso es verdad. Pero la mayoría de las personas no cometen actos perversos. La moral y los valores sociales apaciguan estos impulsos, y las doctrinas legales y religiosas también son útiles para dirigir a los individuos, las turbas y las instituciones organizadas lejos de los actos perversos, por lo general».

Rikki, pareciendo contemplativo y algo desconcertado, dijo: «La vida, cuando ves justo por debajo de la superficie, se teje con tanta intriga y detalles complejos que resulta prácticamente incomprensible».

«La mayoría de las personas no se preocupan de estas cuestiones de la espiritualidad y de la vida y la muerte. Sin embargo, para aquellos que sí se preocupan, la búsqueda siempre es un proceso evolutivo espiritual. Para algunos lleva a un entendimiento espiritual que reconoce el carácter sagrado definitivo de la vida, es decir, el amor y la paz para toda la humanidad. Para el fanático esto conduce a la imposición de su voluntad sobre los demás y la dominación por cualquier medio necesario. Pero las grandes mayorías, quienes no se preocupan de estas cuestiones, participan alegre y ciegamente en los mitos de sus organizaciones religiosas, políticas, científicas y sociales.

»Eres una especie servicial y afectuosa por naturaleza. Tus malentendidos, tus crímenes y tus atrocidades, tan reales como son, casi nunca se cometen con ninguna intención de ser malvados, sino debido a graves interpretaciones erróneas sobre la naturaleza del bien, y los medios que se pueden tomar hacia su realización. Las personas a menudo tolerarán actos muy reprehensibles si piensan que se cometen por un bien común. Es por eso que muchas personas aparentemente idealistas pueden ser socias en acciones muy reprehensibles, mientras se dicen a sí mismas que tales actos están justificados. Sin embargo, la mayoría de las personas saben en alguna parte interna de sí mismas que esto está mal.

> *Y esta es la verdad prohibida, el tabú indecible —que el mal no siempre es repugnante, sino frecuentemente atractivo; que tiene el poder de hacer que nosotros no solo seamos víctimas, tal como lo hacen la naturaleza y el accidente, sino cómplices activos.*
>
> Joyce Carol Oates

»La verdad es que muy pocas personas realmente actúan con la intención de ser malvadas. Las situaciones que se presentan en los campos de la política, la ciencia y la religión, donde se cometen actos perversos, no se producen debido a ningún esfuerzo determinado para cometer actos perversos, sino porque los hombres están cegados por sus propios mitos y a menudo creen que "cualquier medio necesario" es justificado en la búsqueda de su ideal».

«¡Sí, ahora puedo verlo!»

«También hay una tendencia en la sociedad a buscar el mal absoluto, a pensar en términos de "las fuerzas del bien contra el mal" —una fuerza del mal. Pero el mal no existe en esos términos, como ahora puedes apreciar más claramente.

«Tu vida en la tierra está destinada a tener sus altibajos. Recuerda, el propósito principal para que elijas una vida es experimentar las emociones negativas. Y el reto que tienes, el reto divino que podría añadir, mientras se sumerge dentro de estas emociones negativas es no causarte daño a ti o a los demás».

Rikki era consciente de que su conversación con Alma Vieja estaba a punto de llegar a su fin, y mientras pensaba en todas las investigaciones que había hecho sobre este tema, se le ocurrió preguntar: «¿Hay una respuesta definitiva a la pregunta en la que trabajé sin descanso anteriormente antes de que nos reuniéramos? ¿El mal es "prácticamente necesario" para que nosotros tengamos la experiencia de la virtud?»

«Te vi considerando esta pregunta y ese es uno de los motivos por los que decidí iniciar este diálogo contigo.

»Lamento decirte esto, pero no acertaste ni con mucho cuando concluiste que el mal debe existir en el mundo para que haya virtud. No hay necesidad de que los seres humanos cometan actos deliberados del mal para experimentar la virtud por el contraste. Hay oportunidades de sobra en el mundo para que las almas experimenten la profundidad máxima de las emociones negativas sin tener que llegar al extremo de matarse o matar a los demás. El reto divino se ha establecido por ese motivo. Es un examen de conciencia conocido por todas las almas antes de encarnarse. Tu ego externo, durante tu encarnación, también es consciente de este reto divino, siempre que le prestes atención a tu intuición —el dulce consejo de tu alma superior. Sin embargo, si cierras o ignoras tu intuición, entonces, como acabo de describir, la ventana se queda abierta para que se produzcan los actos del mal».

En ese instante, Alma Vieja desapareció.

Esta lección, Rumbo al mal, había llegado a su fin.

CAPÍTULO 11

AL BORDE DE LA MUERTE

Pasaron muchos años, y en una tarde soleada en Canadá, mientras paseaba a su perro, Rikki fue atropellado por un carro. La fuerza del impacto arrojó su cuerpo por encima del techo del vehículo antes de que cayera sobre el pavimento, de cabeza. En el momento del impacto, su conciencia dejó su cuerpo, y Alma Vieja apareció de repente. Mientras Rikki levitaba por encima de su cuerpo, plenamente consciente, pensó para sí mismo:[61] «¡Uf! ¿Qué acaba de suceder?»

Alma Vieja, parándose junto a él, adivinó sus pensamientos y dijo: «Fuiste arrojado de tu cuerpo».

«¿Dónde está mi perro?»

---

61 Para una extensa investigación en este campo de investigación, por favor véase Pim van Lommel. *Consciousness Beyond Life: The Science of the Near-Death Experience*. New York: Harper Collins, 2010. También; Michael Newton. *Destiny Of Souls: New Case Studies of Life Between Lives*. St. Paul: Llewellyn Publications, 2000.

«Está bien, salió corriendo hacia el costado justo antes de que el carro te golpeara».

Rikki, recuperándose todavía de esta extraña experiencia tras el impacto, dijo: «Eso es bueno».

«Esto es extraño. Me siento más vivo y alerta ahora que cuando estaba en mi cuerpo».

«Los cuerpos siempre se experimentan como un estorbo para el alma, debido a los niveles vibracionales más bajos dentro del mundo físico. Tal vez te sorprenda saber que dejar tu cuerpo en el momento de la muerte es de hecho mucho menos traumático que entrar en el feto durante la gestación».

«¿Estoy muerto? Quiero decir, ¿mi cuerpo está muerto?»

«No, tu cuerpo está en estado de coma. No has muerto todavía».

Una ambulancia llegó unos minutos más tarde, y el cuerpo de Rikki fue transportado al hospital, inconsciente, tras haber sufrido una conmoción cerebral severa. Alma Vieja lo acompañó en la ambulancia y, mientras permanecía allí, Rikki siguió levitando algunas pulgadas por encima de su cuerpo.

«No siento ningún dolor. Me gusta esta sensación. Es como si estuviera flotando en el aire».

«Bueno, estás flotando».

La ambulancia se paró en el hospital, y entraron a Rikki a toda prisa en una camilla y lo transportaron a la sala de urgencias en el segundo piso. Se reunieron instrumentos de monitoreo de todo tipo y los conectaron a su cuerpo, así como un goteo intravenoso. La enfermera, después de buscar en su billetera, encontró su documentación y llamó a su esposo, John. Habían estado casados durante varios años.

«Vamos a ver cuán gravemente está herido tu cuerpo».

Rikki, mirando abajo hacia su cuerpo, comentó: «¡Oh! No se ve bien. Échale un vistazo... es un desastre. Toda esa hinchazón en mi cara. Tengo muy mal aspecto».

Alma Vieja, anticipando los próximos minutos, dijo: «Vamos a dar un paseo. Todo aquí está a punto de distraerse cuando llegue John».

«De acuerdo. Buena idea. Sé que mi cuerpo se ve bastante mal, pero me siento bien. ¿Dónde estoy? ¿Esta es la Dimensión Espiritual?»

«No, estás en el mismo espacio en el que residen los fantasmas y otros espíritus desencarnados. Todavía estás en el plano terrenal, pero un poco fuera de la alineación con esa dimensión».

«Oh. Recuerdo que me contaste sobre las entidades espirituales hace muchos años. ¿Soy un fantasma?»

«Sí, en cierto modo, pero tu cuerpo todavía está vivo. El tipo de conocimiento consciente que estás experimentando ahora mismo es temporal».

«¿Qué debo hacer?»

«No hay nada que hacer ahora. Vamos a caminar por los terrenos del hospital y echémosle un vistazo a lo que veamos».

Rikki y Alma Vieja flotaban por el pasillo del hospital y en el vestíbulo principal donde John, acompañado por su amiga íntima Marie, acababa de llegar.

Rikki, mirando a John, dijo: «Hola, Johnny. Lamento el accidente. No te preocupes, estoy bien».

John firmó en el libro mayor en la recepción y se puso a caminar a través de Rikki en su camino a la sala de urgencias.

Rikki dijo asombrado: «¿Él caminó a través de mí?»

«¿Qué esperabas? Solo tienes tu cuerpo astral. Eres invisible para el ojo humano».

«Sí. Lo siento, se me olvidó».

«Vamos afuera».

Mientras flotaban de aquí para allá hacia la parte de atrás del hospital, Rikki comentó sobre unas figuras fantasmales que estaban sentadas en un banco. «Mira a esos fantasmas que están sentados en ese banco».

«Estos son los cuerpos etéreos de individuos como tú. Sus cuerpos también están en estado de coma. Están esperando a ver qué pasará después».

Rikki, mirando hacia delante, dijo: «¡Ay, Dios mío, veo a mi madre!»

La madre de Rikki había fallecido unas décadas antes de cáncer de mama. Se veía radiante y mucho más joven de lo que parecía a su muerte, a la edad de sesenta y tres años. Se abrazaron afectuosamente.

«¿Cómo has estado? Te he extrañado».

La madre dijo: «Mi vida después de la muerte ha sido maravillosa. Sabes que el sol siempre brilla en casa en la Dimensión Espiritual».

«Has venido para guiarme de regreso, ¿no es así?»

La madre respondió: «No hasta que estés listo».

«Déjame presentarte a Alma Vieja».

La madre, haciéndole un guiño con complicidad a Alma Vieja, dijo: «Fue una suerte que pudiste estar con Rikki en el momento del accidente».

Alma Vieja sonrió. «Bueno, ya sabes, nunca estoy muy lejos».

Rikki sugirió: «Vamos a ver cómo está mi cuerpo».

Mientras flotaban hacia la sala de urgencias, vieron a John sentado al lado de la cama de Rikki, sosteniendo su mano. Había estado llorando y parecía agotado.

Rikki comentó: «Me resulta difícil sentir la tristeza que él está experimentando».

Alma Vieja dijo: «Ahora entiendes un poco mejor por qué encarnamos en la Tierra. Somos incapaces de experimentar estos tipos de emociones en la Dimensión Espiritual. La única manera de aprender sobre ellas y el efecto que tienen es tener un cuerpo físico y crearlas a través de experiencias en la Tierra. Sin embargo, una vez que se ha hecho esto, siempre puedes volver a visitar una vida pasada y revivir la emoción con pleno efecto y estudiar los detalles de cada experiencia que alguna vez has tenido durante esa vida. Es como la holocubierta en Star Trek. Una vez que se activa un programa para una vida en particular, puedes entrar en ella en cualquier momento durante esa vida y experimentarla como si estuvieras allí otra vez. De esta manera puedes volver a experimentar cada emoción, mientras que al mismo tiempo puedes entender a fondo lo que estabas tratando de aprender sobre ti mismo cuando la creaste».

«Sí, ahora puedo verlo más claramente».

«Ahora también puedes ver por qué has tenido tantas encarnaciones en la Tierra. En cada encarnación te centras en un aspecto diferente. Es como crear una colección de DVD que puedes ver más adelante. Diseñas tus vidas para experimentar cada emoción posible. Las posibles experiencias emocionales son prácticamente infinitas, dependiendo de la cultura en la que encarnas, tu sexo, educación y nivel de ingresos, etc., así como el papel que tú y tus amigos han decidido desempeñar durante la encarnación».

«¿Siempre encarno junto con mis amigos?»

«Sí, en su mayor parte. Tienes un gran grupo de amigos en la Dimensión Espiritual y, antes de cada encarnación, discutes los detalles de cuáles serán tus objetivos para cada encarnación y qué papel jugarás en las vidas de cada uno. Por ejemplo, puede que seas el padre de uno de tus amigos en una vida y luego cambien los roles en la próxima vida y seas el hijo de esa persona. O puede que se turnen para molestarse o dañarse físicamente el uno al otro durante vidas sucesivas para descubrir las consecuencias emocionales de ese tipo de experiencia».

«Eso me gusta. Recuerdo que una vez me hablaste un poco sobre esto cuando me contaste sobre la depresión —cómo todo el mundo necesita tener diferentes experiencias emocionales para poder evolucionar espiritualmente».

«Sí, tú sigues por ese camino a través de sucesivas encarnaciones, hasta que hayas agotado todas las experiencias que deseas tener».

«Recuerdo que dijiste que una vez tuve una vida como campesino en Islandia alrededor del año 1100 d.C., como indio norteamericano en el siglo XIX, como un niño retrasado mental en el siglo XVIII y como judío polaco en los años treinta».

«Sí, y han habido muchas más. Una vez que hayas tenido todas las experiencias que deseas tener, habrás evolucionado lo suficiente como para ascender a un nivel más alto en la Dimensión Espiritual, donde hay diferentes experiencias a tu disposición».

«¿Qué otros tipos de experiencias?»

«Son infinitas. Por ejemplo, te puedes sentar en un consejo de ancianos donde puedes ayudar a las almas a evaluar sus experiencias poco después de haber regresado de una encarnación en la Tierra. Puedes trabajar como guía o fylgja para las almas que están encarnando, como lo he hecho contigo. Puedes trabajar en el rescate de las almas perdidas, o los fragmentos de almas, que no han encontrado su camino de regreso después de sus encarnaciones. Puedes trabajar ayudando a las almas a prepararse antes de su próxima encarnación. Puedes trabajar en la orientación inicial y el cuidado de las almas superiores recién nacidas mientras primero se desarrollan en otras dimensiones no físicas, antes de que intentan encarnar en la Tierra. Puedes trabajar en el diseño de nuevos mundos y en el diseño de nuevas formas de vida en otras dimensiones. La lista es interminable».

Rikki dijo sorprendido: «Nunca me lo hubiera imaginado». La madre, mirando el cuerpo de Rikki, dijo: «Rikki, parece que tu cuerpo permanecerá en estado de coma durante algún tiempo. Parece bastante dañado. También es probable que hayas sufrido una lesión cerebral cuando te golpeaste la cabeza».

«Eso no suena bien. Me pregunto si sería retrasado mental si me recuperara lo suficiente y sobreviviera a este accidente».

Alma Vieja, midiendo sus palabras para no influir en la decisión de Rikki, dijo: «Es probable que tengas algunas dificultades mentales».

«Ya tuve una corta vida en el pasado en la que era retrasado mental. No creo que esté listo para otra, sobre todo porque, como señalaste una vez, todavía no he avanzado en todos mis problemas de esa vida».

«Esta sería diferente. Conservarías tu inteligencia, pero tu cerebro no funcionaría correctamente. Tendrías dificultad para hablar, y tu cuerpo estaría paralizado del lado derecho. Definitivamente es una oportunidad para aprender, si te gustaría tener esa experiencia durante unos años»

«No sé lo que debería hacer. Sé que Johnny tiene mejores cosas que hacer por el resto de sus días que cuidar de mí».

Alma Vieja le dijo a la madre: «¿Por qué no lo llevas a casa y ves si el consejo de ancianos está disponible? Ellos podrían ayudarnos en esta situación».

La madre le dijo a Rikki: «Está bien. Toma mi mano, y te guiaré a través de la luz».

En ese instante, Rikki y su madre comenzaron a ascender hacia el cielo mientras una fuerza invisible los jalaba hacia arriba.

Rikki, mirando a su alrededor, dijo: «Desde aquí arriba puedo ver toda la ciudad y el campo que la rodea».

La madre dijo: «Mira hacia arriba—».

«Veo una luz brillante».

En ese instante, una luz hermosa y serena los envolvió. Rikki sintió un éxtasis de euforia y anticipación. Parecía haber una presencia más adelante, pero él no podía distinguirla. La fuerza los siguió impulsando a la velocidad del rayo hasta que, de repente, disminuyeron el ritmo y se desplazaron lentamente hacia un espacio oscuro lleno de lo que parecía ser tanto grandes como pequeños grupos de esferas radiantemente iluminadas, tanto como se podía ver.

La madre dijo: «Bueno, aquí estamos. ¡Bienvenido a casa!»

«Esto me recuerda el interior de Heather Hill, cuando visitaba a Alma Vieja».

La madre dijo: «Sí, este es el universo espiritual. ¿Ya te parece familiar?»

«Tengo la sensación de que he estado aquí antes».

La madre dijo: «Tus recuerdos se refrescarán pronto. ¿Ves el grupo de esferas adelante? Desea moverte hacia ellas con todas tus fuerzas.

Hay algunos amigos que están esperando a que llegues. Tengo que ocuparme de algunas cosas, y me reuniré contigo más tarde».

Rikki había visto este espacio antes dentro de Heather Hill, cuando se sentó en el despacho de Alma Vieja. Pero esta vez podía impulsarse, o desear impulsarse con todas sus fuerzas hacia adelante entre lo que parecían ser pequeños pueblos de esferas. Mientras se desplazaba hacia adelante y se acercaba al grupo de luces, de repente se encontró en una gran sala, parado frente a una larga mesa con cinco individuos sentados detrás. Alma Vieja ya había llegado a la sala y estaba parado detrás de él, un poco a la izquierda. Rikki reconoció inmediatamente que este era el consejo de ancianos, y sabía que lo habían estado esperando. Estaban vestidos con túnicas. Todos llevaban colgantes de diferentes tipos alrededor de su cuello y emanaban auras de diferentes colores. La persona que estaba sentada en el medio fue la primera en dirigirse a él. No se dijo ninguna palabra. La comunicación era puramente telepática.

El anciano dijo: «Bienvenido a casa, Rikki, lo has hecho bien en esta vida tuya más reciente».

Rikki dijo, con vacilación: «Gracias».

El anciano dijo: «Sin embargo, has llegado temprano. Ninguno de tus contemporáneos están aquí todavía».

Rikki dijo: «Bueno, mi cuerpo resultó gravemente herido en un accidente. Ahora está en estado de coma y no estoy seguro de que me gustaría habitar en él, tan mutilado como parece estar».

Parecía que los ancianos conversaban durante unos momentos y entonces el que estaba sentado en el medio se dirigió a él otra vez. «Esta no será una reunión para una revisión de tu vida, como es normal en estas circunstancias. Esperaremos y lo haremos en otro momento. En cambio será una celebración, una oportunidad para que puedas reunirte formalmente con tu alma superior. Ahora, permitamos que sea así».

El anciano del consejo hizo un gesto con sus brazos extendidos ampliamente y Alma Vieja dio un paso hacia adelante. En este instante, Rikki reconoció que él mismo era el mismo Alma Vieja. Su alma superior era Alma Vieja; él había sido su propia guía durante toda su vida.

Rikki estaba boquiabierto y estupefacto a medida que se volvía hacia Alma Vieja con lágrimas de alegría y un abrazo afectuoso. Después de un breve abrazo, Alma Vieja dio palmadas con alegría y dijo: «¡Ahora lo ves, somos uno —sin embargo, no lo somos!»

Rikki entendió exactamente lo que Alma Vieja estaba diciendo, ya que ahora los recuerdos de algunas de las discusiones que había tenido con Alma Vieja antes de su encarnación entraban a raudales en su conciencia. Ahora era consciente de cómo Alma Vieja había creado docenas de almas durante los siglos y que «él era —aunque no lo era» una parte de cada una de ellas. Ahora el anciano continuaba y dijo: «Normalmente te unirías a tu alma superior en este momento y se fusionarían juntos, pero conservando tu individualidad; al igual que todas las almas que él ha enviado en ocasiones anteriores, algunas de las cuales has recordado como tus propias vidas pasadas. Pero ya que has llegado temprano, nos gustaría ofrecer una oferta para que regreses a tu cuerpo físico. Te ayudaremos a subsanar las lesiones en tu cuerpo. Y, de hoy en adelante, serás plenamente consciente de tu alma superior a quien hasta ahora has conocido como Alma Vieja, y podrás conversar con él más fácilmente en tus sueños sin tener que visitar Heather Hill».

Rikki contestó: «Gracias. Eso sería genial. Estaría agradecido de tener algunos años más para que mi cuerpo funcione con bastante normalidad».

En ese instante, una porta se abrió dentro de la sala del consejo, y Rikki podía ver donde su cuerpo yacía en la cama del hospital. Los ancianos del consejo se unieron en oración mientras centraban su energía curativa hacia el cuerpo, y Rikki pudo ver que sus signos vitales estaban empezando a volver a la normalidad.

El anciano dijo: «Ha llegado el momento, Rikki. Entra en la porta y únete a tu cuerpo. Terminaremos el trabajo después de que tu alma esté segura dentro de sus límites».

Rikki entró en el torbellino y, en un instante, se encontró otra vez alojado en su conocido cuerpo físico mientras recobraba el conocimiento, adolorido pero plenamente consciente. Había sido una experiencia cercana a la muerte a través de la cual todas las inquietudes de la existencia física habían desaparecido en un instante.

LA ORACIÓN Y LA RESPONSABILIDAD

Rikki no tardó mucho tiempo en recuperarse de sus lesiones, pero después de esta experiencia comenzó a preguntarse por qué Alma Vieja había dicho que él era su fylgia cuando se encontraron durante su primera reunión en Heather Hill, cuando en realidad había sido su alma superior desde el principio. Aunque tenía numerosos recuerdos de los eventos que tuvieron lugar durante su experiencia cercana a la muerte, incluso cuando los ancianos revelaron que Alma Vieja era su alma superior, él no recordaba haber recibido una explicación en cuanto a por qué su verdadera relación con Alma Vieja se había mantenido en secreto durante tantos años. A Rikki le molestaba pensar: «¿Realmente Alma Vieja me mintió? Y si es así, ¿por qué hizo eso?»

Tras su experiencia cercana a la muerte, Rikki comenzó a experimentar sueños clarísimos con mayor frecuencia en los que Alma

Vieja se aparecía y le ofrecía algunas ideas. Durante uno de esos sueños Alma Vieja había aparecido y se llevaba a cabo una discusión sobre la responsabilidad y la gran responsabilidad que a veces se le exige a una persona durante su vida. En aquel momento, Rikki se había estado preocupando por problemas cotidianos, tales como la deuda que había acumulado, impuestos atrasados y promesas y obligaciones que le había hecho a algunos amigos y familiares que se habían vuelto pesadas de mantener.

En algún momento durante su conversación, Rikki le preguntó a Alma Vieja: «¿Quién escucharía mis oraciones si fuera a pedir ayuda en estos momentos de estrés?»

Alma Vieja pensó por un momento y contestó: «Déjame introducir mi respuesta declarando primero que una oración siempre es apreciada y acogida por aquel a quien se destina. Deberías saber que cuando rezas con amor por alguien, siempre tiene un efecto significativo en esa persona.

»Sin embargo, una oración pidiendo ayuda para ti mismo es un asunto más complicado porque, como ya te he explicado antes, eres el único responsable de tu vida y de las circunstancias en las que te encuentras. Sé que no puedes ver los motivos mayores para los apuros en que te encuentras, pero si los miraras desde mi punto de vista, desde aquí dentro de la Dimensión Espiritual, entenderías perfectamente por qué decidiste tener estas experiencias.

»Sin duda estás familiarizado con el refrán "A quien madruga Dios le ayuda"».

Rikki contestó, con vacilación: «Sí».

«El motivo de esto es que solo tú eres responsable de tus apuros y tu tarea es encontrar una manera de resolverlos y seguir adelante, mientras aprendes de la experiencia.

»Pero por supuesto que he oído tus oraciones cuando rezas».

«Pero eres mi alma superior. ¡No eres Dios!»

Ahora a Rikki se le ocurrió que este sería un buen momento para preguntarle a Alma Vieja por qué había accedido a ser su fylgja, cuando en realidad había sido su alma superior desde el principio.

Alma Vieja captó inmediatamente el pensamiento de Rikki. Él sonrió y contestó: «Estaba destinado que un día me hicieras esta pregunta. No recuerdas esto, pero tuvimos un acuerdo antes de que salieras de la Dimensión Espiritual, donde tendrías la oportunidad de comunicarte conmigo, como lo has hecho desde que tenías doce años, pero que no serías consciente de la naturaleza exacta de nuestra relación hasta más adelante en la vida».

«¿Teníamos un acuerdo? No me acuerdo de eso».

«Habíamos previsto que, cuando llegara el momento, me pedirías ser tu fylgja, y también sabíamos que en aquel momento en tu vida no habrías tenido la oportunidad de aprender sobre tu existencia espiritual dimensional. Sin embargo, sabíamos que estarías familiarizado con la existencia de los fylgjur, ya que el conocimiento de ellos es común en las tradiciones populares islandesas, incluso entre los jóvenes. Y por lo tanto, decidimos incorporar nuestra relación a ese marco».

Mientras Rikki recordaba la primera reunión que tuvieron hace muchos años, se dio cuenta de que lo que decía Alma Vieja era exacto.

«No lo habrías entendido en aquel momento, y te hubiera afectado saber que en realidad estabas hablando contigo mismo —conmigo, tu alma superior.

»Pero ahora sabes que estamos hechos de la misma tela. ¡Tú y yo somos uno, aunque no lo somos! Mi relación contigo es parecida a la que tengo con mi alma superior quien, a su vez, tiene una relación similar con su alma superior y así sucesivamente hasta la pirámide espiritual. Básicamente, todas las almas son una, y en ese sentido todas las almas se relacionan, ya que todas son la progenie de la misma fuente».

> *Podemos vivir sin religión y meditación, pero no podemos vivir sin afecto humano.*
>
> Dalai Lama

Luego Rikki preguntó con entusiasmo: «¿Entonces, eso es Dios? ¿Dios es el alma superior máxima?»

«Las religiones occidentales (i. e. el judaísmo, el cristianismo y el islam) sugieren que Dios puede ser personalizado en el sentido que tu pregunta implica. Pero no hay tal Dios. No hay un Dios personalizado con sentimientos —ningún Dios que pueda estar decepcionado; ningún Dios que te castigará; ningún Dios que cause catástrofes, enfermedades o que pasen cosas malas. No hay un Dios omnipotente, como es posible que quieras imaginar desde el punto de vista de tu "ego externo". Las religiones hechas por el hombre han creado al Dios omnipotente».

Cuando Rikki escuchó a Alma Vieja decir que ahí fuera no hay ninguna personalidad con sentimientos parecida a la humana que fuera Dios, inmediatamente sintió un revuelo de emociones y se preguntó: «¿Por qué tengo problemas con eso?» Entonces se sorprendió al descubrir que de repente se sintió triste, un poco decepcionado, y quizás hasta un poco devastado.

Alma Vieja captó inmediatamente sus emociones y dijo: «¿Recuerdas cuando hace algún tiempo te hablé sobre los mitos culturales? Tu reacción emocional ahora es exactamente lo que sucede cuando se pone en duda el mito cultural de una persona. La primera reacción es defenderlo ya que a pesar de nuestras conversaciones todavía estás un poco afectado por este mito en el que te adoctrinaron a una edad temprana. Y, tal como ocurre con todos los mitos culturales, aceptaste este mito de un Dios personalizado sin rechistar. Este mito informa entonces un estilo de vida que sin rechistar supones que es natural en el mundo».

Rikki contestó: «Nunca me di cuenta de lo sutil y poderoso que puede ser un mito cultural hasta ahora. Hasta mi reacción emocional en este momento no me di cuenta de que a pesar de todas nuestras conversaciones y mi creencia y acuerdo con lo que me has enseñado con el paso de los años, este remanente emocional de mi creencia de la infancia permaneció oculto en una parte muy profunda dentro de mí. No apareció hasta que lo pusiste en duda por tu comentario, y me hizo pensar en ello».

«Tu reacción emocional te da un asomo al fervor que aviva los corazones de las personas que van a la guerra para defender sus mitos culturales mientras, aparentemente, eres incapaz de encarar las verdades distorsionadas que están detrás de ellos.

»En lo que respecta a tu imagen de Dios, realmente entiendo cómo te sientes, pero lamento decirte que no hay tal Dios personalizado como te enseñaron. El horizonte de Dios es mucho más amplio y mientras que, por una parte, puede hacerte sentir más solo y menos íntimo con lo divino, de hecho estás más íntimamente relacionado con toda la humanidad de lo que alguna vez soñaste. Dios es infinitamente más amplio y hay mucho más con respecto a Dios que lo que te hicieron creer en tus enseñanzas de la iglesia en la escuela dominical».

Rikki siguió sintiéndose un poco desconcertado ante su propia reacción emocional, ya que sabía muy bien lo que Alma Vieja estaba diciendo y estaba de acuerdo incondicionalmente con su opinión espiritual y existencial sobre la existencia, pero antes nadie realmente le había hecho esta declaración tan directamente. Para él era una sorpresa que este mito se había escondido en algún lugar dentro de su subconsciente y no había surgido hasta ahora, hasta que fue puesto en duda tan directamente.

«Sería más acertado decir que Dios es "Todo Lo Que Es", como te he sugerido en numerosas ocasiones. Todo Lo Que Es es una conciencia que es omnipresente, omnipotente y omnisciente. Todo Lo Que Es incluye todo el cosmos y todo el mundo y todo dentro de ello, y más. Es un extenso mar de la conciencia llena de la presencia extraordinaria del amor. A diferencia del sentimiento de amor que experimentas en la Tierra, la calidad de este amor cuando lo experimentas aquí en la Dimensión Espiritual es tan ambiental que se siente como si fuera palpable. Tiene una esencia consciente generalizada, la cual es divina. Sería acertado decir que Todo Lo Que Es = Dios = Amor. O el Amor = Dios = Todo Lo Que Es, o cualquier combinación de los mismos».

«¿Entonces Todo Lo Que Es me cuida? ¿En realidad vale la pena rezar a Todo Lo Que Es, al Amor, a Dios… o en realidad a cualquier dios?»

«No, no vale la pena. Es decir, no en el sentido de alguien en específico que está separado de ti y es omnipotente. O alguien que escucha tus oraciones y hace decisiones sobre tu destino y te dice qué hacer. O alguien ante quien debes rendirte».

Rikki cedió, pensó por unos momentos y entonces preguntó: «¿Entonces me estás diciendo que soy el único responsable de lo que sucede en mi vida?»

«Sí lo eres. Eres el arquitecto de tu vida y cargas con la responsabilidad exclusiva del curso que tu vida toma durante tu vida. Por supuesto, eres influenciado, ayudado y estorbado por los demás pero, como discutimos, tú mismo forjas las cadenas cada vez. Atas tus propios nudos que luego debes desatar, a menudo con gran esfuerzo y desconcierto.

»Sin embargo, ten en cuenta que eres mucho más de lo que parece. Existes dimensionalmente. Como he explicado antes, eres una combinación de tu "ego externo", tu "mente interna", tu "alma" y tu "alma superior". Soy tu alma superior y ahora estás conversando conmigo. Tus oraciones por ayuda vienen a mí, no a un Dios personalizado que existe de forma independiente. Y, ya que puedo ver toda tu experiencia y nuestra existencia desde un punto de vista infinitamente más amplio, puedo guiarte a lo largo del camino que finalmente producirá el aprendizaje más beneficioso que puedes adquirir durante el curso de tu vida.

»Tu "ego externo" es el punto de la toma de decisiones dentro del mundo físico. El ego externo es el "tú" del que eres plenamente consciente mientras estás despierto, el cual identificas como a ti mismo y que se comunica conmigo ahora.

»"Tú" tienes libre albedrío y cargas con la responsabilidad exclusiva de las acciones y decisiones que tomas durante tu vida. "Tú" estás en el centro de tu drama teatral, un drama que ambos diseñamos en términos generales antes de tu nacimiento y que ahora sigues diseñando solo a medida que avanzas por tu vida y aprendes sobre tu naturaleza interna».

¡EL FIN… EL INICIO!

Para el lector interesado, diríjase a www.ThePurpose.ca. Allí encontrará vínculos directos a las publicaciones del blog del Dr. Rick Lindal, algunas de las cuales amplían numerosos temas que se exploran dentro de las páginas de este libro. Así como un vínculo a la página de fans de Facebook para este libro.

LECTURA RECOMENDADA

Frankl, Viktor. Man's Search for Ultimate Meaning. New York: Washington Square Press, 1959.

Frankl, Viktor. Psychotherapy and Existentialism: Selected Papers en Logotherapy. New York: Washington Square Press, 1985.

Frankl, Viktor. The Will to Meaning: Foundations and Applications of Logotherapy. New York: Penguin Books, 1969.

Frankl, Viktor. Man's Search for Ultimate Meaning. New York: Plenum Press, 1997.

Lukas, Elisabeth. Meaning In Suffering: Comfort In Crisis Through Logotherapy. Berkeley: Institute Of Logotherapy Press, 1986.

Lukas, Elisabeth. Logotherapy Textbook. Munich: Profil Verlag, 1998.

Newton, Michael. Journey of Souls: Case Studies of Life Between Lives. St. Paul: Llewellyn Publications, 1994.

Newton, Michael. Destiny of Souls: New Case Studies of Life Between Lives. St. Paul: Llewellyn Publications, 2000.

Newton, Michael. Life Between Lives: Hypnotherapy for Spiritual Regression. St. Paul: Llewellyn Publications 2004.

Roberts, Jane. The Seth Material. New York: Prentice-Hall, 1970.

Roberts, Jane. Seth Speaks: The Eternal Validity of the Soul. New York: Prentice-Hall, 1972.

Roberts, Jane. The Nature of Personal Reality: Specific, Practical Techniques for Solving Everyday Problems and Enriching the Life You Know. New York: Prentice-Hall, 1974.

Roberts, Jane. The Unknown Reality. Vol.1. New York: Prentice-Hall, 1977.

Roberts, Jane. The Unknown Reality. Vol.2, part 1. New York: Prentice-Hall, 1977

Roberts, Jane. The Unknown Reality. Vol.2, part 2. New York: Prentice-Hall, 1977

Roberts, Jane. The Nature of the Psyche: Its Human Expression. New York: Prentice-Hall, 1979.

Roberts, Jane. The Individual and the Nature of Mass Events. New York: Prentice-Hall, 1981.

Roberts, Jane. Dreams, "Evolution," and Value Fulfillment. Vol. 1. New York: Prentice-Hall, 1986.

Roberts, Jane. Dreams, "Evolution," and Value Fulfillment. Vol. II. New York: Prentice-Hall, 1986.

Roberts, Jane. The Early Sessions, Vol 1-9. Manhasset: New Awareness Network, 1997.

Walsch, Neale Donald. Conversations with God: An Uncommon Dialogue. Book 1. New York: Penguin Putnam, 1996.

Walsch, Neale Donald. Conversations with God: An Uncommon Dialogue. Book 2. Charlottesville, VA: Hampton Roads, 1997.

Walsch, Neale Donald. Conversations with God: An Uncommon Dialogue. Book 3. Charlottesville, VA: Hampton Roads, 1998.

APÉNDICE A

EL INTIMIDADOR, EL INTIMIDADO Y EL PERDÓN

Una animada discusión se estaba llevando a cabo entre las almas que se habían reunido en la sala de conferencias mientras Oreon, a quien recordarás del Prólogo, estaba dándoles una conferencia a las almas en la Dimensión Espiritual que se preparaban para encarnar en la Tierra.

Oreon había explicado cómo algunas almas habían elegido ser intimidadoras en sus próximas vidas mientras que otras habían decidido ser intimidadas. Un par de almas comentaban sobre este arreglo, mientras una dijo: «Me siento un poco ambivalente con respecto a participar en esta experiencia donde seré un intimidador». Y su amigo, sentado junto a él, soltó de sopetón: «¡Y voy a ser intimidado por él al punto de querer suicidarme! ¿Realmente todos estos conflictos son necesarios para que evolucionemos espiritualmente?»

Oreon, quien recordarás que se especializa en preparar a las almas para sus encarnaciones en la Tierra, contestó con palabras de consuelo: «Sí, me temo que es así.

»Como saben, la única manera de aprender sobre las emociones negativas está en el valor intrínseco de la experiencia de primera mano. También, como saben, toda la experiencia en la Tierra se adquiere por medio del contraste. Y, en lo que respecta al aprendizaje sobre la emoción, es solo en el contraste de una emoción a su contrario que ustedes pueden aprender cómo les afecta. Todo está en el contraste. Así que, por ejemplo, en una vida ustedes pueden elegir experimentar las emociones que los motiven a ser un intimidador y en otra a ser intimidados. »Por supuesto que ustedes también pueden elegir tener ambas de estas experiencias emocionales durante el curso de la misma vida».

Rikki, que se encontraba entre las almas que asistían a esta conferencia, preguntó: «¿Qué pasa con el reto divino del que nos hablaste anteriormente —que no debemos dañarnos a nosotros mismos ni a los demás? ¿Cómo podemos ser intimidadores sin dañar a alguien?»

Oreon contestó: «Tienes razón, su reto espiritual es no actuar sobre sus emociones negativas e intimidar a alguien una vez que hayan experimentado esa emoción. O, si son intimidados, su reto es no actuar sobre la emoción que puede estar motivándolos a ponerle fin a sus vidas.

»Este es un examen de conciencia y es uno difícil cuando sus emociones son fuertes y abrumadoras. En casos como estos, es importante que entiendan que su objetivo es experimentar la emoción negativa, pero no realizar el comportamiento que crean que garantiza, o justifica.

»Su reto, cuando experimenten la emoción negativa, será comprender las creencias que generan esa emoción. Por ejemplo, en el caso de una necesidad emocional acuciante de intimidar a alguien, deben tratar de comprender las creencias que generan ese sentimiento.

»En la raíz de estas emociones siempre está el miedo. Es un miedo de aniquilación incontenible que motiva tanto al intimidador a dañar a alguien como a la persona suicida a causarse daño —se trata de una entrega al miedo mortal. En el suicidio, el miedo se vuelve autodestrucción y, en la intimidación, se convierte en un intento de destruir el objeto que causa el miedo.

»Como intimidadores, ustedes por lo general serán conscientes de las creencias y los sentimientos de odio que los motivan, pero normalmente no serán plenamente conscientes del miedo subyacente que se relaciona con su odio. En cambio, identificarán dentro de ustedes una combinación de emociones secundarias que creen que justifica su intención, tales como sentimientos de impotencia, aislamiento, envidia y celos. Y sentirán una justificación para experimentar estas emociones y para defender sus acciones, ya que las emociones que sentirán serán una consecuencia de numerosas circunstancias que habrán tenido lugar en sus vidas hasta entonces; circunstancias que han causado que ustedes desarrollen sus creencias y las emociones que se relacionan con las mismas».

Rikki, sintiéndose un poco desconcertado, volvió a preguntar mientras trataba de resumir lo que Oreon acababa de decir: «¿Entonces está diciendo que debemos tratar de identificar las creencias que generan la emoción?»

Oreon contestó: «Sí, eso es correcto. Será difícil que logren esto. Y la razón de ello es que hay una interacción fluida entre sus creencias y sus emociones. Por lo tanto, a ustedes les resulta difícil identificar la creencia que genera una emoción en particular, ya que tanto la creencia como la emoción se les aparecerán aparentemente en el mismo instante.

»Es posible que recuerden una de mis conferencias anteriores, donde expliqué que su inicial "estado afectivo" es simplemente un "estado de sentimientos" indiferenciado hasta que lo etiquetan. Cuando ustedes etiquetan este "estado de sentimientos", lo que hacen automáticamente de acuerdo con sus creencias, le confieren instantáneamente a ello una emoción específica, tales como la envidia, los celos, la ira o el odio. Así que, para que cambien la emoción, primero deben descubrir las creencias que están relacionadas con esa emoción. Si logran hacer esto, entonces seguirá un cambio automático en su emoción negativa».

Como siempre, ahora los paquetes de pensamiento volaban alrededor de la sala de conferencias mientras las almas discutían entre sí lo que Oreon estaba enseñando. Oreon continuó y comentó: «Por lo general, los adultos son conscientes de sus motivaciones para intimidar a alguien, pero a menudo los jóvenes no lo son. El intimidador está motivado generalmente por la necesidad de restaurar un desequilibrio percibido en el poder con respecto a su grupo social y, al hacerlo, trata de encontrar aceptación entre su grupo de compañeros».

Otra pregunta vino ahora de un alma diferente en la audiencia: «¿Qué dice sobre la sociedad en la Tierra en general el hecho de que la intimidación ocurre en primer lugar?»

Oreon contestó: «Como saben, la Tierra, mientras ahora construimos nuestra realidad dentro de esa dimensión física, conduce a una existencia bastante primitiva. Los actos de barbarie y el fingimiento en la búsqueda del poder son frecuentes, y estas actividades fragmentan la sociedad en todos los niveles, causando que las guerras se recrudezcan e inspiren odio al prójimo.

»A nivel social, a medida que ocurren los incidentes de intimidación y mientras muchas víctimas se suicidan, la sociedad en general se acuerda de su naturaleza bárbara y responde con esfuerzos en la investigación y la educación en un intento de producir una cultura de la comprensión. También reprende y castiga a los ofensores. Pero hasta que los humanos sean conscientes del hecho de que todos ellos están íntimamente conectados a nivel espiritual y que causarle daño a un alma equivale a una lesión autoinfligida, no dejarán de ocurrir actos de brutalidad. Y, como he dicho antes, todos los humanos, todas las almas, están conectados en la esencia amorosa de Todo Lo

Que Es, como si fueran los dedos de la misma mano —una lesión en uno es una lesión en todos».

Otra alma en la sala de conferencias hizo una pregunta: «¿Qué pasa con el perdón? ¿A nosotros se nos perdonarán nuestras acciones como intimidadores?»

Oreon contestó: «Esta es una buena pregunta y hay dos respuestas: una desde nuestro punto de vista espiritual y la otra desde el punto de vista de un ser humano que vive una vida en la Tierra.

»Desde nuestra perspectiva, se entiende el significado de todo lo que ocurre en la Tierra. Diseñamos nuestra experiencia dentro de esa realidad para nuestro propio aprendizaje y no hay eventos imprevistos. Hay una comprensión e intención espirituales para todos los eventos, y por lo tanto no se aplica el acto de perdón. Las acciones que hacen durante sus encarnaciones son comprendidas desde el punto de vista más ambicioso de Todo Lo Que Es, del que todos somos parte y en el que participamos a sabiendas para evolucionar espiritualmente.

»Por otro lado, el perdón desde su punto de vista en la Tierra durante su encarnación es un asunto que se debe tomar muy en serio. Será un aspecto importante de su desarrollo emocional y espiritual durante su vida.

»En la Tierra, el perdón es un estado de ánimo que se logra a través de la trascendencia. Ocurre mediante una búsqueda del entendimiento, una necesidad de ser curado, una aceptación de que nada se puede ganar con preguntas adicionales o sentimientos de venganza, y una buena disposición para perdonar a su antagonista. Se trata de una superación, una aceptación de algo y un desprendimiento del mismo.

»En sus casos como intimidadores, o como víctimas de la intimidación, es el hecho de llegar a aceptar algo lo que ustedes deben lograr primero dentro de ustedes mismos. Tendrán que desprenderse de la ira y del dolor que sienten. Y, para hacer eso, tendrán que llegar a una aceptación a nivel espiritual de que su experiencia de ser intimidado, o su culpa de haber intimidado a alguien, fue un destino invitado por ustedes mismos para tener la oportunidad de aprender de esa experiencia emocional. Y, en los casos en que fallen el reto divino —es decir, en los casos donde descubran en retrospectiva que "tenían que ser quienes son para descubrir quiénes son"— llegarán a comprender que a veces su alma tiene que ser desgarrada por su comportamiento y entonces se cura por su propia esencia, el poder del amor. Y solo entonces se pueden perdonar a sí mismos y seguir adelante con su vida».

Rikki comentó: «Esto no será fácil».

Oreon contestó: «Se trata del aprendizaje interno y el desarrollo espiritual. Sin embargo, el camino hacia el perdón es un poco más fácil para los que serán víctimas de la intimidación, en comparación con los que serán intimidadores. El motivo de esto es que por lo general la víctima puede lograr la trascendencia, o ir más allá de la experiencia sin tener que comunicarse directamente con el intimidador, mientras que el intimidador siempre debe recibir el perdón directamente de su víctima antes de que pueda desprenderse completamente de su culpa y perdonarse a sí mismo.

»Así que, para los que serán víctimas durante esta próxima vida, por favor recuerden ofrecerle el perdón al intimidador que aceptó (aunque para sus propias razones) participar en esta situación hipotética con ustedes, lo que les dará la oportunidad deseada de sentir las emociones negativas relacionadas con ser una víctima. Al ofrecer su perdón, también le darán al intimidador la oportunidad de conseguir el perdón. La absolución del intimidador durante su encarnación depende de la capacidad y la disposición de ustedes para ofrecerle ese perdón».

Un alma en la sala de conferencias comentó: «Yo no pude hacer eso en mi última encarnación. Toda mi vida estuve resentido con mi intimidador y me llevé el odio que le tenía a la tumba».

Oreon contestó: «Eso, desgraciadamente, es demasiado común. Sin embargo, sé que después de su regreso a casa en la Dimensión Espiritual ambos se dieron cuenta de los retos que se habían puesto para ustedes mismos.

»Conseguir el perdón es un viaje solitario tanto para el intimidador como para el intimidado. En la mayoría de los casos, el perdón, si es que se consigue, solo será posible para la víctima. El motivo principal de esto es que a menudo transcurrirán largos períodos de tiempo antes de que la víctima pueda encontrar el perdón y, cuando haya logrado esto, a menudo el intimidador se habrá marchado y el contacto con él se habrá perdido. En otros casos el intimidador puede haber causado la muerte de la víctima, en cuyo caso, por supuesto, no es posible conseguir el perdón. Y, en diferentes circunstancias, los motivos por los que no se consigue el perdón tiene que ver con las características complejas de la personalidad de los participantes, así como con la actitud de la sociedad en general con respecto a ciertas ofensas».

Una de las almas en la sala de conferencias comentó: «Este debe ser un viaje terrible, sobre todo para el intimidador que se arrepiente del error cometido en su camino».

Oreon continuó: «Así es. Sin embargo, a través de experiencias como estas, el intimidador tiene la oportunidad de descubrir su naturaleza interna y llegar a aceptar sus miedos. Y a menudo, mientras avanza en su conflicto interno, desarrolla una genuina compasión por su víctima. Si consigue esto, entonces tiene la oportunidad de tratar de reparar el daño —a veces mediante la disculpa, a veces mediante actos de caridad hacia aquellos que ha atormentado.

»Sin embargo, al final el perdón durante la encarnación no se realizará plenamente a menos que la víctima esté disponible a ofrecer la absolución al intimidador».

Hubo una última pregunta de otra alma en la sala de conferencias: «¿Tiene alguna sugerencia que nos ayude en este viaje?»

Oreon contestó pensativamente: «Estas no serán lecciones fáciles durante su viaje. Los que serán víctimas tendrán que tomarse tiempo para procesar el abuso desde varios ángulos antes de que encuentren la tranquilidad que les permita perdonarse a sí mismos y a su perpetrador. Y, como dije antes, la resolución plena no será posible a menos que también puedan perdonar a su antagonista.

»Y, del mismo modo, también tendrá que llevarse a cabo un serio examen de conciencia para los que serán intimidadores. Desgraciadamente para ustedes, la resolución plena no será posible hasta que la víctima haya ofrecido su perdón, pero las oportunidades de reparar el daño siempre estarán disponibles. »A medida que el proceso de conseguir el perdón tiene lugar entre los que serán las víctimas y los que serán los intimidadores, las emociones que los conectan con el odio y el dolor se apagan poco a poco —ya que les dan permiso para que se dejen llevar por la corriente, mientras sueltan los ganchos en sus corazones que los atan a su experiencia. Solo entonces tendrán la capacidad y la libertad para seguir adelante con sus vidas».

Como siempre, ahora Oreon terminaba la conferencia con estas palabras: «Espero con ansia reunirme con todos ustedes otra vez, después de que hayan regresado a casa en la Dimensión Espiritual de sus encarnaciones en la Tierra».

www.ingramcontent.com/pod-product-compliance
Lightning Source LLC
Chambersburg PA
CBHW071854290426
44110CB00013B/1146